全面预算管理

战略落地与计划推进的高效工具

李欣——著

机械工业出版社
CHINA MACHINE PRESS

本书汇聚了作者二十余年积累的全面预算管理实战经验和典型案例。全书的核心内容包括：战略规划与导入、经营目标与计划、业务预算与财务预算编制、预算实施准备与组织配置、预算执行监控与调整、预算信息化建设、预算评价与考核、预算风险管控以及全面预算管理各个环节的体系建设与实践。书中深入剖析了从战略规划到预算方案制订的底层逻辑，让企业远离“预算管理与实际业务两层皮”的尴尬局面；通过场景化和信息化的实务讲解，助推预算管理策略与方法落地。

图书在版编目（CIP）数据

全面预算管理：战略落地与计划推进的高效工具 / 李欣著 . —北京：机械工业出版社，2024.6

ISBN 978-7-111-75747-4

Ⅰ. ①全…　Ⅱ. ①李…　Ⅲ. ①企业管理 – 预算管理　Ⅳ. ① F275

中国国家版本馆 CIP 数据核字（2024）第 091172 号

机械工业出版社（北京市百万庄大街 22 号　邮政编码 100037）
策划编辑：石美华　　　　　　责任编辑：石美华　　高珊珊
责任校对：张勤思　　张　薇　　责任印制：刘　媛
涿州市京南印刷厂印刷
2024 年 7 月第 1 版第 1 次印刷
170mm × 230mm · 20.75 印张 · 333 千字
标准书号：ISBN 978-7-111-75747-4
定价：89.00 元

电话服务　　　　　　　　网络服务
客服电话：010-88361066　机　工　官　网：www.cmpbook.com
　　　　　010-88379833　机　工　官　博：weibo.com/cmp1952
　　　　　010-68326294　金　　书　　网：www.golden-book.com
封底无防伪标均为盗版　机工教育服务网：www.cmpedu.com

Preface 前言

全面预算管理作为一种体系性管理工具，能够给企业管理水平带来巨大的提升，使用得当可以给企业经营带来直接的效能提升。从全面预算管理的功能层面分析，我们坚持认为它是实现企业战略目标落地的最佳实践方法，也可以说全面预算管理最核心的功能就是帮助企业战略落地。当然，全面预算管理还有更多的功能，比如提高企业经营计划能力、成本控制水平、风险识别与控制能力、绩效管理水平，等等。全面预算管理是一种融合性非常强的体系性工具，它可以把很多其他的体系工具容纳其中共同发挥作用，比如标准成本体系、成本管理体系、绩效管理体系、经营计划管理体系、目标管理体系。随着中国企业管理能力不断增强，越来越多的企业对全面预算管理重视起来，开展预算管理的企业比例也大幅度提升。

但是，鉴于我从事管理咨询十多年，做过许多全面预算项目，我个人认为目前中国企业中能对全面预算深度理解和全面掌控的，还是少数。大量的中小民营企业更是将预算限定在资金预算和财务预算层面，从战略出发、从经营计划开始的全面预算管理能力非常欠缺。本书就是基于这种现实情况，即一方面企业需要全面预算管理，另一方面很多企业对全面预算了解得不深刻，在开展全面预算的路径方法上缺乏经验。我希望本书的讲解能向广大的企业管理者呈现一幅相对完整、清晰的全面预算实施路径图。本书的读者定位是企业的经营管理者，其中既包括财务专业背景的管理者，也包括非财务专业背景的管理者。从编写特点上，本书更关照非财务专业背景的管理人员，尽可能少用专业的财务术语。同时，我对本书的定义不是财务管理方面的专业图书，而是企业经营管理方面的专业图书，这是我对全面预算管理一直坚持的观点：预算管理是企业的事情，不是财务的事情！

本书由四篇 18 章内容组成，第一篇是战略导向的全面预算导论，主要包括全面预算与战略的关系、战略目标的提炼与分解方法、中层管理者如何承接企业战略目标、预算编制前的经营策略与经营计划的拉通等内容。第二篇是全面预算体系建设的核心模块，主要包括全面预算预测分析体系建设、年度经营目标确定与分解、年度经营计划体系建设、业务预算编制、财务预算编制等内容。第三篇讲述全面预算的实施管理，包括全面预算启动与实施准备工作、全面预算实施的组织保障体系、零基预算实施方法、全面预算实施的全过程监控体系建设、全面预算调控机制建设、全面预算实施信息化建设等。第四篇是全面预算后评估闭环管理模块，包括如何开展年度经营复盘、全面预算绩效考评机制建设、全面预算风险管理体系建设等内容。

在本书写作过程中我得到了我的学生毛君先生的鼎力支持，毛君先生参与了本书第 15 章有关全面预算信息化体系建设内容的撰写，在此特别向毛君先生表示感谢。本书采用了很多企业实际开展全面预算项目的案例，这些案例都是我和企业一同创造的成果，我也要向所有一起合作过的咨询单位表示感谢，没有你们的项目选择就没有本书中最具真实性的案例呈现，出于保护客户单位商业秘密的考虑，这些案例均隐去了企业名称并做了相应的信息处理。

全面预算管理的实际操作所涉及的内容和面临的现实问题大多比本书所构建的场景复杂得多。全面预算管理在实际应用时一定要与实际的场景相结合，牵头部门的管理者更需要强大的综合管理能力和丰富的管理经验，教条、僵化的实施方式是无法驾驭全面预算管理这种体系庞大、内容繁多、工具方法多样的管理工具的。因时间和篇幅的限制，对于全面预算管理的很多想法并没有全面呈现。当然也因为本人的水平有限，本书不可避免地存在一些不足和偏颇，希望广大读者给予批评指正。

李欣
2024 年 4 月 8 日

Contents 目录

第 一 篇

对航标

以终为始紧盯战略方向

Chapter1

第 1 章

战略规划的核心内容

1.1 预算管理存在的误区与体系运行逻辑

现在企业做预算管理已经非常普遍，大家大多已经认识到经营需要事前计划，要打有准备的仗。但实际操作中，不同企业预算管理的质量差异还是非常大，其中有技术和能力的问题，更有意识和理念的问题。我们首先跟大家分析的就是在预算工作中的认知偏差问题。企业的管理者只有在认知上达成某种共识，才能在技术和方法上产生真正的共鸣，才能最大限度地实现本书所提供的技术方法的应用价值。

1.1.1 预算管理中存在的误区

在预算管理方面最典型的误区，就是将预算管理看成财务部门的事情，企业业务和管理部门参与其中也是帮财务部门做事。虽然这个误区已经有无数人在讲，但在现实中还是有相当多的企业把预算管理划分到财务的工作范畴。

除了上述基本认识上的误区之外，还有以下一些错误做法使得很多企业的预算管理无法达到预期的效果。

（1）不对实现目标的客观环境进行充分的调研分析，不做环境假定条件的设定，强行制定和分解目标。

这种做法既有思想认识的问题也有技术能力的问题。思想认识层面的问题是没有想过要做这个工作，不知道这项工作对预算目标设定的重要性。技术能力层面的问题就是管理者使用的预算分析模型不合理、不准确，给出的预测本身就是错误的，以此而做出的目标就失去了可靠性，达成预算目标的成功率也就得不到保障。

（2）缺乏闭环体系设计，只重视预算编制，不重视预算执行。

我们见过很多企业的管理者把编制预算当成一项必须完成的工作任务，把大量的精力放到如何做出预算数据上，甚至不惜为了完成预算编制任务而拼凑数据。至于预算是不是能够被执行，是不是能达成，似乎就不是那么重要了。

这种情况的发生很大程度上是因为企业在预算管理上没有形成体系性思维，没有把预算当成一个有始有终、相互关联、循环推进的系统工作。也没有在体系建设上形成闭环逻辑，各项工作都是彼此割裂的，对下一个预算期的经营也缺乏衔接，更谈不上与战略的呼应。这都是在全面预算管理上缺乏体系性建设而引发的问题。

（3）经营计划与预算数据脱节，行动与数据两张皮。

我们见过很多企业每年都会做经营计划，但其经营计划更像是八股文。形式化地总结上年经营成果，空洞地讲明年的经营规划，口号多于实质性分析与安排。更严重的是，经营计划与预算数据完全是两条路径（经营计划谈要干的事，预算数据从财务数据转化，与经营计划没有任何关联），各说各的话，似乎预算数据与经营计划完全不是一回事。

（4）人为干扰预算质量。

这种人为干扰主要来自两个方面。一方面是人员嫌麻烦图省事的懒惰心态造成的干扰，主要是管理者不愿意动脑子深入思考目标达成的方法，更不愿意费力地从目标到行动建立起策略、方法、计划和行动的关联体系，动脑子对很多人而言是一件非常痛苦的事情，这也是很多企业老板说自己的管理团队中干事的人多、想事的人少的原因，也因此造成管理团队整体水平不高。

另一方面，则来自管理者绩效导向的自私性思维，因为在预算编制的开始，管理者可能就会因为个人或团队绩效的达成压力而故意影响预算编制结果，使预算存在较大的水分并与实际相差甚远。他们还可能调整自己的实际经营行为，其目的是使实际执行结果达到预算水平，哪怕他们能做得更好也不会去做。这是因为预算制定过程中没有充分考虑与绩效评价相匹配的问题，使得经营管理者在预算制定或执行过程中偏离预算管理的初衷，做出各种倾向于个人利益的自私行为。

1.1.2　全面预算体系运行的逻辑路径

全面预算与财务预算最大的区别就是目的不同。财务预算侧重资金预算和对经济目标的预测；全面预算侧重全面经营，核心目的就是通过全面预算管理这一体系性工具帮助企业实现战略目标。接下来通过对全面预算体系运行逻辑路径的介绍，帮助大家理解全面预算管理助力企业战略目标达成的底层逻辑。

1. 全面预算从战略始发

企业要实现持续发展必须确立具有远见的战略目标，制定战略是一项科学而系统的工作，企业应当调动各种内外资源，在充分研究分析的基础上制定适合企业长远发展的战略体系。全面预算的实施前提就是企业拥有明确的战略目标及战略管理体系，战略是全面预算管理的起始点。

2. 从战略到战略行动计划

企业的战略实施不可能一蹴而就，从战略思想到战略行动必须经过周密的规划。为此，企业应当在战略导向明确的前提下，对战略总目标的达成进行行动方案的规划，并在时间上把控节奏。根据总战略目标分阶段设置阶段性目标，根据阶段性目标制订阶段性实施方案，再根据阶段性实施方案制订阶段性实施计划。阶段性的目标、实施方案与实施计划就构成了战略行动计划。这项工作是将战略目标与企业具体经营活动连接起来的桥梁性工作，是战略目标实现的重要保障性工作。

3. 从战略行动计划到预算期年度经营计划

当企业完成了战略行动计划的制订后，就可以将阶段性目标与阶段内年度经营计划结合起来，预算期年度在哪个阶段就把哪个阶段性目标导入这个预算期年度目标中。同时通过年度经营计划体系将年度目标的达成策略和实施计划进行综合规划。

4. 从经营计划到业务预算

高水平的经营计划会让企业管理者对目标和实现目标的过程变得很有谋略与章法，使他们做事情有目标、有策略、有计划、有成果标准。但任何经营计划都需要通过更加翔实的工作计划去分解落地，而每一项工作计划的开展都会消耗一定的人力、物力和财力，当我们对经营计划心中有数之后就需要将经营计划拆解成工作包，再把每个工作包拆解成工作任务，并对每一项工作任务进行量化的资源匹配，这种资源量化过程就是业务预算的编制过程。基本思想是“有事有资源，资源要量化”。

5. 从业务预算到财务预算

业务预算是资源量化的过程，这些量化的数据既有人力的数量，也有设备资产的数量，还有资金的数量，但最终预算数据的呈现需要使用统一的语言，这个语言就是货币语言。当我们把业务预算的每项资源都转化为货币金额，并与财务会计的核算科目进行关联，便完成了从业务预算到财务预算的过程。

6. 从预算数据到预算执行

预算数据编制完成并不是预算工作的结束，相反，此时才是预算实施的开端。要想让预算数据变成现实的结果，并在预算执行方面获得成功，企业还需要做更多的体系性建设工作，包括预算组织体系、预算监控体系、预算评价与考核体系、预算调整体系等，以及一系列的预算执行过程中的控制活动，包括销售预算控制、成本预算控制、资金预算控制、资本预算控制、供应链预算控制等。

7. 从预算执行到预算评估

预算执行效果的好坏不是靠嘴说，而是要用数据说话，要通过与目标对标进行评价，这个过程便是预算评估过程。预算评估不仅要看到目标达成的结果，更要看出目标达成或未达成的原因。它实际上是一个经营复盘的过程，无论结果是否令人满意，都要透彻分析经营结果的来龙去脉。在具体评估的过程中，还应当设置更多维度的对比分析，比如对标战略、对标行业最优、对标竞争对手、对标策略，等等，以挖掘预算执行结果更全面、更深层的原因。

8. 从预算评估到预算考核

预算实施了、执行了，也有结果了，但如果不对结果进行明确的评估，不对评估的结果实施必要的奖惩，那么这样的预算做不了多久就会形同虚设，就会走向形式化。因为这样的预算失去了激励的作用，也失去了约束的功能，只有在强激励、硬约束机制的保障下，即进行高质量的预算考核，说到做到，及时兑现，才能保证预算在员工心中的权威性，才能提高员工对预算工作的重视程度。

1.2 全面预算的核心功能

为什么说全面预算始于战略呢？准确地讲应该是因为全面预算的核心目标就是实现战略。我们为什么要做预算？很多企业的管理者并没有深刻地思考过这个问题，甚至有些人把每年做预算当成了一个必须完成的工作任务，年复一年按部就班地进行数据罗列，这些数据或来自历史数据的延伸，或来自上级部门的指令，或来自外部环境的压力，无论预算数据是怎么来的，很多人都似乎只关心什么时候能完成数据的堆砌，而不关心数据是否存在现实的意义。

而我们今天带给大家的核心思想是，全面预算是有目的、有价值、有功用、务实的工具，它能帮我们做很多事。

1.2.1 全面预算的功能

1. 有助于对资金使用的控制

我们见过很多把预算集中在资金预算上的企业，这些企业聚焦资金预算的原因各不相同，有的企业是出于对资金风险的防控，很多民营企业都天然地关注资金的收支，尤其是资金支出，这是企业老板控制企业的核心方法。也有的企业因为经营问题，资金情况本身就很紧张，所以对资金的收支更为敏感，寄希望于通过资金预算降低资金风险，维持资金对业务的足够支持。

这种围绕资金收支所做的预算，基本逻辑就是粗线条地梳理出预算期能收多少钱，需要支付多少钱。至于为什么收，收的数据合不合理，为什么支，支付的事项是不是应该，是很难通过资金预算讲清楚的。因为资金预算的侧重点并不是要说清楚企业干事的逻辑，而是要说清楚为什么花钱的逻辑。这看似没什么不同，但却有本质的差别。后面我们还会就这个话题继续和大家深聊。我们在此埋一伏笔。

2. 有利于对成本费用的控制

很多企业做预算都会把各部门预算期的成本费用作为重要的预算内容，这也是利用预算工具控制成本费用的一种方式。但控制的效果却千差万别，有的企业做得精细严谨，有的企业敷衍了事，无论效果好坏，控制思想基本一致，即通过历史成本费用的基础进行未来预测，属于增量预算的逻辑。差异只是体现在不同企业管理者对于增减变量的预测依据上。但不管怎么说，总是让大家对未来要消耗的成本费用进行某种程度的事前计划，会对未来成本费用的发生有一定程度的事先预判。

3. 便于业绩评价，提高绩效考核的效果

只要是对未来经营进行预判，就会针对预判的情况确定目标，大部分企业都会在预算的过程中制定自己认为合适的经营目标。当这些目标被团队接受之后，有些企业就会自然而然地将这些经营目标转化为目标实施主体的绩效指标。这个转化过程容易理解，但实际操作的过程中差异还是非常大的。主要体现在目标的分解水平上，有的企业目标分解下沉得深，其绩效指标的覆盖面很广。而有些企业将预算目标停留在上层，则会造成预算目标与中基层工作绩效脱节的情况。所以说，预算对绩效考核产生的助力大小其实取决于企业对预算目标的制定和分解水平的高低。

4. 有利于风险防控

预算是对未来尚未发生的市场和客户乃至竞争对手的事先分析和预判，无论预判的水平高低，大家都会自然而然地思考未来客户需求可能发生的变化，竞争对手可能采取的措施，大环境的好坏变化，这些思考与分析实质上是对未来可能发生的风险进行识别的过程。只要是做预算，这种识别工作就会发生，只是识别的水平有高下之分。只要我们对未来进行了风险识别，对于识别出来的风险就不会视而不见，就会有相应的应对策略和应对手段，因而会做好风险防控。

可能大家还能从预算中挖掘出更多的功能，比如计划功能、纠偏功能、资源配置功能等。但上述功能都不是全面预算的核心功能，离开了全面预算的核心功能便无法体现其真正价值。

全面预算的核心功能是：实现企业战略目标。

1.2.2 全面预算与战略的关系

一提战略管理，很多管理者会认为这是一个非常“高大上”但却没有太多实际意义的工作，甚至有的人认为战略就是老板的事。但真正具有职业化思维的管理者都深知战略的意义和价值。通俗地讲，战略就是要弄清楚我们现在在哪里，未来我们要到哪里去，我们怎么去等一系列面向未来的思考和决策。

1. 目标一致

战略对企业的经营起到重要的方向引领作用，是企业经营的航标。同时战略所涉及的内容又是多样的，包括市场、产品、客户、财务、人力、技术等诸多业务及管理领域。要想将航标指向的目的地描述清楚，就需要构建涵盖战略所有内容的目标体系，且该目标体系应当下沉到底（覆盖所有岗位），才可能形成企业从上到下的目标一致性的合力。

只要战略目标下沉得足够深，就完全有可能将战略目标体系转化为经营预算目标体系，从而成为业务预算、财务预算达标的衡量标准。这样，只要达成了来自战略目标的预算目标，全面预算就能够起到推动战略目标实现的作用。这也是战略与预算目标一致性的体现。

2. 策略与战术的连接

从战略目标到经营目标，再到经营行为并不是一蹴而就的，它需要经过一个非常复杂的过程，包括从战略目标到实现目标的策略研究与选择，根据策略决策进行经营与管理计划的编制，再根据经营与管理计划进行经营与管理行动的拆解，一环扣一环，确保行为与方向的一致性。

而在这个过程中，全面预算通过预算期的经营计划工作，将战略行动策略与年度经营策略（含市场策略、产品策略、渠道策略、财务策略、人才策略、技术策略、供应链策略等）和年度经营行为进行连接，遵循业务预算来自经营行动计划，经营行动计划根据经营策略编制，经营策略根据经营目标制定的逻辑路径。

3. 目标达成的衡量标准

全面预算上接战略目标，下连业务行为，且每个预算期都有自上而下的目标分解，以及自下而上的目标承接工作，使得高质量的预算目标与战略目标之间存在非常紧密的逻辑关联。在这个前提下，全面预算管理中的预算分析环节本质上就是对目标达成的结果和成因进行分析。因此，可以认为全面预算指标可以成为战略目标与经营目标达成的衡量标准。

1.2.3　全面预算核心功能与其他功能的关系

正因为全面预算与战略之间存在非常紧密的逻辑关系，所以全面预算的实施就是从战略目标与预算目标的衔接开始的。只要全面预算能够紧盯战略目标，那么在实现目标的过程中，就一定会围绕这些目标去识别风险、控制成本、调配资金，这样就能为全面预算的其他功能确定出工作的核心，让其他所有的功能与核心功能之间建立起相互呼应、相互印证的逻辑关系。

- 只要预算目标与战略目标一致且保持紧密的关联关系，那么预测与识别预算期经营计划实施过程中的风险就与核心功能建立起关联关系了。
- 只要经营计划是围绕着与战略目标有关的预算目标而制订的，那么在最经济的成本规模下实施经营计划，也会成为实现战略目标的成本控制手段。
- 只要绩效指标是从与战略目标有关的预算目标中提炼的，该绩效考核的成果则与战略目标的成果有直接关系。
- 把有限的资源用到最有价值的事情上是企业资源分配的基本原则，同理企业的资金也应当“好钢用到刀刃上”。只要预算期的经营计划是围绕与战略目标有关的经营目标制订的，相应的资金匹配就能助力预算核心功能的发挥。

1.3 战略规划的主要工作内容

虽然本书主要内容是讲述全面预算，但鉴于全面预算与战略之间存在不可分割的筋膜关系，我们将用一定的篇幅讲述有关战略规划的核心内容与规划的基本路径，旨在让大家了解和思考：战略规划要干什么？战略规划的这些内容与经营管理存在怎样的关系？为什么企业的经营管理一定要围绕战略开展工作？要高质量地进行战略规划需要怎么做？本节将介绍战略规划的相关内容。

1.3.1 企业使命

企业使命用来回答如何将自己与其他企业区分开来，包括我们是干什么的、我们要干到什么程度、我们为什么要选择干这个事等问题。它是实现企业愿景所从事的事业的长期陈述，体现了顶层决策者的经营理念，指出了企业的主要产品或服务范围，以及企业需要满足的主要客户需求。

确定企业使命耗时、乏味，且企业使命只是一种态度、观点和发展方向的陈述，是宽泛的、不明确的，没有具体的指向。但它却是企业所有利益相关者对企业长期绩效的共同期望。

企业使命陈述主要关注如下几个问题：

- 为何要经营这家企业？
- 企业的经济目标是什么？
- 企业在质量、企业形象和自我认知方面的经营理念是什么？
- 企业的核心能力和竞争优势是什么？
- 顾客的需求是什么？企业能够满足他们的需求吗？
- 企业应如何看待企业对股东、员工、社区、环境、社会问题和竞争者的责任？

当我们明确了企业使命，就意味着我们明确了企业所从事的行业，以及在行业发展中的定位与理念。当我们的业务数据与行业或行业定位不一致时，就是在提醒企业要进行经营性业务纠偏，以保证企业使命愿景与实际经营行为的“知行合一”水平。使命释义越细致，对全面预算的引导作用越强。全面预算的数据链越完整、精细，对使命达成标准的衡量准确度越高。

1.3.2　企业经营的内外环境分析

战略制定的质量取决于企业进行战略分析的水平高低，战略分析首先要做的也是必须要做的就是内外部环境分析。知己知彼，百战不殆，战略决策本质上就是应对商战的策略决策，保持对市场环境、竞争对手以及自身条件的深刻而清醒的认识，是企业正确选择战略方向并做出恰当战略决策的基本保障。

企业外部环境分析模型如图 1-1 所示，外部环境可分为相互联系的三类：宏观环境、行业环境、经营环境。

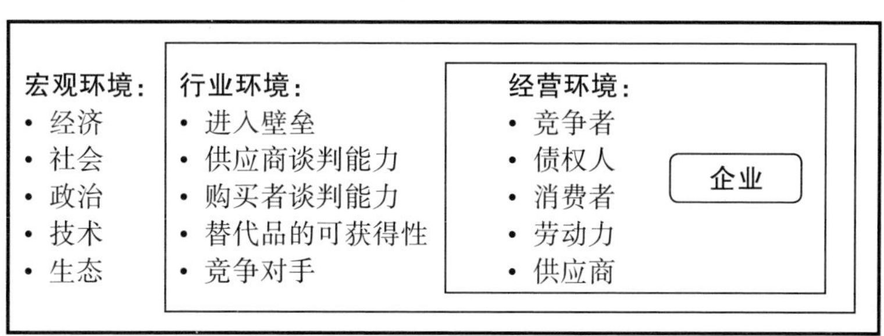

图 1-1　企业外部环境分析模型

因本书的重点是全面预算，所以对于战略管理内容不会讲得太详细，只向大家讲清楚战略工作与全面预算工作的逻辑关系即可。如果对战略管理的内容感兴趣，可以专门阅读有关战略管理的书籍，这里我向大家推荐选读迈克尔·希特或理查德·林奇的著作。

企业内部环境分析最经典的模型就是 SWOT 模型，从竞争对手与客户角度进行内外结合分析的模型还可以借鉴“三圆圈分析”模型（见图 1-2）。

每个圆圈的内部区域非常重要，区域 A、区域 B、区域 C 对于明确和建立真正基于价值的竞争优势来说非常关键。三圆圈分析模型是针对客户需求分析企业与竞争对手价值差异的模型，这个价值差异是站在客户角度分析得出的，而非凭企业的自我感觉。

内外分析的结果是我们进行战略行动策略规划，以及预算期经营策略规划的重要依据。企业经营目标的达成要在有限资源与有限条件的基础上选择不同的实施策略，内外环境分析就是对这种有限资源和有限条件的分析与判断，其分析质量的高低将直接影响战略实施策略和预算期经营策略制定的正确性。

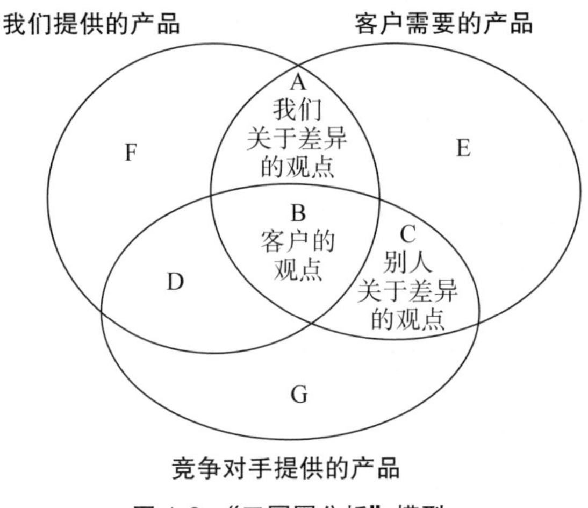

图 1-2 “三圆圈分析”模型

1.3.3 长期目标的制定

成熟的企业经营者都能清醒地认识到：短期利益最大化并非企业实现持久增长和盈利的最佳方式。大部分的企业经营者都会将小部分利润用于分配，其余大部分则用于“播种”，从而提高长期获利的可能性。

企业长期目标一般会围绕以下七个主题展开。

- 利润率：一家企业的长期运作能力取决于其是否能在经营中获取相应的利润，而利润率水平的高低也反映出企业在行业内的经营水平。
- 生产率：通常情况下，能改进投入 / 产出关系的企业便能提高利润率，企业坚持不懈地力求提升系统生产率对企业的价值链效能提升影响巨大。
- 竞争地位：竞争地位的目标体现企业的长期优势，企业一般以销售总额或市场份额作为衡量自身竞争地位的标准。
- 员工培养：对员工进行培养可以提高生产率，降低离职率。而人才培养更能让企业获得内在的竞争优势，因此，企业经常会在长期发展计划中列入员工培养目标或人才发展计划目标。
- 员工关系：因劳动生产率与员工忠诚度有很大的关系，很多企业管理者会主动关心员工的需求和期望，确立改善员工关系的目标，比如安全计划、员工持股计划等，以稳定企业长期发展的员工基础。

- 技术领先：技术已经成为企业长期发展的重要力量来源，设定技术发展目标能促进企业占据行业优势。
- 公共责任：越来越多的企业管理者意识到企业应该对客户和社会负责，主动维护企业社会形象和良好声誉，对企业的长期发展具有无形的巨大的力量。所以有长远目光的企业会制定有关企业声誉与社会形象的目标。

企业制定的长期目标越具有体系性，对企业预算目标的影响就越直接。理论上，企业预算期的预算目标应当与企业战略层面的长期目标具有强关联性，这方面的关联性做得越好，全面预算推动战略落地的效果也越好。

1.3.4　经营性战略选择与决策

企业之所以能获得成功，是因为在竞争中比对手拥有更多的优势。竞争优势主要有两项：一是企业的成本结构，二是有别于竞争对手的能力。研究表明，没有上述任一竞争优势的企业在同行中表现都不会太好，而同时拥有两项优势的企业则能在同类企业中脱颖而出。

从这两个方面出发企业可以有不同的经营性战略选择，或提高成本竞争优势，或提高差异化竞争优势，为此企业需要分析自身的资源和能力优势，评估成本领先或差异化竞争机会的大小。

在企业确定了自己的经营性战略后，必然会将这一战略决策推行到每一年的经营行为中，主要体现在企业全面预算的经营计划活动中，这就使得年度经营计划活动与企业的经营战略进行了关联。

1.4　全面预算承接战略的基本路径

在实践中，全面预算要达成核心功能，即推动战略落地，需要遵循一些基本的路径，这个过程没有捷径，任何一个环节的缺失或者敷衍都会使核心功能的效能降低。

1.4.1 经营目标与战略目标呼应过程

大部分企业年度预算都会从制定年度经营目标开始，全面预算也是如此。但全面预算在制定年度目标的时候，需要与所属战略期间的阶段性目标进行对接，确定年度经营目标与战略目标的关系。为此，企业需要在确定年度经营目标的时候开展以下几项工作。

1. 衡量企业战略目标的实现情况

企业在制定预算期年度经营目标时，不但要进行必要的内外环境分析，以判断市场环境与客观条件的变化，让经营目标的制定更具有可实现性，更重要的是要先衡量企业战略目标的实现情况，即评估截止到预算期，企业战略目标的实际达成情况。注意在评估时应当根据战略目标体系的不同维度分别进行评估，且应当评估至最小战略分解目标，不仅要评估完成的绝对值，还要评估完成的相对值。对于应当处于同等相对值水平的指标，要分析落差产生的原因，以便通过预算目标的设定弥补落差。

2. 确定预算期需要完成的阶段性战略目标

当企业评估确定了截至预算期企业战略目标实际达成情况后，便能制定出在预算期企业应当完成战略阶段性目标的标准。我们拿出一个战略目标值，做一个简单的数学逻辑推演，大家就能理解预算目标和战略目标如何连接了。

$$\text{预算目标}=\begin{matrix}\text{预算期应当完成}\\\text{的战略目标值}\end{matrix}+\left(\begin{matrix}\text{截至预算期前应当}\\\text{完成的战略目标值}\end{matrix}-\begin{matrix}\text{截至预算期前实际}\\\text{完成的战略目标值}\end{matrix}\right)$$

根据上述公式我们可以这样理解：预算期的目标应当是战略要求这个预算期应当完成的目标，但因为各种原因，上个预算期的实际完成情况可能低于也可能超出战略对上个预算期要求的目标，在制定本期预算目标的时候就应当考虑到上期未完成或超额完成的战略目标，或加或减本期的预算目标。这样确定的本期预算目标就能够与整个战略目标产生关联了。也就意味着，上个年度没有完成的战略目标这个预算年度必须进行弥补，上个年度超额完成的战略目标会减小本预算年度的压力，如果本年度不减目标，企业就有可能超前实现战略目标。

1.4.2　经营目标分解下沉过程

即便企业已经在预算目标的制定上与战略目标进行了连接，但如果这种连接只停留在企业层面，即只确定了企业目标与战略目标的关系，不进行经营目标分解下沉，预算目标的实施成效则会打折扣。预算目标的分解是一项非常具有体系性的工作，不是简单地定指标、压任务，而是需要开展一系列实质性的工作。

（1）自上而下地进行目标宣导，向下说明企业或上级目标制定的原因和理由，让下级知道和明白上级目标的制定逻辑，因为这个逻辑中含有战略思考、实施策略和行动计划。

（2）根据企业组织架构和职能职责，自上而下地设计分解模型，确保目标分解能够被企业现有的组织和岗位承接与实施。目标的承接必须与责权对应，目标的分解必须具有逻辑关系，比如营销目标的分解，除了业务人员的承接之外，还应当有对应的产品线、市场线、客户线、渠道线的分解与承接。这是一项比较复杂且对运营管理能力要求较高的工作，具有一定的技术难度。

（3）自下而上地进行可行性分析与行动策略的规划，下级对于每一个分解到其身上的目标，要进行足够的可行性分析，并向上级说明完成目标的策略、方法和行动，让上级相信他们有方法去实施上级的经营管理目标要求，有能力完成这些目标。这个过程不是一次，而是多次反复。

1.4.3　自上而下的经营计划制订与达成共识的过程

在预算目标制定和分解的过程中，还需要同步进行经营计划的自上而下的传导与达成共识的工作。目标的完成不是靠喊口号、拍胸脯、说大话。只有谋略与行动结合才有可能得到希望的结果。为了确保预算目标实施过程中上下一致、横向协同，企业应当先制订企业级年度经营计划，从企业整体出发，围绕企业目标进行策略规划，包括市场策略、产品策略、客户策略、财务策略、供应链策略、人力资源策略等，为各业务单位和职能部门指出工作的方向，同时站在企业顶层视角进行重大事项或重要举措的安排，对相关业务单位和职能部门提出预算期应当完成的重要工作任务。

自上而下完成的经营计划要想能够被企业各级经营管理者接受并切实履行，

必须进行细致与扎实的宣导工作，一定要确保各级管理者都能知晓并明白企业制订的年度经营计划的来龙去脉以及对其工作任务安排的出发点。这个过程可能需要上下级之间进行多次的宣导和讨论，而且必须做到层层宣导、下沉到位。

1.4.4　自下而上的经营计划承接与反馈过程

企业经营计划通过层层宣导帮助各层级管理者对企业预算期经营活动的总体方针、策略和重点工作的要求有更深刻的理解，落实了企业对各部门、各业务单位的期许和重要的指导意见。预算目标分解下沉后，各业务单位和职能部门就需要开始规划制订其自身如何达成目标、如何开展经营管理工作的二级经营计划了。

1. 吃透企业年度经营计划

二级单位或职能部门的管理者必须具备一种思维，本单位或本部门的经营计划必须与企业经营计划保持方向一致，同时应当对企业经营计划中确定的经营策略进行深度理解和学习，在制定本单位和本部门经营策略时，必须与企业经营策略保持一致。对企业年度经营计划中提出的本单位或本部门应当开展的重点工作要准确理解，并在自己的经营计划中研究确定完成重点工作的思路和方法、行动路径等实施方案。

2. 明确自身经营管理目标

各二级单位和职能部门开展预算期工作，也应当围绕目标开展。如果企业将目标做出了明确的分解，那么二级单位和职能部门经营计划的目标任务是非常清晰的，后面相关部门的所有策略和行动都应当围绕这些目标进行规划。当然企业分解的目标也不一定一点问题都没有，二级单位和职能部门的管理者可以通过可行性分析提出自己对分解目标的看法和意见。如果企业没有非常明确地对某个二级单位或职能部门分解下达任务目标，该业务单位或职能部门管理者依然需要研究确定自己的年度目标，而且依然需要向上研究企业年度目标，保持自己单位或部门的目标与企业目标的一致性、协同性和互补性。

3. 分析预算期实现目标的可行性

无论是企业分解的目标还是自己制定的目标，都应当进行必要的可行性分析，具体分析的方法多样，可以参考 SWOT 分析法、因素分析法、趋势分析法等。分析的维度要结合内部和外部环境，要考虑资源支持与获取的可能性，要从技术、方法和能力上考虑实施目标的难度。

4. 确定实现目标的策略与方法

虽然企业层面会就年度目标进行策略研究和策略决策，作为二级单位和职能部门依然需要根据分解目标，结合实际情况和资源能力条件进行分项策略研究，设计完成分解目标的策略选择，并根据策略选择进行策略实施的方法路径规划。

比如企业 2023 年市场策略为稳老增新，要求各业务单位 2023 年均应在保证老业务稳定不降的情况下，积极开展新业务、新市场、新客户。作为某二级单位，应根据自己的实际情况，将自己的市场策略确定为重点老客户增加服务稳定收入、A 产品线开拓新市场新客户，为此该二级单位确定了 2023 年对重点老客户如何增加服务内容、提高服务频率、改善服务方式和是否收费的计划，以及 A 产品线拓新的推广计划、广宣计划和业务政策的调整计划。

5. 确定实施策略、方法的具体行动计划

当二级单位和职能部门确定了自己的实施策略和方法后，就需要制订更加详细的工作计划，包括每个大行动的工作包拆解、每个具体工作的资源匹配、每个工作的人员岗位分派、每个工作的期限、每个工作的成果标准等。只有工作计划做得足够细，才能保证其分解目标的达成，这是保证过程质量的重要环节。

6. 向企业及兄弟单位或职能部门发起资源需求

企业存在不同的组织结构划分，不同二级单位有不同的业务定位和范围，不同职能部门有不同的管理边界。但从企业整体出发，各二级单位与各职能部门之间则存在着强而紧密的关联关系，尤其是在预算过程中，这种关联关系表现得更为突出。

一个单位或部门的经营管理活动的实施，单靠本单位和本部门的资源和力量是不够的，大部分情况下各单位和部门的工作都需要跨部门的协同和支持。而很多企业虽然很清楚部门间协同的重要性，却习惯于本位主义，愿意关上门做事，协同需求不愿意事先沟通，事到临头出现协调困难，就会互相扯皮。

高水平的预算管理中，企业会要求各二级单位和职能部门在做自己的经营计划时必须向兄弟部门提出资源与协同需求，做计划的时候不提，到跟前再提而难以调度是要负责任的。所以，正确的做法是在做经营计划的时候必须要求各单位和部门围绕工作任务提出协同需求。

7. 做出其他单位或部门向自身发出的资源需求的响应

同样的道理，有协同需求必须也要有协同响应，否则就成剃头挑子一头热了。得不到需求响应和支持，所有的需求都是空喊。所以，当企业有跨部门需求时，被提出响应的部门或单位必须就需求进行响应回复。需求合不合理、能不能解决、怎么解决、什么时候能解决都必须有回复。

Chapter2

第 2 章

战略目标的提炼与分解

2.1 从战略分析模型到战略目标提炼的路径与方法

我们假定企业的战略方向与战略地图基本结构已经形成，并且和团队达成了战略共识，这时大家的关注点就会集中到战略落地上。不让战略飘在天上，不让战略成为空洞的口号，要切实推动战略的落地实施，需要企业管理团队团结一致以协同共创的方式共同铺设战略落地的高速通道。建设这条高速通道是有方法和路径的，这也是本章的重点内容。

2.1.1 提炼战略目标先从构建战略分析模型开始

战略落地的第一步就是明确战略目标，这是建设战略落地高速通道的第一步，也是必须完成的一步，无法绕行。那么如何提炼和确定战略目标呢？这对很多管理者来说并不是一件容易的事情，因为战略地图中的一些内容比较抽象，而且是模糊的方向性描述。比如打造智能制造的核心竞争力，什么是智能制造，打造到什么程度才算是达到核心竞争力的标准等，若不能详细回答这些疑问，这个战略方向就很难落地实施，很容易变成一句空话。

1. 拆解战略地图要素

不同企业的战略地图结构会有差异，但从通用的角度来看，战略地图无非包含以下几个方面：愿景目标、战略举措、核心竞争力、组织机制保障等。

案例 2-1

下面用一家跨境电商企业的战略地图作为示例进行要素拆解，见图 2-1。

图 2-1　战略地图示例

该公司三年战略地图的主框架分为四个维度：愿景目标、战略举措、核心竞争力、组织机制保障。

（1）愿景目标拆解。

如表 2-1 所示，愿景目标拆解难度主要集中在抽象性目标上，比如本例的打造“全球领先共创平台”，何为“全球领先”？达到什么指标的什么标准就算是“全球领先”了？这些抽象性目标的拆解没有统一的标准，每个企业所处行业不同、生命周期不同，其远景目标的要素选择和拆解逻辑就会不同。

表 2-1　愿景目标拆解示意表

愿景内容	维度	目标指标	目标标准
打造“全球领先共创平台”	共创成果领先	共创新品总量	200 个 / 年
第 3 年产值	业绩	GMV（产品交易总额）	20 亿元
第 3 年净利润	获利	净利润	2 亿元

（2）战略举措拆解。

企业层级的战略举措是对企业整体愿景目标的策略规划，是企业最高层次的策略选择。如表 2-2 所示，本案例企业战略举措的规划主要是从竞争的角度出发，分别从产品、品牌和渠道三个方向进行策略性规划。本案例具有非常明显的跨境电商行业特征，所以大家在学习本书所有案例的时候一定要注意行业特性的差异。从学习技巧的角度分享，建议大家在读书学习的时候区分形式与内容的差异，以及通过“学习逻辑架构 + 自己的特定内容”方式进行学习转化。千万不要照搬照抄别人的形式和内容，这样的方式很难在实际工作中起到好的作用。

表 2-2　战略举措拆解示意表

战略举措分类	具体举措谋划	举措目的
产品战略	①鼓励原创，布局专利 ②技术创新，品类聚焦 ③场景化组合产品创新 ④创新保持定制模式领先	差异化竞争策略，在保持定制模式优势的基础上，通过创新获取产品竞争新的优势点
品牌战略	①升级品牌定位 ②重点国家用户社群运营 ③提升独立站运营 ④创新品牌传播方式	确定品牌定位，统一品牌识别要素；在独立站作为品牌传播主阵地的基础上开拓新的传播途径与传播方式
渠道战略	①重点区域分国家精耕 ②空白区域 / 渠道高效覆盖 ③构建授权销售管理能力	从平台化运营向区域化深耕转型；提高渠道商运营能力与管理能力

（3）核心竞争力拆解。

核心竞争力是战略规划中非常重要的规划点，每个企业战略目标的实现都是靠实实在在的实力，没有实力（竞争力）就没有竞争的砝码。

如表 2-3 所示，本案例企业的核心竞争力要素内容的确定，也是基于该企业特定的行业与其内部条件所确定的竞争力构建和提升方向。因该企业对客户和产品创新非常敏感，且行业在产品品牌和供应链交付环节上竞争格外激烈，故该企业在竞争力打造上选取了创新、供应链、用户运营能力维度。另外，该企业成长速度较快，业务发展远远快于企业管理能力的发展，在顶层战略制定方面一直比较薄弱，甚至从来没有进行过系统完整的战略规划。为此，企业在战略能力塑造方面提出了明确的要求。

表 2-3　核心竞争力拆解示意表

核心竞争力分类	能力建设方向	关键词
创新能力	从用户 / 客户视角构建创新文化，提升全员创新能力	客户视角、创新文化、全员创新
供应链能力	高维布局供应链架构，从底层支撑创新能力提升	高维布局、底层支撑
用户运营能力	践行用户第一理念，升级品牌定位，迭代 UCD 模式	用户第一、品牌定位、UCD 模式
战略能力	品牌战略、销售战略、供应链战略全面提升	品牌、销售、供应链

概念解释：以用户为中心的设计（user centered design，UCD）模式，是在设计过程中以用户体验为设计决策的中心，强调用户优先的设计模式。简单地说，就是在进行产品设计、开发、维护时从用户的需求和用户的感受出发。

（4）组织机制保障拆解。

战略目标的落地需要强大的后台支撑，在企业运营中这种后台搭建工作通常被称为职能体系的建设（即财务、HR、质控、技术等职能化管理）。如表 2-4 所示，该案例企业选择上述三个后台支撑方向有其特定的原因，一是该企业发展速度快，短时间内进入了很多不同背景的职业化人员，新老人员之间的文化冲突凸显，企业需要在文化统一上予以支持；二是企业业务增长极快，使得业务复杂度与数据量剧增，而弛缓的 IT 优化进程明显不足，因此企业在 IT 支撑上有非常强烈的需求；三是在企业快速发展过程中，组织的稳定性越来越差，人效的结构性差距也越来越大，企业对人的培养、晋升和效能提升的要求也随之提高。

表 2-4　组织机制保障拆解示意表

保障机制分类	能力建设方向	关键词
企业文化	讲好企业故事，升级企业文化，建设强大的文化驱动力	文化驱动力
IT 中台建设	优化中台服务能力，提升后台保障能力	后台保障能力
组织机制	优化运营机制（激励、人才培养），升级组织架构，持续提高人效	运营机制、组织架构、提高人效

2. 针对每个要素分别设计能力模型

当我们把战略地图进行层层拆解之后，为了能够更加准确和细化地提炼出战略目标，就需要在要素拆解的基础上，对每个要素进行模型设计，为下一步的战略目标提炼打好基础。

模型法是企业管理中常用的方法，该方法中最常用的工具就是思维导图。如图 2-2 所示，我们从案例单位的拆解要素中选择一个要素做相应的模型设计样板，供大家借鉴。

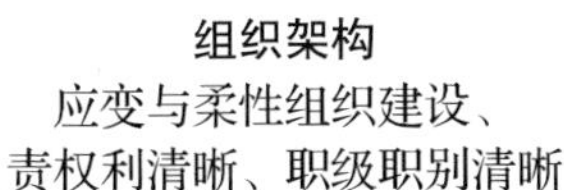

图 2-2　组织支撑要素拆解模型

对要素进行模型设计就是为下一步的目标指标提炼提供方向，各要素模型构成了战略目标体系建设的基础性内容。

2.1.2　战略目标的提炼方法

当我们根据战略要素进行了更加详细的模型拆解之后，就可以根据模型的不同维度和能力方向提炼相关的评价指标。

还是以图 2-2 的模型为例，我们尝试对该模型进行目标指标的提炼，详见表 2-5。

表 2-5　组织要素指标提炼统计表

能力维度	能力目标	能力活动	目标指标	目标标准
柔性组织能力	快速适应变化	组织架构调整机制、清晰的岗位职级职别	职级职别定期刷新	每季度刷新一次
薪资竞争力	薪资水平内外均衡	核心人才薪资行业水平测评调整、薪酬与绩效挂钩	核心人才薪酬行业水平	＞行业中位数
内部激励	员工职业晋升通道清晰明确	构建企业员工荣誉体系、制定企业晋升流程与制度	荣誉体系方案、晋升流程与制度	上半年完成
成本控制	成本水平适宜	总成本与分类成本标准	人工成本总额、单位人工成本	行业中位数
人才培养	持续有效	任职资格考评体系、培训	体系建设、年度培训人次	3 月底完成，300 人 / 年
用人效能	人效逐步提升	人效评价与结构性调整	人均销售额	200 万元 / 人

在提炼能力指标时，以下几个方面需要注意。

（1）职能化事务性工作的量化指标提炼。

很多管理者经常提出一个比较普遍的困惑，就是一些事务性工作很难量化的问题。其实这是一种认知误区，是我们没有找到事务性工作的量化维度，不是非要有额度、有比率的指标才是量化指标。本质上的量化概念主要是针对可衡量而言的，只要指标能够被衡量，无论是时间衡量、结果衡量，还是程度衡量都可以。比如很多事务性工作只是一个工作任务，且这个任务没有明确的数量结果，这类工作的目标指标可能很难提炼出数量结果，但可以提炼出该项工作的达成时间指标。

（2）多个目标的选择。

现实中还有一种情况，就是某个运营管理方向可以提炼不止一个目标指标，那么企业是都用还是选择其中一二。站在不同的管理层次和不同管理角度以及出于不同的管理目的，选择的指标肯定会不一样，那么到底选择什么样的指标合适呢？

从战略目标设定的层次看，无论什么类型的指标都要从企业整体和宏观角度选择，对于明显站在部门角度或存在个人意图的指标应当放弃。比如对获利能力指标的选择，不同业务单位或业务形态对利润指标的界定是不同的，有的是毛利，有的涵盖某些费用而有的不涵盖，但从企业的角度出发就是企业最终的净利润。

2.1.3　战略目标的标准设定

提炼了指标就要根据指标确定标准，标准才是企业为之努力的结果目标。很多企业在设定标准的时候，出于外部数据相对难以获取的原因，更愿意使用企业内部的历史数据作为预算期目标指标标准的参照值。这样做不是不可以，但在今天如此多变，竞争对手竞争手段花样翻新的环境下，用自己的历史数据对标显然缺乏竞争意识和应变意识。所以，建议在设定目标指标标准时，对标行业最优，或典型的竞争对手同类指标，这样设定的目标才能让企业更清晰地看到内外差异，才能通过对目标达成的不懈努力提高自身的竞争力，取得行业的优势地位。

在具体确定指标的时候还有选取单一标准还是区间标准的问题。单一指标标准意味着该标准就是考核线，突破这个标准线就是偏离标准，或超标或不达标。这类标准的优点是明确、清晰，但也同时存在僵化的缺点。所以，有些企业就会选择设定区间标准，即把目标指标的达成控制在一个区间范围内，只要最终结果落在区间范围内即为达标。这样的标准更能包容未来的小微的不确定性影响，更具灵活性，但同时也会给管理者留出一定的人为空间。

2.2　从战略目标到预算目标的分类体系

企业通过战略分析模型确定了战略目标后，就需要与预算目标进行连接。一般情况下，这种连接不会一步到位，它们之间还应当构建一个桥梁体系。这个桥梁体系就是战略行动计划环节。

2.2.1　战略行动计划体系内容

战略行动计划是一个较大的概念，其中涵盖的内容既包括策略层面的谋划部分，也包括战略阶段划分后的目标分解的量化技术部分。

1. 战略总目标路径与节奏规划

只要是战略一定属于长期性规划，短则 3 ～ 5 年、长则 8 ～ 10 年，甚至更久，我们的一个客户就曾经做过 13 年的战略规划，13 年规划是他对自己退休交班的时间规划，也是他要在 13 年中将企业做成什么样的愿景蓝图。如此长远的规划，一定不是一蹴而就的，因此企业应当对这些长期愿景目标进行适当的阶段性分解，形成战略行动的节奏。同时要对每个分解阶段的目标达成进行策略研究和规划，形成战略实施的策略路线图。

案例 2-2

某包装企业 13 年战略总目标行动规划如下。

该包装企业是一家民营企业，老板创业 20 多年，在我们进入这家企业的时候，老板正好 47 岁。当我们要求他先对企业的战略发展做一个相对长远的规划时，他一口气做了一个 13 年战略规划。意思是他希望的退休年龄是 60 岁，所以想在退休前实现一些自己内心非常期许的发展目标，他将这些内心目标设定为这家企业的战略目标。同时他也按照我们的要求对这 13 年的战略规划进行了分阶段的节奏规划，整体划分成 3 ∶ 5 ∶ 5 模式的三个阶段，即一个三年规划和两个五年规划。虽然规划的过程非常粗放，缺乏科学严谨性，但该企业至少理解了战略规划和战略节奏分解的逻辑关系。

所以说，每个企业做战略总目标的时候都可能存在很多独有的背景，对于广大的民营企业而言，还会很大程度上受到企业一把手思想的影响。虽然理论上战略规划有很多科学的分析与程序，但在现实中一定会有像我们客户一样的情况，没有什么逻辑严密的体系支持，也没有专业人员的研究设计，就是老板个人的粗放式设想，没有严密的论证，非常感性。但这并不影响企业在某个管理实践中的成长，只要开始走出第一步，就是值得肯定的。

2. 阶段性战略目标实现策略规划

企业确定了战略行动节奏后，还不能直接进入实施计划阶段，因为在商业竞争环境中，没有策略的计划属于自说自话的单边计划，缺乏应对环境和竞争对手的思考与准备。很有可能出现两种情况下的计划落空，一是缺乏内外环境分析及主动应对市场或应对竞争对手的谋划，造成计划不切实际，实施过程中不是不可实现，就是不能满足市场要求或是不能对竞争对手造成压力和冲击，让企业的产品陷入平庸，让服务失色，最终导致目标计划的落空；二是不进行不确定性场景的预判和应对谋划，致使一旦出现环境突变，或者竞争对手策略转变或发起某种攻击，企业制订的所谓战略行动计划的假定条件就不复存在或被破坏，原有的计划也就失去了基本的实施条件。因此我们强烈建议，每个企业在制订战略实施计划前，一定要有实施策略的谋划环节，谋定而后动才是计划成功的保证。

策略规划是在战略总规划和战略节奏划分的基础上进行总策略和阶段性策略的谋划。下面依然以上述包装企业为案例进行阐述。

案例 2-3

某包装企业阶段性策略规划如下。

- 战略总目标：到 2030 年发展成为国内一流的纸包装印刷企业。
- 第一阶段三年目标及策略规划：通过三年时间，成为 ×× 地区最具影响力的企业。具体策略布局：在 ×× 主业务线，建立 300 公里物流圈分公司布局；在贸易方面布局区域分公司，成为最优秀的 ×× 产品进口商；建立金融支持平台，为集团各产业链业务发展提供强有力的金融服务。
- 第二阶段五年目标及策略规划：扩大影响力区域，成为国内具有一定影响力的纸包装印刷企业，走向资本市场。具体策略布局为纵向一体化策略。
- 第三阶段五年目标及策略规划：成为国内一流的纸包装印刷企业。具体策略布局为，完成产业链上游扩张，至少控股一家造纸企业，新增 × 家生产企业。

2.2.2　从战略目标到战略节奏阶段性目标

当企业明确了长期战略总目标和阶段性战略行动策略的规划后，基本上战略的目标实现路径就形成了。下一步需要按照我们在 2.1 节介绍的提炼目标的方法进行总目标和阶段性目标指标库的建立，形成如表 2-6 所示的示意表。

表 2-6　战略节奏阶段性目标示意表

战略维度	总目标	阶段划分	策略维度	策略目标
业绩规模	营收 20 亿元	2023 ～ 2024 年	稳中有升	营收 7 亿元
		2025 ～ 2026 年	结构性拉升	营收 15 亿元
		2027 年	全面提升	营收 20 亿元
行业站位	行业三甲	2023 ～ 2024 年	产品升级	新品占比 60%
		2025 ～ 2026 年	市场份额	市场占有率达到 40%
		2027 年	市场份额	市场占有率达到 60%
⋮	⋮	⋮	⋮	⋮

需要注意的是，战略目标与战略节奏阶段性目标要有承接和关联，因为这个环节的目标设定都是从企业顶层、整体和宏观的角度出发的，逻辑关联相对容易衔接。大家只要注意这种关联要求，能够形成分解关系就好。

2.2.3　从阶段性目标到预算目标

当阶段性目标确定好后，战略落地就可以与年度预算进行衔接。我们可以把每个预算期与战略阶段期进行对接，确定预算期总目标的时候就要与阶段性战略目标进行匹配。比如 2023 年是五年战略的第一个阶段的第二年，在制定 2023 年预算目标的时候就要对标战略第一阶段目标和第一年战略目标实现的结果。这样 2023 年预算目标就与企业战略目标、阶段性战略目标形成了紧密的关联关系。逻辑上说，如果 2023 年的预算目标完成，就能推动阶段性战略目标的实现，同样能推动整体战略目标的实现。

在预算管理实践中，这一步是连接预算与战略的重要环节，企业在制定每一年的预算目标的时候一定要对标战略目标，要分析上一预算期的经营成果对战略目标的正负影响，要确定本预算期处于哪一个战略阶段，而不能只考虑预算期本身的目标设定。

2.3　企业预算目标的制定

预算目标的制定不仅要保持与战略目标方向一致，还需要与前面所讲的战略行动计划目标保持逻辑上的强关联性，即年度预算的制定不仅要考虑预算期年度的现实内外环境条件，还要对标战略行动计划的阶段性目标的要求，实现预算目标的达成必能推动阶段性战略目标的达成。

2.3.1 预算目标制定的原则要求

除了上述预算目标制定的基本要求之外，企业确定预算目标还应遵循以下几个原则。

1. 挑战性与可行性兼顾原则

目标要有挑战性，即要让未来的目标比现在的水平高，无论是业绩还是能力都要超越当下的状态。没有挑战性的目标必然会让企业发展的步伐迟缓甚至是停滞。每个企业主体都是追求发展的主体，发展的结果就是一年比一年好，未来比现在好。为此，企业在目标设定上一定要追求超越，即具有挑战性。

超越当下可能是每个企业共同的意愿，但不是所有的企业都有能力和条件超越当下。不同时间、不同空间，其内外环境、资源条件都存在着各种各样的差异。在全面预算过程中，企业应当实事求是地分析自身的条件和能力，对目标挑战的度要有合理的分析判断，即要与企业自身条件和内外环境相结合，遵循目标制定的挑战性与可行性兼顾的原则。

2. 整体目标与局部目标相结合原则

企业作为一个整体，有整体的发展方向和发展目标，但要实现这些目标却需要企业各个单位、部门、人员通力配合，还需要在不同的业务、产品、区域、客户间进行结构性安排。现实中，局部目标与整体目标必然存在程度不同的差异甚至是冲突，平衡整体目标与局部目标并不是一件简单和容易的事情。因为整体视角与局部视角本身就存在着站位差异，加之管理者个体思维方式的差异，会使得这种平衡实现起来更加困难。

但在全面预算过程中，整体目标与局部目标必须相结合，尤其是在方向上要保持一致性，并且在横向拉通与纵向支撑上有着非常高的要求。这也是全面预算工作质量的重要评价部分。企业应当在预算过程中构建具有逻辑关联的、分层次的目标体系，该体系应当遵循整体目标与局部目标相结合的原则。

3. 市场需求与内部条件相结合原则

企业目标尤其是经济目标的制定，会存在某些内外因素的约束，并不是由企业单方面的意愿决定的。从外部因素看，最大的制约因素就是市场需求的变化，如果对市场变化不做洞察与预判，只根据以往市场情况确定目标，那么这个目标很有可能与现实偏离而无法实现。从内部因素看，即便是市场条件具有可实现性，但企业自身的条件是否能支撑也需要进行洞察与评估，这种内部评估需要很强的链式管理思维，将整个价值链与支撑系统的能力进行模拟验证，否则很有可能一个环节出问题造成整个价值链系统断链，影响目标的实现。

所以，在制定预算目标时必须遵循市场需求与内部条件相结合原则，做好内外影响因素的分析与预判工作。

2.3.2 预算目标制定的方法

预算目标的制定应当使用科学的方法，切忌拍脑袋盲目决策。目标具有极强的引领作用，不同层次的人员对不同目标的敏感度、敏感点不同，高层对综合性目标敏感度较高，中层对局部目标敏感，基层对操作性目标敏感；高层关注目标结果的成因，中层关注目标影响因素，基层关注目标结果。

实际操作中，有一些比较常用的方法可以供大家借鉴。

1. 增长率法

增长率目标关注增长的相对程度，历史基数越大，增长率带来的变化结果越大。什么时候什么企业适合使用增长率目标，要根据企业的实际情况和战略需求确定，业绩量很小的企业，即便是100%、200%的增长率对竞争实力的增强也没有太大的意义。但如果企业关注增长率对团队士气的影响，也会使用增长率法作为目标确定方法。增长率也可以在某些具有战略意义的指标上发挥作用，比如市场占有率增长率、新产品营收占比增长率等。总体来说，增长率是对某项指标作为目标指标时确定的相关增长幅度，增长率法是通过对影响该指标的相关因素进行预期变动分析来确定目标的方法。

2. 增量法

很多企业在编制预算过程中，对目标的设定自然而然地愿意使用增量法，尤其是在业绩目标的确定上更是如此。因为每个企业都有未来不断发展壮大的愿望，在历史成绩的基础上不断增加成果量就成为制定预算目标的主要方法。该方法具有一定的主观性，当未来环境不支持增量可能时，目标就会变得不切实际。但增量法的思想和出发点是值得肯定的，任何一家企业都应当有不断进取发展的斗志和精神，这种精神要体现在目标上。

3. 比例法

比例法的应用非常广泛，只要存在对比的意义，我们就可以将某一指标和任何其他指标进行对比，比如成本利润率、劳动生产率等都是对比性指标。尤其当某个变量与另外一个变量之间存在比较稳定的比例关系时，比例法是很好的预测计划期相关指标的方法，比如因为某种原材料与产量之间存在非常明显且比较稳定的比例关系，企业就可以根据这种原材料的采购量预测最大产能，或者通过产量目标确定该原材料的采购目标。

4. 标杆法

标杆法在制定预算目标过程中经常被使用，这也是企业在成长过程中进行自我学习的主要方法。核心思想是针对自身的不足，找到学习的标杆进行对比，确定差距，缩小差距。标杆法是一种评价自身企业和研究其他企业的方法，是将外部企业的优秀业绩作为自身企业内部发展的目标，并将外界的最佳做法移植到本企业经营环节中去的一种方法。

标杆法的应用有两个重要的环节需要特别注意。

一是选择什么对标项目，即确定在哪些事项上进行对标学习，这需要企业有较强的自我洞察力，能够准确辨识和选择对标的方向。

二是选择什么样的对标对象，即选择学习的目标对象，一般根据企业对标意图的差异，可以从选择最优、选择最像和选择竞争对手三个方向确定对标对象。

上述两个重要环节将直接影响对标法的使用效果，对标项目选择不当会浪费有效时间与企业资源，对标对象选择不当会造成对标结果的无效。

5. 本量利分析法

本量利分析法也叫保本分析或盈亏平衡分析，是比较传统的方法，应用场景也比较多，比如成本管理、定价管理以及预算管理等，主要是通过分析生产成本、销售利润和产品数量这三者的关系，掌握盈亏变化的规律，指导企业选择以最小的成本生产最多的产品并可使企业获得最大利润的经营方案。

在预算目标制定过程中，本量利分析法主要是在确定成本目标、单位贡献目标、安全边际目标时应用较多。

2.3.3 预算目标制定的决策

预算目标制定完成后是否成为企业预算期执行的共同目标，应该经过一个具有共识效应的决策过程，而且这个过程应当是正式的、流程化的。因为每个企业的组织架构和预算管理体系结构不同，这个决策过程的形式也会不一样。

具体可以给大家如下几个决策方式的建议。

1. 程序化决策

这种决策方式主要是在规模较大，管理较规范的企业普遍使用，这类企业会将预算目标的决策纳入企业流程化管理体系中。目标的设定、审核、审批都有规范的标准动作要求，决策的每个环节都会纳入决策流程中。最后以正式的文本化文件作为决策的结果呈现。

2. 会议决策

很多规模不大的企业更愿意使用会议决策法确定预算目标，这种方法简便易行，各部门将自己的预算目标草案确定后，通过上会的方式予以正式确定。至于参会人员的范围各个企业情况会有所不同，参会范围小则相对集权，参会范围大则民主性更强。但总体来说会议决策还是偏集权模式。

3. 顶层决策

这种决策模式是最集权化的方式，不管是否存在自下而上的信息传递，是否有上下多轮的目标沟通，从决策的环节看，都是企业一把手独立拍板决策，不开会不走流程。有些企业甚至就是由企业一把手直接决定预算期的经营目标，然后进行指令下达。这种决策方式在中小民营企业中比较多见。

2.4　企业预算目标的分解

企业预算目标应当是体系性、层次化的，企业级目标如果不能下沉到岗位，企业目标的落地实现是得不到保障的。因为基层人员只关心自己的具体操作任务，中层只关心分管范围的事，如果不能把高层目标与中层目标和基层目标打通，必定会出现中基层都认为自己完成了目标，但企业目标却不一定能够实现的局面。所以，企业预算目标必须要进行科学深度的分解，才能保证上下同频、左右共振的整体运营效能。

目标分解应当遵循以下原则。

1. 整体一致性原则

目标分解过程中一定要注意整体一致性的问题，即分解后的各个层次的目标存在方向一致性、策略一致性的逻辑统一原则。比如总目标提出营收增长的 60% 要来自新市场、新渠道。那么各个销售中心的目标也应当明确增长方式是来自新市场和新渠道，并在营收增长结构数据上有同样的结果反映。

2. 长期利益与当前利益相协调的原则

一般情况下，越往高层的目标越具有宏观长远性特点，越往基层的目标越具体和短期。如果中基层的目标来自顶层的目标分解，就会出现短期关注与长期关注的冲突问题。我们既不能不考虑中基层具体工作需求而强行要求中基层完全对标顶层目标，不对其岗位操作性工作设定目标，也不能一味地从岗位职责和具体工作要求出发设定目标，没有任何目标是与上级目标或顶层目标相关联的。这就是一个关于平衡的问题。

3. 先进性与可操作性相结合的原则

目标分解越往基层下沉，其操作性要求就越高，受现实环境的影响就越大。在进行目标分解的时候就需要有一定的差别性分解。不是所有岗位的目标都必须具有先进性，有些岗位可能因为现实条件的限制不一定能和其他岗位一样具备目标的先进性。比如刚成立的部门或刚设立的岗位，还有资源不足的岗位等都或多或少地存在操作性限制问题，故需要遵循先进性与可操作性相结合的原则。

4. 效率与公平兼顾的原则

效率与公平存在辩证统一关系，既有相互矛盾和冲突的一面，又有某种统一性。比如为达到公平可能会损失效率，而追求效率也会牺牲一定的公平。效率是公平的基础，公平也能促进效率。不同的企业存在不同的现实环境差异，比如有些企业特别注重效率，而有些企业非常关注公平。在进行目标分解的时候，需要兼顾效率与公平之间的平衡关系。

5. 充分挖掘盈利潜力的原则

企业主体归根到底是经济性主体，任何远大的目标都要落到财务成功上，再直接一点就是要有利可图（获取利润）。没有利润的企业是难以持续存在的。所以企业在分解目标的过程中，应当特别关注目标下沉过程中增收节支的引导和挖潜。比如设定节能减排目标，其实是对更高层次的成本控制目标的分解，同时也是降本增效的挖潜目标，对企业获利能力的提升具有促进作用。

目标分解维度不是单一的，分解的方法是多样的，该部分内容我们将在本书第 6 章“一穿到底的目标体系”的内容中进行详细讲解，这里就不赘述了。

Chapter3

第 3 章

中层管理者的战略承接

战略规划是顶层思考的范畴，也是企业梦想的呈现载体。企业没有梦想不足以吸引优秀的追梦职业人，但光能造梦不能圆梦就会让团队认为顶层在画饼。而企业梦想不可能由一个人或几个人去实现，放在企业这个大主体上看，战略落地必然是企业整体发力的结果。要形成整体效能，就必须让战略目标下沉，同时让中高层管理者具有战略承接的意识和能力。

3.1 中层目标与顶层目标的关系

战略目标下沉的过程会自然形成目标体系，该体系具有和管理层级同步的层级划分。不同管理层在相应目标上的关系，如图 3-1 所示。

在企业各个管理层中，中高层管理者在承接战略方面具有非常重要的承上启下的作用。中层目标与战略目标的衔接越紧密、清晰，战略目标的落地性和可实现性就越强。从目标的承接角度看，中层目标必须与高层目标在方向上一致并保持高度的紧密性，为此中层目标的设定应具有一定的外向性，至少应当理解高层目标设定的环境分析依据，比如技术、市场、政策、社会等方面对高层目标设定的影响。从目标下沉的角度看，中层目标应当在可实现性或可操作性上进行更加明确的规划，为此其目标的设定又要具有一定的内向性，比如在实现目标过程中对内部资源匹配的分析，以及目标分解至岗位的任务拆解逻辑设计。

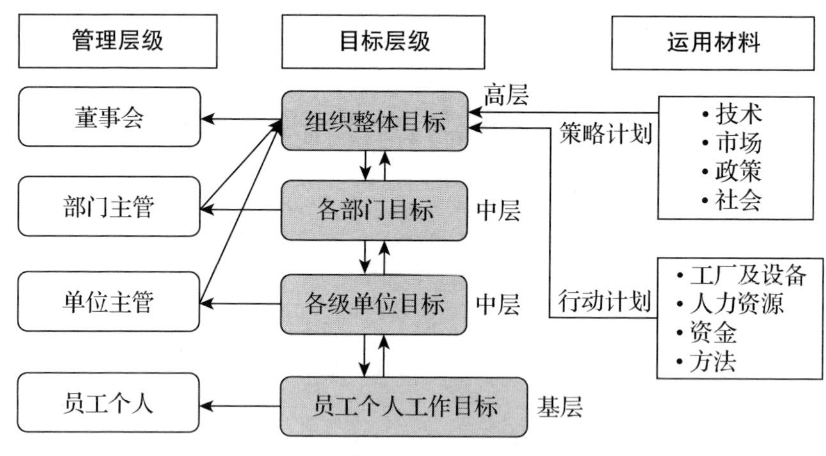

图 3-1 企业管理层在相应目标上的关系

虽然中层目标应当具备承上启下的作用，但从重要性的角度看，中层目标与顶层目标的紧密连接更为重要。与顶层目标进行有效甚至高效连接，需要中层管理者对自己分管的管理工作与业务内容非常熟悉，更需要中层管理者具有一定的顶层思维，否则中层管理者很难对顶层目标有准确和深度的认识和理解。从本质上讲，中层目标与顶层目标的关系就是方向一致的承接关系，中层目标是根据策略计划设定的行动计划。

3.2 中层管理者顶层思维的建立

如上所说，中层目标要很好地与顶层目标建立连接，首先需要中层管理者具备顶层思维。那么如何在广大的中层干部中建立顶层思维呢，这不仅仅需要中层管理者自身的努力，更需要从企业的角度开展必要的宣导与培育工作。

我们需要对顶层思维有所了解，从企业管理的角度分析，顶层思维应当具备以下几个特征。

1. 宏观性

宏观是与微观相对应的概念，微观是从小的方面着眼，宏观则是从大的方面着眼。在企业管理中，面对同一个管理或业务问题，微观性思维更多的是从问题的表面观察与思考，聚焦于解决具体的问题。宏观性思维则具有举一反三的特点，能够从一个问题延伸到更广阔的宏观层面进行分析研究。比如产品开发如果从微观层面规划会更聚焦产品本身的功能、品质，但从宏观层面规划就会对客户需求、技术匹配、竞争对手产品策略、市场进入节奏等方面进行规划。这两种思维产生的决策判断可能是截然不同的。

2. 全局性

企业运营管理会设置不同的单位和部门进行必要的分工，随着企业不断壮大，分工专业化程度就会越高。优点是能够让各项工作做得更加精细，但缺点也会非常明显，那就是部门间的壁垒加厚，协调沟通成本增大。在每年开展经营计划和预算的时候，这种情况会表现得更为明显。全局性思维能够进行局部与整体的逻辑分析和平衡决策，哪怕是进行部门的规划，也能够将部门目标和企业目标进行连接，安排部门计划的时候也会同时考虑部门对整个企业的影响。相反，如果不具备全局性思维，就很有可能导致做出来的规划存在较为严重的本位倾向，只考虑自己分管工作的便捷和目标，不考虑对其他部门的影响，更不会考虑对企业整体的影响。

3. 前瞻性

做企业应当具备发展的眼光，这就要求企业管理者具备前瞻性思维，包括在做经营计划的过程中，即便是部门内的工作也应当考虑未来可能发生的环境变化以及应该提高的方向和程度。不能只局限于眼前日常的事务性工作，被动地进行变化的应急处理，前瞻性思维要求管理者必须在行动之前进行环境分析与预判，进行策略研究与计划安排，做到谋定而后动，打有准备的仗。

4. 逻辑性

高层管理者的能力并不体现在某一工作领域的专业程度上，而是体现在对全局和整体有所把握的同时，能够对自己并不熟悉的工作领域快速理解并进行合理的工作安排。这需要高层管理者具备非常强的逻辑性思维，能够将其对企业管理的知识技术与逻辑分析推演充分融合，对下属或不同部门岗位人员提出的工作疑问、冲突进行逻辑分析，再进行逻辑判断和决策。这是所有高层管理者都必须具备的基本素质要求。

综上所述，顶层思维能帮助管理者透过现象看到本质，站在更高的视角掌控全局，掌握这种思维方式对于中层管理者而言有一定的挑战，中层管理者因为长期从事专业化、部门化工作，很容易养成本位思维、专业思维。这也是很多企业经常发生跨部门冲突的原因所在，每个管理者站在自己部门或专业的角度讲话，似乎都很有道理，但放到全局和更高的视角看，这些观点可能都存在某种意义上的偏狭和本位主义。全面预算工作的核心内容就是让企业对经营方向、目标的上下左右达成共识，此时，中层管理者是否具有顶层思维就显得格外重要了。

3.3　中层管理者协同思维的建立

我从事企业管理咨询工作多年，看到很多老板、一把手头疼于自己企业管理团队之间的内耗和各种持续不断的意见冲突。在处理冲突的过程中，很多管理者都会有一个共同的沟通缺陷，那就是单边的思维模式，用自己最擅长的专业站在自己部门的视角陈述观点和理由，与跨部门伙伴的交流充满火药味。

这些都是缺乏协同思维的表现，那么什么是协同思维呢？协同思维主要体现在以下三个方面。

1. 换位思考

协同思维最主要的特点就是换位思考，在面临冲突的时候能够主动听取他人意见并理解他人意图，而不是一味追求让他人认可自己的观点。在现实场景中，我经常遇到两种特别有意思的情况，一种是双方本质观点是一致的，却在细枝末节或无关紧要的表层问题上争论不休。比如两个人都认为这件事需要双方部门的共同参与，却在什么时间沟通的问题上争执不断。另一种情况是，完全不听对方的意见，单纯沉浸在自己的观点中喋喋不休，只要对方说话就立刻打断对方，连珠炮似的说个不停。这两种情况都是不能换位思考的表现，从某种意义上讲是不愿意换位思考，拒绝听取他人意见，尤其当沟通双方日常交流就不顺畅的时候，这种情况发生的概率就会更高，程度就会更加严重。

2. 拉升目标层次

协同思维具有共同目标感，能够把经营管理问题上升到企业层面的利益高度，将自己与他人的目标拉齐到同一个目标层面，而不是区分你的、我的目标，目标上的区分很容易引发冲突，更不利于冲突的解决。企业运营管理的现实环境中，越是绝对的部门目标越是局限在小范围环境中，所涉及的问题越具体越细节，或者说通常都是局部的小问题。一旦问题涉及跨部门，部门目标与企业目标的关联性就会加强，不同部门的不同目标之间的冲突就必须提升到更高层次的企业目标层面上进行分析，这样才能看清楚部门间目标冲突、资源争夺对企业目标的影响；才能以企业目标为重，判断双方如何让步、如何合作、如何调整；才能有利于企业目标的实现。如果不拉升目标层次，很多跨部门冲突是很难破解的，部门协同的要求也就更难实现。

3. 关联性逻辑思考

企业运营管理问题通常具有牵一发而动全身的多米诺骨牌效应，一个部门的问题可能会触发其他部门的其他问题，或者影响全局的某些问题。中层管理者在处理自身问题的时候的关联性逻辑思考能力，反映了中层管理者的管理水平。

什么是关联性逻辑思维，即能够从一个问题点始发进行上下纵向和左右横向的关联性推理，模拟思考不同解决问题的行动会对纵横相关部门产生影响，这种事先进行场景化的关联性推理，能够很好地提升中层管理者的综合平衡能力，决策质量与决策高度也会大幅提升。

为什么在全面预算管理过程中特别强调中层管理者的协同思维呢？因为全面预算本质上就是经营规划的过程，是企业目标下沉到部门乃至岗位的过程，也是各个单位与部门完成目标的资源匹配过程。当从整体和全局的角度系统规划各个管理层次的经营计划时，必然就会产生跨部门的资源支持、行动支持的需求。很多企业在做经营计划的时候经常出现两层皮和割裂的问题，两层皮是指上下脱节，上级的目标与下级无关，上级的行动与下级无关甚至不一致。割裂是指平行跨部门间缺乏工作衔接和协同配合，互不关心、互不支持、各自为政，这样的状态即便是开展经营计划也很难形成合力，很容易将经营计划工作变成一种形式、一种任务，而不是真正有价值的工作。

3.4 中层管理者策略性思考能力的培养

曾经有个客户的一把手对我发出过这样一句感慨："我们企业不缺做事的人，但缺想事的人。"其实类似这家企业的情况比比皆是，我们也见过很多企业的管理层论出身、论资历似乎都不差，尤其是那些曾经在"大厂"做过管理层的，放到人才市场上绝对是抢手的"香饽饽"。谁在抢这些"香饽饽"，大部分是那些进入快速发展期的企业，它们亟须优秀管理人才进入企业，帮助企业构建适合大企业运作的机制与体系。但真花高价把这些人才引入后，很多企业又发现这些人才带给企业的东西根本不是自己想要的，而这些人才同样会说新的企业基础太差根本用不上他们成熟的方法。那实际情况到底孰是孰非呢？他们说的听起来都有道理，但本质上这是策略规划与方法应用的理解偏差问题。

"大厂"出来的管理者，尤其是处在中层的管理者，他们的优势不是想事情而是做事情，换句话说他们的优势是强大的执行力。因为"大厂"的机制和体系都是健全且成熟的，就算是要优化与调整也不是这个层次的管理者的职责。如果把这些管理者放到发展中的民营企业，很快就会发现其水土不服和货不对板的尴尬，其实不是人家不优秀，只是和你的需求不匹配。

本节内容主要针对广大的发展中的民营企业而讲。因为从这类企业以往的发展经历看，它们从来就没有构建体系性管理架构的经验，当然也没有这方面的人才积累。但是它们中的一些企业发展速度又极快，短短数年就可能从规模为几千万的中小企业一跃成为几亿甚至几十亿的大型企业。这样的发展速度，会让这类企业遇到一个共同的痛点问题，管理滞后成为驾驭和发展企业的最大障碍。为此它们希望通过增加成本引入成熟管理者的方式，为企业注入这种构建和驾驭管理体系的能力。可惜，这样的方法看似简单直接，但未必快速有效。有些事情是不能图省事走捷径的，就如企业管理能力的提升，内外结合、以内为主的培养才是真正行之有效且具有持续价值的方法。

在全面预算的核心阶段，即经营计划规划阶段，管理层的策略性思考能力至关重要，尤其是中层管理者。如果这个层面的管理者没有策略性思考，他们做出来的经营计划就会变成流水账式空洞无物的工作计划，而非能够承上启下，从战略目标始发，兼顾跨部门需求，整合内外资源的有谋有策的高水平的经营谋划。这是两种不在同一层面的思考，优秀的企业会有一群智勇双全的优秀管理者，从各个层次、各个方面进行协同式谋划与计划。所以，培养中层管理者的策略性思考能力对整个全面预算运作质量的提升作用重大。

那么什么是策略性思考能力呢？其实就是策略性思维能力，这种思维能力具有以下几个特点。

1. 目标感强

策略性思考不是简单的“让干什么就干什么”的高效执行逻辑，而是关注行动与目标之间的关系。无论是自主选择的行动还是上级安排的行动，都会从对目标产生实现作用的角度进行连接，如果行动与目标毫无关系，策略性思维将提示思考主体对行动重新进行评估。有思想的下属在上级安排任务的时候，会自然而然地想到或问到“为什么要这么干？”的问题。但缺乏策略性思考能力的人是不关注为什么的，领导让怎么干就怎么干，干成了对目标是不是有价值他们并不关心。这样的人是很难有上升空间的，因为他们没有举一反三的思考能力，当遇到新的问题、新的目标时，也很难从以往的经验中获取灵感，规划对新目标有意义的行动方案。

2. 分析力强

分析能力是策略性思考的基本能力，无论成败都善于总结经验教训，因而能够发现更多更深的新问题和更大的风险威胁。善于分析让管理者不但知其然更能知其所以然，看问题看得深，问题能从根本上解决，工作成效也就会更好。中层管理者善于分析，将会在执行层面提出更多有利于目标实现的策略规划，会让顶层的战略性思考找到真正的落脚点。

3. 理性思维

策略性思维不是有勇无谋的莽汉思维，虽然有一腔热血不怕牺牲，但却不能有效地控制情绪，容易被激怒或被表象影响，这样的思维模式很难有高质量的策略思考。策略性思维是科学而理性的，在做出一个策略之前，需要客观理性地进行研究分析，无论自己是否喜好，都要把所有的相关因素进行归类和模拟预测，并进行逻辑关联推理。这种工作方式必须建立在稳定的情绪和客观判断之上，为情所困是理性思维的大忌，也是策略性思考的绊脚石。开展全面预算时，企业方方面面的人和事，在不同的视角、不同利益出发点上会发生博弈冲突，如果没有理性思维，就很难化解这些冲突。

Chapter4

第 4 章

自上而下的经营策略与经营计划拉通

预算的最终呈现方式也许是数据式的，但这些数据必须拥有经营的意图，不能为了预算而预算，简单地用上年度或历史数据加加减减地堆砌数据。这样做出来的预算没有灵魂，更缺乏执行的价值，因为这些数据没有方向的指引，没有谋划的内涵，更没有体系性的论证。这个问题是很多企业从财务预算走向全面预算最大的障碍，也是本书最重要的内容所在。

本章只从大的逻辑向大家介绍从战略到行动的路径图，以及在每个关键环节的核心内容。有关经营策略与经营计划的详细内容我们将在本书的第 7 章予以具体介绍。

4.1 确定年度经营计划策略的方法

在 1.4 节全面预算承接战略的基本路径中我们讲过，企业的预算过程包含自上而下的经营计划制订与达成共识的过程，这个过程应当从企业整体出发，围绕企业目标进行方方面面的策略规划，为各业务单位和职能部门指出工作的方向。但在实践中，非常多的经营管理者困惑于怎么制定策略。

在我们了解策略制定方法之前，先要了解什么是策略，能够理解战略、策略、计划之间的差别和联系，这是学习策略制定方法的前置条件。

4.1.1　理解战略、策略与计划（战术）的关系

1. 差异性

首先是关注点的差异，战略关注宏观、整体与长期，计划（战术）关注实际操作的方法，而策略是连接战略和战术的思想桥梁，它关注思路，即为什么选择这样的战术，其间的逻辑思考是怎样的。所以说，战略、策略和战术是三个完全不同的事，其目的和方法都有很大的不同。

2. 关联性

战略、策略、计划（战术），虽有差异，但更有关联性。首先这三个概念存在层次关系，战略处在顶层统领位置，战术处在最下层的执行位置，策略处于中间的规划位置。其次这三个活动要有机结合，缺一不可。从某种程度上讲，它们是一个整体的三个组成部分。没有战略就没有方向，没有战术就无法落地，而没有策略就没有灵魂。

在现实环境中，我们发现很多企业对战略和战术的理解以及实践都还可以，但对策略的研究和实践就明显不足，有些企业甚至对什么是策略都没有很清晰的认知，更谈不上高水平地实施了。

4.1.2　从目标到策略的解析方法

策略研究与制定不会凭空而起，在预算管理中策略一般是围绕目标而展开的。策略制定的过程通常与企业的年度经营计划相伴而行，要想高水平地制定策略，就要有能力从目标出发进行逻辑分析和实施路径的规划。这是比较理论的说法，说得再直白一点，就是要从目的出发，为达成目的而进行知己知彼的谋划。怎么知己知彼，就是要分析内外环境条件，怎么谋划，就是要有计谋地出奇制胜。

下面给大家举个实践的例子进行解析，便于大家理解。

案例 4-1 ◎

某企业 2023 年经济目标之一：营收实现 10 个亿

1. 策略分析

如表 4-1 所示，该企业进行了内外部环境资源及历史成果方面的策略分析。

表 4-1　策略分析示意表

分析维度	分析要素	分析方法	分析责任单位
外部	经济环境 竞争对手 市场容量 产品价格	外调 + 专业调查公司 + 互联网调研	市场部
内部	产研能力 供应链能力 营销能力 人力资源 财务资源	统计法 + 对标法 + 访谈法	经管部
历史	2022 年经营成果	系统数据提取	财务部

2. 策略研究与制定

制订年度经营计划是全面预算中的重中之重，而年度经营计划中的经营策略的制定又体现出企业运营管理水平的高低。营收 10 亿元是年度经营目标，如何实现这 10 个亿，通过高质量的策略分析，在知己知彼的前提下，企业就可以选择和设计自己实现目标的策略了。

策略制定可以从以下几个方面开展。

（1）市场策略：可以选择侧翼包抄策略或者游击战策略，抑或正面进攻策略。市场策略是一家企业面对市场竞争环境所选择的竞争谋略，涵盖的内容可大可小。小企业的市场策略可能包含了客户策略、渠道策略、推广策略、区域布局等所有市场营销的相关内容，可能还包括产品策略。但大企业的市场策略更有高度和宏观性，基本上是从企业整体和顶层的角度进行布局，具体细节还需要更加详细的专项策略做支撑。

（2）产品策略：以产品为中心，通过产品定位、品牌定位、产品组合、产品生命周期等方面的设计规划，配合进入市场的商标、包装匹配性设计，实现产品的创新以及产品差异化的竞争优势，进而获得市场回报。今天的市场需求变化速度非常快，产品策略规划中对新产品的需求越来越多，故企业在做产品策略规划时，要特别关注新产品策略研究与设计。另外，每个预算期企业应该规划当期的产品结构，包括产品结构中的新产品品类、占比，主打产品和爆款产品，不同产品对于企业的价值定位是什么，比如什么产品是创造现金流的，什么产品是创利的，什么产品是开拓市场的，什么产品是引流的。

（3）供应链策略：为了保证产品和服务能够高效顺利地交付给客户，同时考虑供应链竞争与成本的平衡，企业应当对供应链进行适配性的谋划。根据企业的产品策略，针对不同品类、不同定位的产品制定不同的供应链策略。比如针对高利润产品可以采取更具高效体验的快速供应链策略，在这个供应链策略中成本并不是第一考量因素。而针对现金流产品，成本就会是第一考量因素，应制定低成本的供应链策略。

（4）财务策略：根据不同的经营策略，企业应当把有限的资金用到关键业务、关键活动中。为此，企业应当制定全年的整体财务策略及局部重点财务策略。整体财务策略是从企业顶层战略实施的角度出发，评估预算期战略实施进程对资金的需求，保障重大战略性项目能够获得足够的资金支持。同时，从业务层面进行结构性财务谋划也是制定财务策略的主要方向，不同类型的业务需要的资金体量、使用时间都会不同，企业应当将财务支持与业务发展进行同步拉通，利用资金的合理调配促进业务目标的达成。比如某公司2023年费用资金的策略是保研发、保交付，那么在此策略下，企业的费用结构中研发与供应链费用就会相对固定，其他费用根据企业实际财力进行动态调整。

以上策略维度并不是全部的维度，也不是必需的维度，企业应当根据自己的实际情况和经营管理需求，对策略维度进行增减确定。比如有的企业对人力资源的保障格外重视，就可能增加人力资源策略维度。

4.2 顶层策略与次级策略之间的连通方法

策略制定不仅仅是企业的任务，实际上，策略性规划是所有经营管理者的任务。企业应当鼓励和培养企业不同层次的管理者制定自己分管工作的策略。在目标与计划之间搭建起完整的策略体系，保证策略方向的一致性、策略手段的多样性。如果企业上下不同层次的管理者都会制定相应的策略，那么就一定要在策略层次之间进行连通，防止策略上下不一致的问题产生。

4.2.1 策略不一致的后果

策略不一致不仅仅指上下不一致，还包括制定与实施前后不一致问题，在这里我们分别讨论。

1. 策略上下不一致的后果

举个例子，假设企业顶层设定的市场策略是以高端产品抢夺头部客户的策略，那么在下层的市场部和销售部做策略规划时，也要符合企业总体市场策略的要求。市场部就要制定高端产品定向投放策略和头部客户开发策略，销售部门就要制定相应的产品销售结构策略和客户业绩结构策略，保持高端产品主打头部客户的总策略要求。如果上下不能形成这种连接逻辑，比如销售不管策略问题只关心目标的达成，只要有客户需求就想办法满足，一旦普通客户对高端产品的需求过高，就会造成整个企业的市场策略无法落地。这种情况下，即便是完成了业绩目标，也很难完成抢夺头部客户的策略目标。

总的来说，策略上的上下不一致会使企业出现资源抢夺、资源匹配混乱的问题，还会造成短期目标与长期目标相冲突的问题，更会造成顶层意图难以落地的问题。

2. 策略前后不一致的后果

在实际的场景中，很多企业虽然能在经营计划阶段达成策略共识，各层次的管理者也制定了相应的局部策略，但到实际实施的时候，很多人可能就“忘”了当初的策略，怎么容易怎么便利就怎么行事，完全不考虑当初的策略。如此一来，就会造成策略规划失去作用，如果不考虑策略依然能达成目标，大家对策略的重视程度会大大减弱，甚至认为完全没有必要制定什么策略。长此以往，企业则会失去策略能力，一旦被竞争对手盯上，就很难与竞争对手进行策略对抗。

4.2.2 如何实现策略的上下一致

如前所述，策略上下不一致，会导致企业的内部冲突与长期目标的失败。在现实中，要实现策略的上下一致至少应该做好以下几件事情。

1. 从顶层策略做起

策略制定应当自上而下，从某种意义上讲，顶层策略是谋略，下层策略则是针对上层策略如何实施的策略规划，更具操作性和落地性。所以，如果顶层没有策略，下层是很难制定出策略的，即便制定了，也是某个管理者站在自己的角度和层次制定的，其战略性和整体性难以保证。况且策略规划本来就是企业顶层的职责所在，不进行策略规划的顶层是不合格的。

2. 顶层策略宣导到位，保证对策略的解读上下一致

当顶层完成了策略规划，实际落地还需要上下一致的通力配合。在现实中，很多企业的中基层管理者不是不想知道企业顶层的想法，而是没有渠道知道。很多企业的高管在战略与策略意图传达上做得并不好，有些是出于主动的不作为，主要是因为不想让企业的中基层了解太多顶层的想法，认为中基层听命令完成交给他们的具体任务就行了，没必要知道那么多。这种想法放在今天其实弊大于利，因为今天企业之间的竞争越来越激烈、越来越精细，彼此间的竞争可能就在毫厘之间。这样的环境下，企业已经无法单纯依靠高层的规划与实施，维持控制力了。相反，今天的企业在调动全员上下进行策略一致性行动方面的要求反倒越来越高。如此，就需要企业有能力也必须把企业顶层意图进行深度下沉，其中最重要的手段就是宣导，只有宣导到位才能保证企业的中基层准确理解企业战略和策略意图，将自己的目标与企业目标连接，制定与企业策略方向一致的执行层面的行动策略。只有保证企业上下对企业策略的解读一致，才能保证大家的行动方向一致，实现企业战略目标的可能性才能加大。

3. 引导教练下级管理者进行策略研究与规划

即便中基层能够准确理解企业的战略和策略意图，他们是否有能力做出自己的策略规划就是另外一个问题了。这不是想不想做，而是能不能做的问题。其实不要说是中基层管理者了，就是在高层管理者中很多也认为制定策略规划这项工作非常棘手。大部分企业的中基层管理者更善于执行，不善于谋划，如果只是简单地命令其开展相关工作，大概率是效果不佳。不是喊着不会做，就是做出来的东西依然是操作性、事务性的流水账，而非针对目标所做的策略规划。

要想让更多的管理者担负起策略规划的任务，光靠管理者自己提升能力是不

够的，还需要企业有能力的上级管理者对下级管理者进行教练指导，向下级传输策略规划技能，在下级开展策略规划的过程中予以指导。只有这样，下级管理者才有可能在实际的业务场景中逐步学会和掌握策略规划的技能。

4. 验证策略的上下一致性

在很多时候，对于企业提出的某些管理要求，相关人员也去做了，但是做得是否合乎要求就不一定了。这种情况在很多管理场景中都能见到，在预算体系运行中同样屡见不鲜。就拿如何保证策略上下一致性来说，如果没有实质性地监控验证行为，就很难保证真正上下一致。所以，要想把这项工作做到实处，企业就必须安排某个管理部门责任到人地对大家所做的策略进行一致性验证，看看其中是否存在上下方向不一致、自相矛盾或上下策略不相关联、彼此割裂的问题。需要注意的是，能够完成该验证工作的管理者必须对企业的经营计划逻辑非常熟悉，同时拥有足够的逻辑分析判断能力，否则即便安排了验证任务，结果也可能不是看不出问题，就是制造矛盾、增加沟通成本。

4.2.3　如何实现策略的前后一致

当我们做到了策略的上下一致后，是不是就可以坐等策略的执行结果呢？当然不是，任其自然就会导致说到做不到的情况随处可见。策略执行也是一样，如果企业没有对策略执行的一致性进行监督检查和评价，管理者会很快“忘记”当初制定的策略规划，不由自主地进入自己习惯的做事模式，这是人性的弱点。所以，要想策略执行到位就必须在经营计划执行检查中专门设置对策略执行一致性的检查。

下面给大家呈现一张示意图（见图 4-1），它来源于我们曾经服务过的项目客户，当企业完成了预算编制进入执行阶段后，我们要求企业在季度经营分析报告中必须对策略一致性进行分析总结。

策略4：通过多种渠道提升产品的品牌影响力

一季度实施成效：雀颜环氧微信公众号现有粉丝人数5 863人，一季度推送微信软文两篇，产品曝光度提升

↑总用户数

5 863

图 4-1　策略一致性分析案例图示

4.3 经营计划的上下左右拉通模式与方法

从战略目标到策略规划，企业已经走过了经营计划最重要的过程，这个过程考量的是管理者的思考能力，即从做事向想事转型。但是，如果我们止步于想事，光想不做，就会陷入放空炮、不落地的泥潭，让大家觉得企业的这些管理者成天说空话，说得像是那么回事，但是不见落地实施，更别说看到实实在在的效果了。

所以在本节中，将重点和大家谈谈怎样将策略落地。在策略落地的过程中，企业需要进行经营计划的上下左右的拉通，我也将介绍相应的拉通思路和方法。

4.3.1 从策略规划到计划分解

计划属于战术层面的工作，当我们规划好了实现战略目标的策略后，就需要把策略落实到计划中，包括落实到行动、落实到责任人、落实到行动成果、落实到时间节点。只有这样，才能保证策略的有效执行。

案例 4-2 ◎

某公司战略目标是三年实现产品升级转型，策略是引进行业内某高精尖技术。为此，该公司制订如表 4-2 所示的策略实施计划。

表 4-2 某公司技术引进策略实施计划表

策略	行动计划	实施内容	实施时间	实施成果	责任人
引进某高精尖技术	调研论证	对相关技术进行深度调研，包括知识产权、技术人才、技术发展趋势、竞争对手技术拥有情况等	2023 年 2 ～ 4 月	向公司提报调研报告及引进方式建议书	研发中心
	决策	讨论调研报告和引进方式建议书可行性，决策引进方式	2023 年 5 月 1 日前	决定引进方式和时间表	决策委员会
	实施	根据决策意见执行并实施计划	2023 年 10 月 31 日前	完成权属确定或研发人才到岗	研发中心

总之，无论什么策略，要想能够落地实施，都必须进行行动分解，对每个行动都要进行工作包的分解，再根据工作包责任到人，明确工作成果和达成时间。上述案例中的策略落地只是第一步分解，等决策成果出来后还需要对实施计划按

阶段进行更加详细的行动拆解和工作包分解，制定出更加详尽的实施细则，保证该项策略的顺利推进。

4.3.2　从计划到资源匹配

有了计划就一定能实施到位吗？还是不一定，因为只要做事就需要消耗人财物资源。如果企业的资源匹配跟不上，策略和计划的落地依然是空话，管理者就会说：不是我不想做事，是企业不提供必要的资源，想做也做不了。任何一家企业的资源都是有限的，很多企业都会出现结构性资源短缺的问题，如何把有限的资源匹配到更有价值的需求上成为一道摆在企业管理者面前的难题。

1. RBV 理论对计划实施的影响

这里给大家推荐一个理论概念：资源基础理论（Resource-Based View，RBV），该理论提出资源是企业保持持久竞争优势的源泉，同时资源也有价值差异性，有价值的资源一定是稀缺的，且难以模仿和不易替代，具有这种特征的资源通常会引发企业内部的资源争夺。当各个管理者制定的策略和计划存在这类资源诉求时，就会产生因资源匹配不当而导致的计划难以实施问题。

2. 跨部门协同也是一种资源诉求

在实际的场景中，大部分情况是不同业务单位和职能部门的管理者在实施自己计划的时候，对其他部门会提出协同配合的要求，这些要求可能不是直接的人财物，但跨部门进行配合时就一定会消耗人财物。所以说，对跨部门协同的要求也是一种资源诉求，只不过它是一种间接的资源诉求。

4.3.3　经营计划的上下拉通模式

当企业各个层次的管理者根据上下一致的目标和策略制订了相应的实施计划后，先要进行计划的上下拉通，即下级的计划得到上级的认可，上级的计划获得下级的支持。这种上下拉通的计划能形成企业整体运行的合力，否则就会在实施过程中出现计划冲突，造成上下级之间的扯皮与推诿。

拉通模式即自上而下与自下而上循环拉通。上下拉通不是一次就能完成的简单工作，要想让计划顺利实施，必须经过几轮的上下拉通。其中，上级看下级的计划主要是看其计划所提出的策略、方法路径是否能满足其工作目标的达成，是否存在逻辑漏洞，如关联性漏洞、可行性漏洞等。下级看上级的计划主要是从中理解上级的目标和方向，找到上级目标、策略中与自己工作相关的部分，以及上级明确提出的针对自己分管工作的要求，结合自己的理解形成经营计划的目标、策略、方法和计划的架构内容。换句话说，下级的经营计划必须与上级的经营计划方向一致、相互协同，这样才能在执行计划的过程中形成上下同频共振、同向聚合的积极状态。

4.3.4 经营计划的左右拉通模式

经营计划规划过程中不能自说自话地孤立思考，任何一项活动都有可能需要跨部门协同才能完成。但我们见过很多企业在制订经营计划时，并没有刻意要求管理者对跨部门的协同提出明确的要求，也没有要求对应部门对协同需求进行反馈呼应。在这种情况下，大部分的管理者自然而然地就从自己可控的工作面进行计划安排，说好听了是大家都很善解人意，能不给别人找麻烦就尽量不找麻烦；说不好听了，这就是全团队的装聋作哑、自欺欺人的行为。企业的运营管理本身就存在多米诺骨牌效应，牵一发而动全身，不提需求不代表没有需求，不进行呼应不代表不需要呼应。

在我们实施的几个全面预算的咨询项目中，我都非常明确地要求公司年度经营计划出台后，各部门和各业务单位制订年度经营计划时，必须做一项工作，就是向其他部门提出资源与配合需求，以及对其他部门向自己提出的需求进行反馈。我们有一个客户很形象地把这个部分的内容叫作炮火呼唤。实际上，这些炮火呼唤的内容会影响相关部门的经营计划，是对跨部门经营计划的一种增补和修正，涵盖了炮火呼唤的经营计划才能实现跨部门的左右拉通，才能让公司的运营管理展现出积极的协同氛围。

第　二　篇

建体系

综合全局立体规划，体系化手段实现预算的全面性要求

Chapter5

第 5 章

保障预算精度的预测分析体系

5.1　预算编制前的分析模型构建

预算是对未来经营活动的安排，因此它也是在对未来经营环境的预测下进行的业务安排。这里就有一个特别有意思的问题，是我经常向学员提出的问题。预算的准确性到底体现在哪里？或者说是体现在算，还是体现在预？我为什么会问这个问题，因为很多企业将预算归为财务工作的范畴，财务人员也自然而然地认为预算就是财务的事情，而财务人的天然工作模式就是对数字精准性的执着。所以，很多财务人在做预算的时候特别关注表单设计，更在意表单中的数据能够严丝合缝地稽核，甚至是分厘不差。我们不是说这种执着不对，只是放在预算层面来讲，这样的执着可能捡了芝麻丢了西瓜，错失重点。

本书的观点是：预算的核心在于预测，预算的准确性是从预测的准确性上体现的，没有精确的“预”的质量保证，“算”得再准也没有意义。

本章的内容就是围绕着如何保证预算的精准性而展开的讨论，总的来说，任何预测都离不开分析，或者说分析能力是精准预测的基本能力。未来还未发生，何以预测，准确预测就是靠全面、深入、科学的分析技术实现的。事实上，管理学界已经有很多前辈学者为我们研究开发出了足够多的分析模型，只要我们选择应用得当，就能为我们准确地预测提供价值。本节内容向大家介绍几个经典的分析模型，并阐述如何应用这些模型，使其在预算中发挥作用。

5.1.1　波特五力模型

波特五力模型是迈克尔·波特（Michael Porter）于 20 世纪 80 年代初提出的，经常被用于战略分析。因为预算与战略有着不可分割的紧密关系，所以我们可以把预算理解成一个小型的战略规划过程。那就意味着战略规划适用的工具在预算中也是适用的，而我们非常建议广大的企业管理者能够在制定预算目标前先使用波特五力模型，对预算期的竞争环境进行相对全面的分析研究。这个模型从本质上讲是一个竞争分析模型，我们大部分的企业都是在较激烈的竞争性市场环境中求生存，我们对预算期确定目标、制定策略、安排计划应当充分考量竞争因素，才能让企业的实际运营能够抵挡竞争冲击，获得竞争优势。

如图 5-1 所示，波特五力模型在战略书籍中有非常多的介绍。本书在这里就不做过多的理论讲解，用一个案例跟大家分享一下怎么应用这个模型进行实际的预算分析。

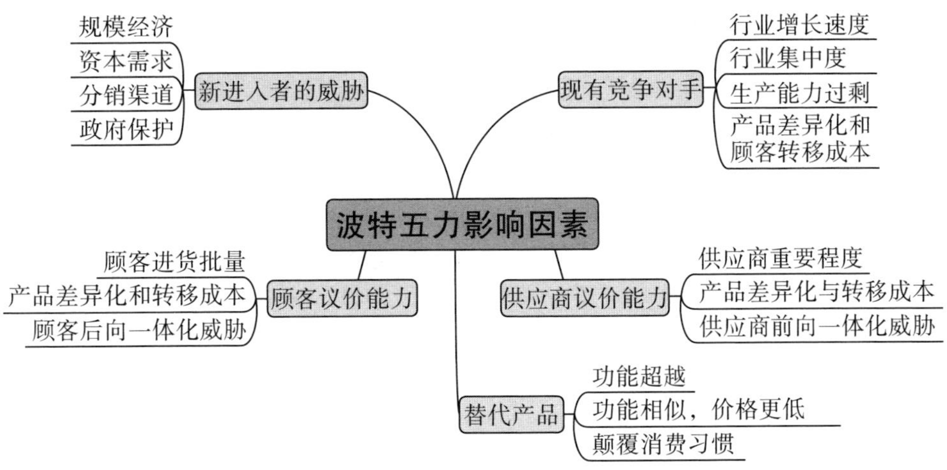

图 5-1　波特五力模型

案例 5-1

如图 5-2 所示，某包装企业使用波特五力模型进行预算分析。

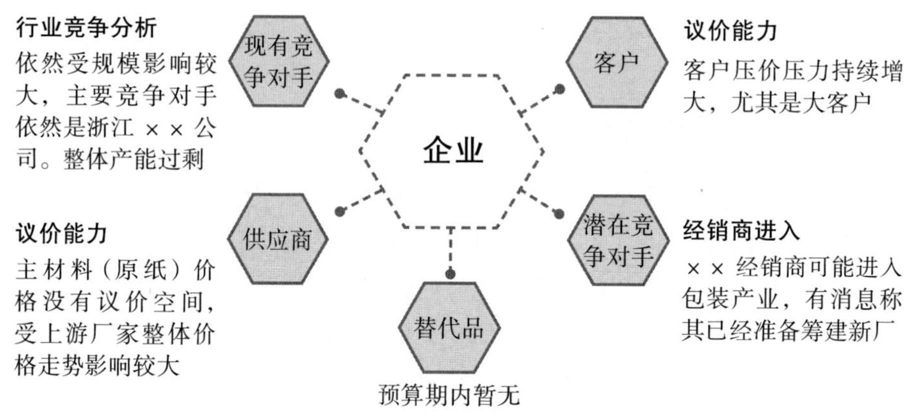

图 5-2 波特五力模型应用案例

本案例企业使用波特五力模型分析时，主要聚焦在上下游议价能力上，因包装企业属于“受夹板气”类型，对上下游的控制力都不大，小企业的成本压力非常大，如果没有规模效应降低成本，小企业就算是能干大订单也不敢接，订单越大亏得可能就越多。这就是为什么包装行业能否上规模是其发展的重要标志，没有规模就接不了大订单，就没有行业优势地位。但规模扩张也会给企业带来巨大的风险，尤其是在固定成本摊销期，一旦遇到上游供应链价格上涨，企业亏损则会成为不可避免的事情。

因为这家案例企业已经过了规模发展期，其在北方市场具有绝对的规模优势，所以其在使用波特五力模型分析竞争对手因素时相对聚焦，现有竞争对手就是和其规模相当的南方头部企业，潜在竞争对手也是比较明确的进入者，分析难度不大。

通过这个案例我们可以看出，即使使用成熟的分析模型也必须与自己的实际情况相结合，脱离现实的生搬硬套对运营管理没有实际价值。

5.1.2 PEST 宏观环境分析模型

PEST 宏观环境分析模型经常被用于战略分析，主要是帮助管理者分析决策事项所面临的外部环境。在预算制定过程中，如果企业的经营管理受外部环境影响较大，就有必要对外部环境进行分析，这个时候 PEST 宏观环境分析模型便能派上用场了，可见图 5-3 中的相关内容分析。

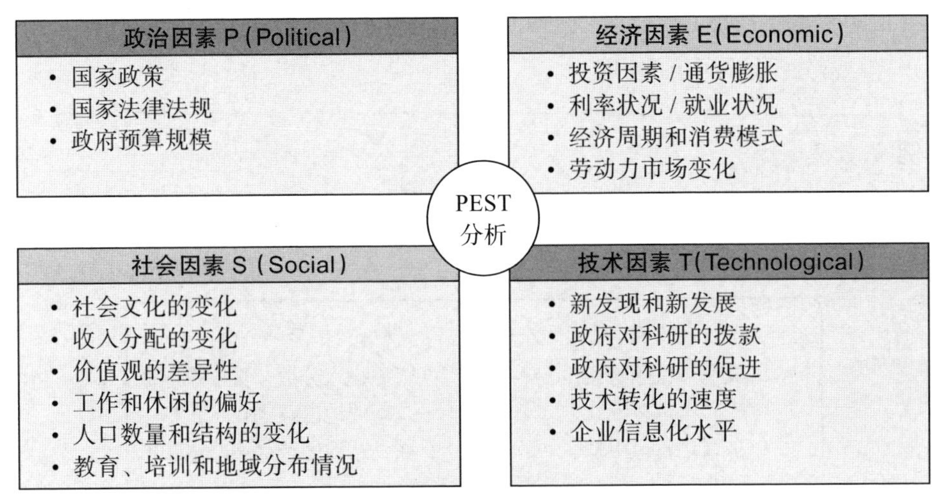

图 5-3　PEST 宏观环境分析模型

在具体使用该模型进行分析的时候，对于模型的每个维度具体要分析哪些因素也要结合企业实际情况进行选择，不是模型上有的因素都要分析，不相关就不分析。也不是因素里没有罗列的就不分析，有用就要分析。

案例 5-2

表 5-1 为某门窗制造企业的 PEST 分析。

表 5-1　某门窗制造企业的 PEST 分析

分析维度	分析要素	分析原因
政治因素 P	国家对房地产行业的政策变化；政府对数字化的补贴政策	因为该企业的主要客户就是房地产企业，大部分业务是给房地产企业做新楼盘门窗配套；企业打算预算期进行信息化改造，希望获得政府补贴
经济因素 E	消费者装修消费模式调研；劳动力流动调研	对装修消费者消费习惯进行分析，帮助企业确定预算期的产品结构；帮助企业调整工厂布局
社会因素 S	业务区域内的人口与收入结构变化趋势分析	帮助企业研发产品、确定不同产品的客户群体及市场推广策略
技术因素 T	当地政府科技局预算期的科技补贴项目名录	该企业正在研发具有防火、防紫外线的功能性新产品，希望获得技术补贴支持

5.1.3 SWOT 分析模型

SWOT 分析模型是企业管理中最常用的分析模型，可以应用的场景非常多，大家使用得也比较熟练。这里我们就不再赘述了，用一个案例跟大家分享它在全面预算经营分析过程中的应用。

案例 5-3

图 5-4 为某跨境电商企业营销端经营计划制订过程中进行的 SWOT 分析。

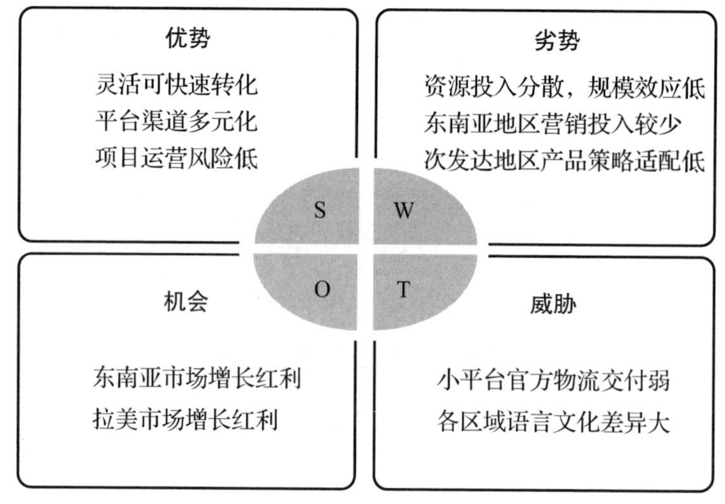

图 5-4 SWOT 分析

该电商企业规模居中，有一定的平台运营优势，近几年除了亚马逊核心平台的运营外，逐步开发了很多新兴跨境平台的业务，使得企业在平台运营上具有比较明显的优势。这种多元发展的负面影响就是对有限资源的争夺，不同平台运营团队之间的资源竞争非常激烈，从企业层面看则是资源投入分散。这两年东南亚和拉美地区经济增长势头迅猛，给众多电商企业带来了机遇。但作为具体的某个企业是否能抓住这些机遇，要看企业对新兴市场的掌控能力，比如案例企业在新兴市场的语言文化交流上存在短板，在供应链交付上也有缺口，这就是他们认为物流和语言文化是威胁的原因所在。

5.2　预算期环境假定条件的指标提炼与标准制定

预算过程中还有一个非常重要的预测环节，就是对预算期的目标环境假定条件的预测。企业都希望自己一年更比一年好，所以在做预算的时候会在预算目标上有一定的上升预期，这是正常的心理预期。但这种预期是否能够实现，预期的度设定为什么标准才具有可实现性，需要企业理性地进行环境假定条件分析和预测。任何目标都是有条件的目标，我们本节要讲的就是如何预测和判定围绕目标预期的环境条件。

5.2.1　为什么一定要做预算假定分析与预测

企业未来的经营环境是不确定的，我们的确做不到百分百的精准预测。但这并不影响我们去开展预测工作，当我们的预测越接近真实的环境状况，我们目标达成的可能性就越高，因为我们的目标设定就是基于对环境的预判。可能这时候有人会说，很多企业都不做什么预算假定，也没见人家的预算不准啊。这其实是概率和态度两个方面的问题，不管我们做还是不做，结果都是在 0 ～ 1 之间的一个点，越接近 1 预测越准，但永远不会是 1。态度是虽然我们无法做到 1，但我们绝不蒙着双眼赌未来，我们要竭尽所能地接近 1，这是我们做事严谨、客观、理性的态度。

实际上，企业的预算就是建立在一系列假设基础上的规划与安排。即便有的企业可能没有采用看似非常体系和复杂的方式进行预测，但它们其实也是做了相关预测的，只不过更多地依赖于企业经营管理者的经验判断。本书要表达的是，不管我们采用什么样的方式进行预算假定的分析和判断，关键是要去做，不做就等同于赌博，走一步看一步也许能赢，但一旦输了，后果会非常严重，因为没有通过预算环境假定分析做出一定的预判和准备，任何风吹草动于你而言都可能是预料之外，让你毫无准备，因而造成的伤害也就越大。

5.2.2　预算假定的内容确定

预算假定应该是两个层面的假定，一个是目标期许假定，一个是目标环境条件假定。

1. 目标期许假定

什么是目标期许？就是企业对预算期（新的一年）的经营成果的展望与期盼的具体描述。在做目标假定前，企业会对自己所拥有的资源和能力进行评估，也会对历史数据进行复盘，再结合企业运营管理所期望提升的地方，形成一种概括性、抽象性的目标期许。比如提出预算期全面提升品牌价值，获得区域性知名品牌的称号，或者是预算期实现业绩翻倍，营业收入破亿，诸如此类的概括性目标期许假定。但本书认为，这样确定假定的方式过于粗放，很难实际落地。所以我们在设定目标期许假定时，要做得更加明确和具体，做到目标指标化、指标标准化。

案例 5-4

下面是某互联网科技公司确定 2023 年经营目标期许假定的过程。

（1）复盘 2022 年经营成果。

结合 2022 年度经营成果分析，选择 2022 年对标指标。该公司 2023 年度主要策略是通过技术升级提升产品价值，从而大幅度提高市场占有率，2023 年目标是“百城营销计划”，故 2023 年选择项目增长率、营业收入增长率这两个指标作为历史对标指标。

（2）根据策略规划，选择落地保障性目标期许假定。

该公司能够实现业绩增长的前提是策略成功，其中有两个关键的策略假定，一是技术升级成功，二是“百城营销计划”成功。为此，该公司确定以下几个策略性目标假定。

- 提高研发费用投入（研发费用增长率 >10%）
- 研发成果产品化（研发成果转化率 >90%）
- 新产品占比（新产品销售率 >30%）
- 研发周期缩短（研发周期不超过半年）
- 百城营销计划执行率（百城营销计划达成率 >70%）

（3）经营成果对标假定指标。

在上述两个假定预期实现后，逻辑上就能够推动公司项目增长率和营业收入增长率两个指标的实现。因此，目标期许假定的最后一个指标设定就是成果期许。

- 年项目实施数量翻倍
- 营业收入总额比上年增长 80%

预算期经营期许假定主要是按照成果假定倒推的方式确定的，即最终成果假定必须要有其上游的成果假定作为支撑，以此类推，尽可能分解出更多的层次，层次越多成果目标的分解下沉就会越深，对后面的预算目标体系构建越有帮助，甚至可以成为预算目标体系的重要来源。

2. 目标环境条件假定

我们已经认识到无论是做战略规划还是进行预算期目标设定，都需要对内外环境进行分析预判。在谨慎科学的预算过程中，进行目标环境条件的分析与判断是非常重要的必做工作。但现实中，我们发现真正认真开展该项工作的企业并不多见，这使很多企业总是困惑，为什么定好的目标实现不了，管理者总拿环境变了做理由要求企业调整目标，企业也拿不定主意到底应不应该调整。

案例 5-5

某化工制造企业的预算环境假定设定过程如下。

（1）外部环境假定。

先进行预算目标外部影响因素的模型设计，再根据影响因素的影响程度确定关键因素，提炼关键影响因素指标。比如该企业认为预算期的大宗交易价格波动对主要原材料的影响是直接而重大的，根据对原材料的技术分析，该企业提炼出了预算期乙二胺大宗商品价格波动指数作为关键指标。

通过技术分析、贸易市场调研、第三方机构分析等多种调研形式该企业确定预算期的乙二胺价格波动在每吨 2 800 ～ 3 200 美元。这个关键指标预测就是该企业预算期主要产品成本目标 / 毛利目标设定的外部环境假定条件。

（2）内部环境假定。

因该企业近几年一直处于满产满销的运营状态，预算期的业务规模大小直接受制于企业产能。所以企业在做预算时必须明确预算期生产设备的停产维修计划，同时对生产能源的供应稳定性进行预测，将开工率作为内部环境假定的条件指标。

该指标的计算公式中的计划开工时数需要根据该企业的实际排班（三班两倒）及检修计划进行确定：

$$开工率=实际开工时数 \div 计划开工时数 \times 100\%$$

只有当开工率达到98%以上时，才能保证企业预算期的业绩达成，开工率每下降1个点，相应的营业收入就会下降2%。

3. 目标环境假定的应用场景

（1）作为预算目标设定的依据。

根据上述案例分析，大家应该已经理解了预算环境假定与企业预算目标设定存在极强的逻辑关系，从某种意义上讲，预算目标就是在预算环境假定的前提下的预期。正因为开展了预算环境假定的分析预判，才保证了我们的预算目标是有据可依并经过深思熟虑的，而不是拍脑门子拍出来的想当然的目标。

（2）作为预算调整的依据。

既然我们的预算目标是在预算环境假定的前提下制定的，那就意味着只要假定条件不变，预算目标就能够实现，也就不存在调整的理由了。同理，如果实际环境条件发生了变化，而且已经超出了假定的标准范围，那么就应当主动调整目标，包括调增与调减。这样便解决了在实际场景中，个别管理者在环境变化时要求调整目标的难题，是不是变化、变化到什么程度是可以验证的，只要超出环境假定指标的标准范围该调就调，没有超出范围谁喊都不能调。

5.3 预算编制说明书的核心内容

企业预算编制工作不是某个人或某个部门能够独立完成的，它需要调动企业上下众多的人力资源参与其中。这会带来一个非常现实的问题，不同的人对同一个问题的看法和认知是不同的，面对相同的编制要求，大家的理解程度也千差万别。企业作为一个整体要想保证预算编制质量，提高预算的编制精度和信度，就需要根据企业人员的能力水平差异，根据预算项目的重要程度，由专业的部门向全企业发出具有统一标准的预算编制说明书，指导企业所有参与预算编制的工作人员按照说明书的相关要求进行编制。

5.3.1　预算编制与执行规则的说明

预算不是为了编制而编制，也不能想怎么编就怎么编。高质量的预算首先需要明确保证编制质量和执行效能的规则，只有大家都按照规则去做，才能保证预算的质量。

1. 预算编制规则

（1）编制主体规则。

预算编制涉及的业务和部门很多，从全面预算的角度讲，预算编制应当是覆盖所有业务、所有部门和岗位的。如此，预算编制就不是哪个部门的事，而应当是全企业的事情。因参与其中的人员众多，要想保证编制质量，就要先确定不同内容的不同编制主体，即确定哪些预算数据由哪些部门编制，由哪些岗位具体负责。只有明确了编制主体才能确保预算编制工作能够责任到人，只有让应当承担编制责任的主体去编制，才能保证预算编制的质量。如果企业不管什么内容，只要是预算就让财务做，财务不了解业务也就只能依据历史数据推测性或依从性地硬套数据，这样编出来的预算很难有质量和执行上的保证。

上述工作其实是确定预算编制的归口部门，包括业务预算编制归口部门、成本费用预算编制归口部门、资本预算编制归口部门、项目预算编制归口部门等。

（2）编制程序规则。

预算编制需要一个过程，且这个过程可能在某些环节需要循环往复多次。在实际操作中，企业需要对编制过程进行分解并明确工作顺序和往复方式。

在编制程序规则设计中需要注意以下几个关键环节。

- 预算目标制定程序。
- 预算环境假定条件制定程序。
- 经营计划制订程序。
- 业务预算编制程序。

- 财务预算编制汇总程序。

上述关键环节都有可能存在自上而下再自下而上的多次循环往复，这其实就是预算拉通的过程，具体需要往复多少次每个企业每次预算都有可能不一样，这里并没有标准答案，只要能保证上下左右的目标共识即可。

2. 预算发布规则

（1）预算目标下达方式。

预算目标下达是制订年度经营计划的前置过程，当企业完成了目标拉通后，就需要正式地下达目标。然后各部门各业务单位根据自己的目标任务，制订达成目标的经营计划。只有完成了相应的经营计划，才能开展业务预算的编制。所以，目标下达是非常严肃的工作，不能发个邮件或者开个会说一声就行了。企业应当以正式文件或正式的目标传达会的方式向相关管理者发布预算期的正式目标。

（2）经营计划发布方式。

在全面预算体系中，经营计划环节是不能缺少的必要环节。只要做经营计划就需要对经营计划的制订和发布进行正式的程序和方式的确定。当我们通过几次拉通完成了公司和各部门各业务单位的经营计划后，就需要通过一个正式的形式进行发布。有些企业在发布经营计划的时候，也有可能同时安排业绩目标责任状的签署。总的来说，经营计划的发布一定要有正式的形式，产生足够的影响，让企业上下对经营目标和经营计划产生足够的重视。

（3）预算发布方式。

经营计划完成，企业就可以进行将计划数量化、货币化的预算编制工作了。预算编制完成同样需要一个规范的、正式的发布程序，让企业上下对预算有准确的了解和明确的责任意识。预算发布无论是采用会议模式还是文件模式，都要注意保证企业上下对预算的了解是清晰的、明确的。所以，在预算发布过程中还需要有更加深入的宣导性工作，对远端业务单位、沟通难点岗位要进行一对一的宣导，以确保预算精准发布、深入人心。为保护企业商业机密，预算发布需要设置密级分解发布。

3. 预算执行与调整规则

预算编制完成是整个预算实施的起步，预算的顺利实施靠的是严谨、高效的执行过程。要保证预算执行的高质量，需要在如何执行、谁来执行、谁来监督执行、什么时间执行、执行主体与执行内容的匹配、超预算与预算外执行处理等方面明确执行规则。一般预算执行的相关规定会体现在预算管理制度中，主要在预算执行控制模块中予以规定。

在 5.2 节中我们说过企业的未来环境是不确定的，即便预算做得再精准，也有可能遭遇环境的突然变化。当现实环境超出了企业预算环境假定的标准范围时，调整预算就不可避免。加上越来越多的企业采用滚动预算的管理方式，对预算执行过程进行微调整更是普遍。为此，企业应当对预算的调整进行明确的规定，包括预算调整的类型、预算调整的条件、预算调整的程序、预算调整的审批权责等。

5.3.2　业务预算编制的特别说明

业务预算是根据经营计划的目标、策略研究所确定的实施路径，通过计划拆解承接落地，业务预算是对细化的计划工作进行数量化的过程。这个过程涉及的业务范围覆盖企业的所有产品和业务、所有的价值链过程，因而涉及的人力资源也是广泛的。在企业的实际场景中，不是所有的管理者都能够在一个管理水平上开展工作。即便业务预算的编制逻辑都已经宣导培训多次，也会有人因理解和能力的问题导致做出来的业务预算不达标。为了保证企业业务预算的整体水平，预算牵头部门应当代表企业对能力薄弱的部门进行引导性业务预算的说明，提醒和指导相关部门进行业务预算编制。另外，企业在不同的业务和管理方面侧重不同，不是所有的业务都需要同样的精度和细度，所以预算牵头部门同样需要代表企业对针对重点关注的业务预算提出的更高编制要求进行说明。

1. 业务预算项目的编制说明

如表 5-2 所示，不同企业涉及的预算项目不同，预算牵头部门应该根据自己企业的业务实际情况，对可能涉及的预算项目进行释义。

表 5-2　预算项目释义表

预算项目名称	项目释义
营业收入	在预算期发生的所有交易的收入，包括产品销售和服务业务
营业成本	直接与产品销售和服务业务相关的成本支出，不含营销费用

（续）

预算项目名称	项目释义
其他收入	除产品销售和服务业务以外的，与经营活动无直接关系的收入，如租赁收入、劳务收入等
人工成本	支付给员工的薪酬福利，具体包括工资、奖金、提成等
对外投资收益	股权投资、债权投资获得的收益
⋮	⋮

在说明预算编制项目时可能还需要进行层次性分解说明，比如人工成本作为一级预算项目，按照其组成结构对二级项目内容（工资、福利等）也要进行释义说明。

2. 核心业务 / 产品营收业绩预算编制说明

企业是以提供满足客户需求的产品和服务换取价值回报的经济主体，不管是什么类型的企业，都应当把业绩预算（营收预算）作为业务预算的重中之重。在本书第 8 章我们将更加详细地和大家讲解怎么编制业务预算。在这里我们主要从企业要求的层面，介绍预算牵头部门如何代表企业向承担业绩预算的编制部门做出编制要求的说明。

（1）营收总目标分解预算编制说明。

对于经营规模小、业务层次单一的企业而言，这部分要求不高，甚至不需要做特别的要求。但对于规模较大、覆盖范围广、运营主体层次多样的企业而言，对业绩总目标的分解就成为必须完成的预算任务，否则我们没有办法确定我们企业的总目标到底是在什么区域由什么层次的业务主体完成的。如果在编制预算的时候不进行深度下沉的业绩目标分解，很有可能给业务部门自身造成后期执行的扯皮内耗问题，同时还会引发企业业绩不能完成时难以划清责任，难以进行业绩考核，导致企业总业绩目标与实际完成情况两张皮。

所以，对于这样的企业，在做营收业绩预算时必须提出明确的要求，必须将企业业绩总目标分解到具体的大区、分子公司、业务平台、业务小组，甚至是业务员个人。只有将业绩目标下沉到岗位，我们才能通过对每个业务人员的预算目标的跟踪考核以及适时干预，更大可能地保证企业总业绩目标的达成。

（2）营收业绩目标实现维度预算编制说明。

业务预算中最重要的预算项目就是营收预算，它是保证企业盈利和现金流正常的根本。现实中影响营收的因素非常多，负责营收预算的营销部门在编制营收预算时，应当建立多维的预算模型，从不同角度分析测算营收预算的可实现性。预算牵头部门也应当向营销系统提出明确的营收业务预算的编制维度，如区域分解维度、产品分解维度、业务员分解维度、时间分解维度、渠道分解维度，等等。

3. 重要成本预算编制说明

无论是销售产品还是提供服务都需要消耗资源，这些针对产品和服务的人财物资源消耗是产品和服务的成本支出。在这些成本支出中有些成本可能对产品和服务的价格产生直接的影响，有些成本占比较大且波动性也很强，它们的波动将会对企业预算期的毛利水平产生较大的影响。对于这些占比大、波动大的成本，在做业务预算时应当提出一些深度预测的要求，比如对预算期市场价格趋势、波动规律的预测，并且要区分不同的波动区间，据此编制不同的成本预算。在营收预算目标实现的前提下，落在不同成本预算区间的实际成本，就成为毛利结果的直接影响因素。

4. 重要费用预算编制说明

在企业的各项经济目标中，对于企业而言最终的成果呈现在净利润这个指标上。在企业的营收目标、成本目标都实现的情况下，净利润目标也有可能达不成，主要的原因就是运营费用的控制不力。这些运营费用成本不是产品和服务的直接成本，但却是企业运营必不可少的支出，比如管理人员的薪资、办公场所费用、办公用品费用，等等。还有就是专门消耗在市场推广上的费用，有些行业销售费用远大于直接的产品成本。所以，对运营费用的控制在预算期间就应当开始，但费用项目很多，不需要对所有的费用项目都做详细的预算。预算牵头部门应当根据企业费用消耗的特点和实际情况对相应的费用责任部门做出特定的、重点的关于费用项目的预算编制要求说明。举例如下。

（1）广告宣传费用预算编制说明。

不同企业的广告宣传的方式、渠道差异巨大，传统行业的广告宣传多借助于传统广告模式，比如电视广告、户外广告、楼宇广告等。互联网新兴行业广告宣传的主阵地则是在各个新兴商业平台上，比如京东、淘宝、拼多多等。

因此，不同企业对广告宣传费用预算的要求也会不同，但总体上都会要求相关业务部门根据企业年度经营计划中的业绩目标和经营策略，细化具体的广告宣传落地策略，包括设计广告宣传的方式和手段、是否针对不同的品牌设计不同的广告宣传策略、是否针对不同的消费者采用不同的广告宣传策略等。一般来说，企业的广告宣传方式大都是组合式的，因此需要根据不同的广告宣传方式在以下几个方面进行计划安排，再根据计划的资源量化过程推导出广告宣传的业务预算。

- 广告宣传类型结构组合模式，包括广告方式组合、公关方式组合，以及广告宣传辅助工具的计划安排。
- 主要的广告和公关项目要明确且详细地说明项目的开展目的和内容明细，对于不能说明目的和内容的项目，其预算不应当被通过。
- 主要的广告和公关项目还要尽可能预测出实施周期和时间、采用的方式和选择的供应合作商条件等，如有可能甚至可以明确具体的合作单位是哪一家。
- 广告宣传总预算额及分解标准。有的企业会将广告总预算按照销售区域进行划分，有的企业会按照不同的产品线进行划分，不管怎么划分企业都需要明确划分标准，这些标准一般由企业的市场营销管理部门制定，预算牵头部门应当对负责标准制定的市场营销管理部门提出明确要求。

（2）人工成本费用预算说明。

人工成本费用中直接针对产品和服务消耗的部分已经纳入产品和服务的成本预算中，这里所说的人工成本费用只针对营销和管理层面的人工消耗，这部分的成本费用在某些企业占比很重，尤其是其中的高管薪资，可能成为决定一家企业是否有净利润的主要因素。在做人工成本预算时，应对以下内容进行规划。

- 明确人工成本预算颗粒度，是预算到部门还是预算到岗位。
- 确定预算期人员编制，包括编制增减规则及各类岗位人员配置标准和要求。
- 预算期人员编制核定审批程序说明。
- 人工成本结构说明，包括工资、奖金、市场提成、加班费、保险、非货币性福利、离职补偿，等等。
- 不同类型人工成本的计量标准和总额计算规则等。

5. 重大投资项目预算编制说明

规模较大的企业在投资上的规划一般也不会是单一的，预算期内的投资方向和投资项目多样，需要企业在做预算的时候对投资项目预算做出编制要求说明。

（1）说明企业预算期重要的投资项目类型，比如股权投资、工程项目投资、固定资产投资等，要说明为什么做这些投资，投资的目的是什么。

（2）针对每个投资项目都要说明投资额及相关用途，以及投资计划的周期、投资成效等。

5.3.3　会计科目说明

业务预算项目有可能与会计核算的科目名称一致，也有可能不一致，即便是名称一致其内容也有可能不同。为了顺利将业务预算转化为财务预算，需要经过将业务预算货币化的过程，这个过程的核心工作内容是根据业务预算项目进行预算会计科目的设计，并且要在预算编制说明书中进行明确的说明。具体形式如表 5-3 所示。

表 5-3　会计科目说明示意表

序号	业务预算项目	会计核算一级科目	会计核算二级科目	预算标准
1	产品销售项目	销售收入	产品销售	业务预算
2	配套服务项目	销售收入	服务销售	业务预算
3	广告宣传	营销费用	广告费	广告宣传方案
4	职工福利费	管理费用	福利费	按薪资预算 14% 计提
⋮	⋮	⋮	⋮	⋮

5.3.4　预算环境与经营情况的整体说明

除了以上几个预算编制说明外，如果企业觉得有必要，也可以在预算编制说明书中对企业预算期的基本情况进行概括性的说明，主要目的是面向编制预算的管理者明确目标、清晰策略、澄清困惑、交代要求。可能涉及的说明事项包括：预算目标制定的过程与理由、预算期内外环境分析假定条件、企业对预算目标实现确定的策略情况、可能影响预算目标实现的事项等。

Chapter6

第 6 章

一穿到底的目标体系

全面预算是站在企业整体的角度，对标企业战略目标而开展的覆盖全企业上下的年度性（阶段性）计划安排工作，具有极强的体系性。凡体系性工作都需要极高的协同推进能力，这方面的能力要求往往是很多管理者的痛点。企业要想顺利地制定和实施全面预算，首先应当协同的就是目标一致性。本章讨论的主要内容是如何构建预算目标体系，如何就目标达成全面共识，如何解决目标拉通过程中的难点问题。

6.1 企业预算目标体系的结构

在全面预算管理过程中有一项重要工作，即制订全面性的年度经营计划，而这项重点工作的前提是拥有一致性的目标体系。健全的目标体系有利于加强企业内部上下左右的联动关系，发挥整体作战力量。高质量目标体系的基本要求是，将企业最高管理层制定的企业总目标与各业务单位和职能部门的中层目标紧密关联，直至下沉到基层的个人岗位目标，这是一个上下串联过程，是预算目标体系的主干线条。

6.1.1　预算目标体系的层次结构

目标层次结构是目标体系的主干线结构，企业的经营活动应当遵循围绕和支持企业总目标达成的原则。因为企业的总目标最具有高度、长远性和前瞻性，是企业经营管理活动的航标。能够制定企业总目标的主体同样是具有高瞻远瞩的视角和宏观战略思维的人，这样的人在企业里处在最高管理层，他们描绘企业的愿景、提出企业的使命、制定企业的战略目标，并花费精力将这些愿景、使命和战略目标层层向下传递至每个员工，从而构建起让企业上下一心的预算目标主干线。

预算目标通常包含四层，这四层的目标是站在集团化企业的角度提出的。一般集团化企业的业务单位都具有二级业务主体的特点，它们虽然在业务上具有一定的独立性，但从集团管理的角度，它们还要接受集团各职能部门的职能管理，这就导致在集团高层和二级业务单位之间出现了一个职能管理层次。如图 6-1 所示，超大型集团企业的业务单位层次和职能层次还会进一步细分，但本质上都是这个四层逻辑。

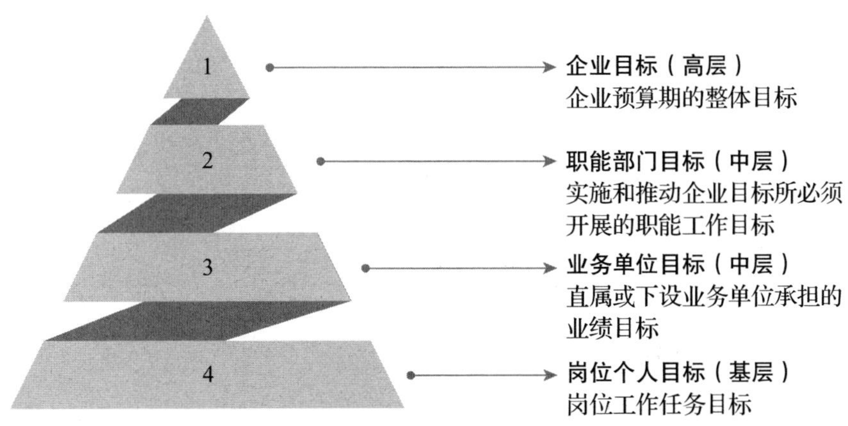

图 6-1　企业预算目标组织管理的层次结构示意图

中小单体企业可以将四层简化成三层，即职能层次和业务层次合并成一个平行层次，形成企业、部门和岗位的三层目标关系。

6.1.2 预算目标价值管理的三层次结构

企业经营的目的不能仅仅只是盈利，具有持续发展能力的企业会兼顾企业内外利益相关主体的利益。从预算目标的结构划分看，企业还应当将视角向内外的更深层次延伸。如图 6-2 所示，本书认为，企业至少应当从社会视角和员工视角出发，与企业的组织视角一起构成预算目标价值管理的三层次结构。

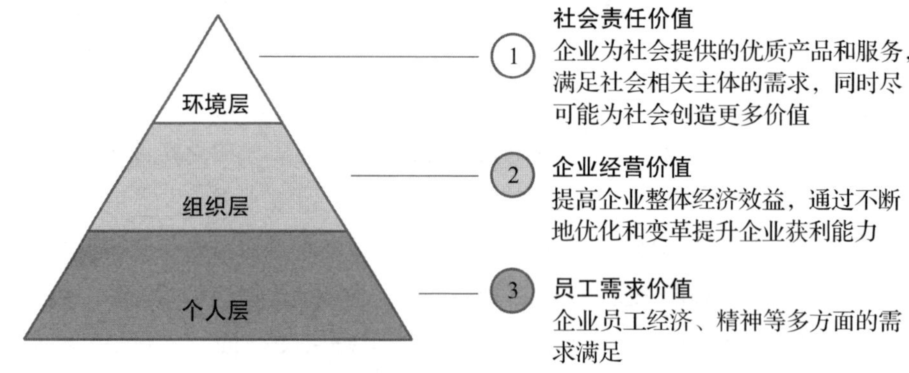

图 6-2 企业预算目标价值管理三层次结构示意图

1. 环境层价值目标

在经济社会中，企业行为与社会环境紧密交互，某种意义上讲，企业追求运营成功本身就是在履行一种社会责任。在此过程中，企业会为社会提供就业岗位、提供有价值的产品和服务，满足不同人群的消费需求。因此，企业在社会层面的价值目标既要为社会提供符合用户需求的产品和服务，又要满足社会相关主体的需求，同时尽可能为社会创造更多价值。

2. 组织层价值目标

企业是一个系统性的独立主体，与之相关的利益主体多样，应当制定与内外利益相关者相关的整体目标，以保证其可持续发展。这些目标通过不断优化和变革来提升企业获利能力，从而达成经济效益目标、管理水平提升目标、员工成长目标、员工利益保障目标等。

3. 个人层价值目标

这是指针对企业员工而设定的目标。每个在企业工作的员工都有其职业诉求（包括经济上和精神上的诉求），对这些诉求的合理满足将有利于团队的稳定性和持续发展。所以企业在制定目标的时候应当考虑员工个人的诉求目标，比如收入目标、成长目标、兴趣目标、文化目标、晋升目标等。将这些个人目标融入企业的预算目标体系，是企业人力资源管理预算目标要体现的主要内容。

6.1.3　预算目标等级管理结构

每个预算期的目标类型多种多样，但从等级大小和定位高度上区分，企业的预算目标应当源自更具终极性、长远性、战略性的阶段目标，与这些更高等级的目标在时间上（预算期）进行连接，就能形成目标之间的呼应和支持。

如图 6-3 所示，我们可以形成一个预算目标等级连接的逻辑。在某个预算期，企业在制定其企业目标时要与愿景目标（终极目标）方向一致，如果企业能够对愿景目标进行阶段性分解，这种对应性会更强。而企业的愿景目标是会受企业社会价值目标影响的，如果愿景目标与社会价值目标不一致，则会影响企业的社会声誉和持续发展。所以，社会价值目标与愿景目标的等级高于战略目标，战略目标属于长期目标，我们的预算期企业目标就应当是阶段性的战略目标。

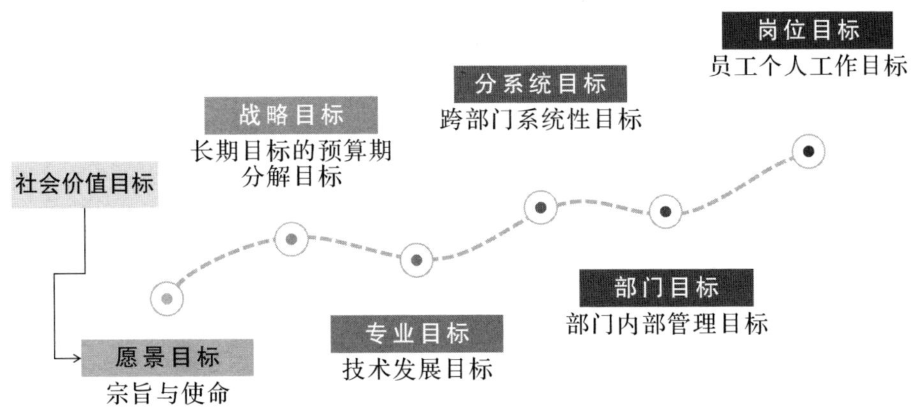

图 6-3　企业预算目标类型管理结构示意图

专业目标和分系统目标是承接企业战略目标的专项目标，专业目标是对企业目标尤其是战略目标的承接，如企业在战略目标中提出要全面提升企业核心技术的竞争力，专业目标就可以将核心技术进行具体的分解，确定阶段性不同类型的技术升级的相关目标。分系统目标更侧重于跨部门系统性的专项目标，比如质量管理系统目标、成本控制系统目标、全面预算系统目标等。分系统目标对部门目标和岗位目标具有一定的指引性。

部门目标和岗位目标等级相对较低，它们的确定会受到所有高等级目标的影响，只是选择影响因素的时候会有差异。比如生产部门的目标会同时受到质量分系统、成本分系统、预算分系统的影响，但在战略目标层面可能选择的内容并不多，除非战略目标中有比较明显的相关内容。愿景目标和社会价值目标对生产部门目标的影响更多是在理念层面，比如企业提出要成为行业内一流企业的愿景，生产部门可以从建立一流生产体系出发建立阶段性的预算目标。

6.2 不同管理层次的目标设定来源与侧重

目标体系的分类方式多样，大部分企业更愿意按照组织层次对目标进行分解，形成目标分解的上下左右逻辑。本节我们将重点分析不同管理层次目标的差异性，包括设定目标的信息来源的差异和设定目标侧重方向的差异。

6.2.1 目标在组织管理层次上的分解

每个企业都有特定的组织架构，组织架构中也必然存在特定的层级，不同层级的管理者拥有不同的权责，承担不同的运营管理目标。所以，如图 6-4 所示，预算目标也应当按照管理层级的结构进行相应的分解，原则上我们要求企业的预算目标能够层层分解至员工个人，但不是所有的企业都能做得到，这需要企业通过提升管理能力和不懈努力去达到。

将预算目标按照组织的管理层次进行分解的时候，要注意两点，一是不同层次目标之间的逻辑关系，二是不同层次实现目标的保障措施之间的逻辑关系。一般来说，目标和保障措施都存在压力传递的问题，而且是一个自上而下再自下而上的循环过程，在这个过程中不同层次的管理者之间存在一定程度的博弈。这种博弈不可避免，关键是要控制在安全的范围内。

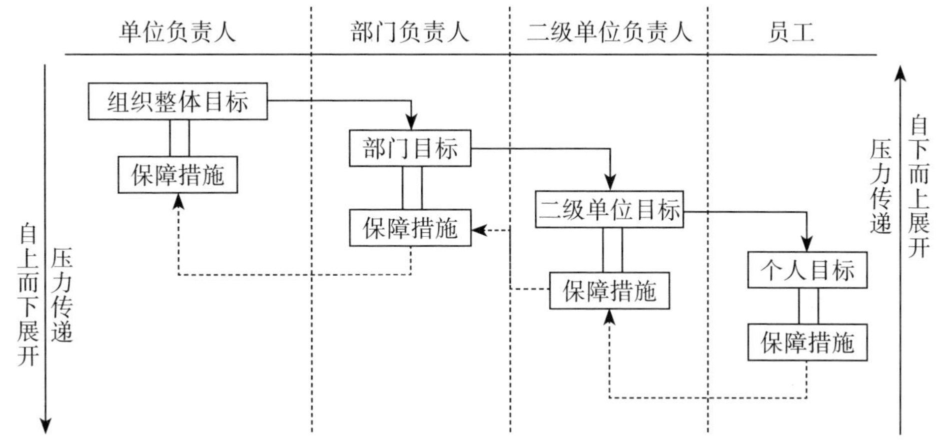

图 6-4　企业预算目标管理层次分解示意图

在图 6-4 中，部门目标指的是企业职能部门配套目标，它与组织的整体目标之间存在着方向一致和职能支持的关系，或者说部门目标是在运营管理的各个方面的承接，对下面的二级单位目标起着引领作用，而二级单位目标一方面要承载组织的整体目标，另一方面要符合部门职能目标的要求。

举个例子，某企业的二级分公司在制定年度预算目标的时候，其经济目标必须满足公司总部对分公司经济目标达成情况的要求，与其他二级单位的目标汇总后一定要能实现组织的整体经济目标。而在运营目标和管理目标上，这个分公司要考虑职能部门目标提出的要求来制定自己的相关目标。人力资源部门年度人效目标是 25 万元 / 人，该分公司结合自己的情况可能低于或高于这个目标，但会参照职能部门目标，不会和职能部门相关目标相去太远。

6.2.2　不同层次目标设定的信息来源与侧重方向

如图 6-5 所示，制定不同层次预算目标时，所需要的信息来源不同，因为它们的目标设定的目的本身就差异巨大。

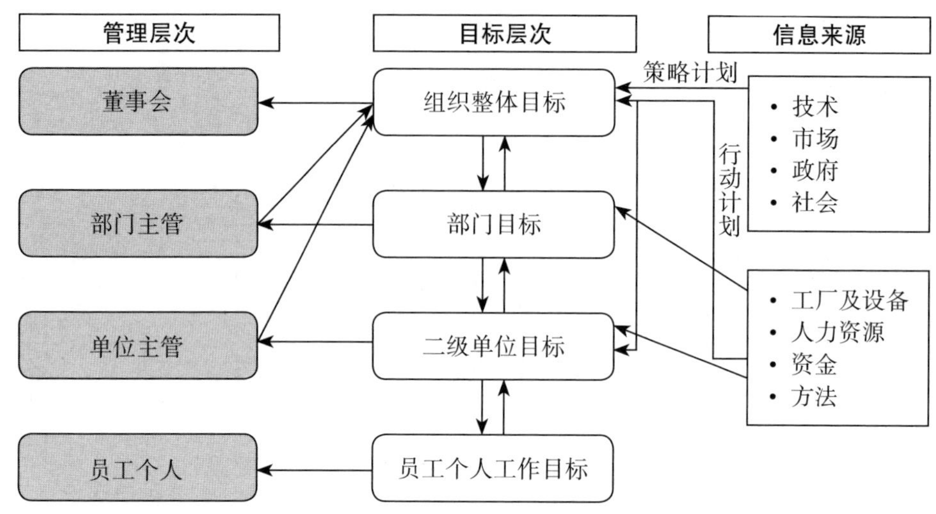

图 6-5 不同层次预算目标设定的信息来源示意图

1. 企业层面的目标设定

企业层面的目标设定是由企业的决策层完成的，规范一些的企业可能是由董事会，粗放一点的民营企业可能就是由以老板为核心的顶层管理者来完成。他们关心企业的整体目标要达到什么水平，实现这些整体目标的宏观策略是什么。虽然这个层次的目标制定主体是企业顶层管理者，但不代表顶层可以完全无视下级的意见，现实当中，企业顶层会充分听取下级的意见，以实现企业目标的共识。

要制定这个层面的目标更多的是要考虑外部因素的影响，自说自话的目标无法构建外部竞争优势，也不能适应外部环境的变化。所以，在制定企业层面的目标时，搜集和使用的信息大多来自企业外部的宏观环境信息，如市场信息、技术发展信息、政府政策信息、社会环境信息等。

但是，只考虑外部信息也不足以制定高质量的企业预算目标，在同样的外部环境、不同的内部条件下制定的目标可能完全不同。所以确定企业整体目标的时候一定要从内部条件的角度进行分析和研判，包括企业人财物方方面面的资源条件，这些内部信息都是我们在设定企业总目标时需要综合考量的因素。

2. 职能层的目标设定

企业职能部门的目标设定主要由各职能部门负责人完成，他们需要明确企业的整体目标以及对其职能部门的要求，结合企业的目标策略，制定本部门的预算目标。这个层面的目标聚焦于如何通过部门工作或者部门目标的承接，从执行层面呼应企业总目标。

职能目标设定最主要的信息来源就是企业目标，首先要清晰明确地理解企业目标，同时理解企业实现目标的策略，然后将企业目标和策略与自己部门相关的要素提炼出来，这些要素就是职能部门制定本部门目标的主要信息来源。这样做能够保证职能部门的目标与企业总目标之间的相关性，从逻辑上来说部门目标达成对企业目标的实现一定能起到正向支持作用。

虽然职能部门制定目标的主要信息来源是企业总目标，但不代表职能部门可以不经过可行性分析就全盘接受。实践中，职能部门还应当根据自己实现目标的策略规划，分析研判与自己目标和策略相关的内部条件的匹配性，只有这些条件匹配了才能保证职能部门目标的可实现性。如果条件不匹配，职能部门应当向上反映，与企业进行目标对话，经过如此几轮的上下反复商榷，足以保证企业目标与职能部门目标之间形成呼应和支持关系，做到这两个层次之间的拉通。

3. 二级单位的目标设定

单体企业的业务单位相对简单，其目标的设定会与部门目标设定一起开展。但组织规模较大、组织结构相对复杂的集团化企业，会存在受总部职能部门专业管理的二级单位，这些业务单位的预算目标设定，一方面依然要受企业总目标的约束和影响，另一方面要以总部职能部门目标为向导。和职能部门设定目标一样，二级单位也需要对自身完成目标所需的内部资源和条件进行分析和研判，与上级职能部门就目标进行多轮拉通。

4. 岗位员工的目标设定

最后一个层次的目标是岗位员工个人的目标，这个层次的目标设定基本上受其上级目标的影响和引导，其信息来源是其直接上级的目标和上级对其的目标要求。这个层次目标的准确性其实取决于上级对该岗位目标的引导和要求，作为员工个人在岗位目标上的自主决断力是比较弱的，这个层次的目标设定水平反映其上级的领导力水平。

6.3　构建整体目标体系

建立目标体系对每个企业而言都是非常重要的管理工作。虽然我们很多管理者都或多或少了解一些目标管理的理论知识，也知道企业目标体系结构的分类，但要让这些不同层次、不同等级的目标有机地结合是一项极具体系性的工作，在现实中会有很多目标脱节、两层皮的情况发生。很多企业老板抱怨和困惑地问我，为什么他们企业从绩效看，每个部门每个员工的目标都完成得很好，可企业的目标却没有达成，这种显然不符合逻辑的情况其实非常具有普遍性，原因就是企业缺乏目标体系化建设的能力。

6.3.1　设计目标体系模型

目标体系模型的设计同样没有什么定式，企业可以根据自己的整体规划进行设计，也有企业愿意套用一些比较成熟的模型。比如很多企业采用平衡计分卡模型，因为这个模型相对综合，解决了财务单一目标造成的成长性目标缺失的问题。本节我们就跟大家分享如何借用平衡计分卡模型设计企业目标体系。

1. 平衡计分卡模型释义

平衡计分卡模型设有四个维度，分别是财务维度、客户维度、内部流程维度和学习与成长维度，模型示意图如图 6-6 所示。

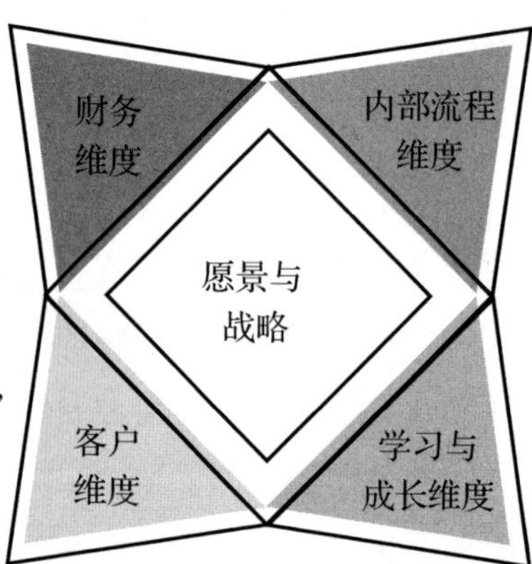

图 6-6　平衡计分卡模型示意图

（1）财务维度目标。

财务维度的目标是企业运营的成果性目标，是企业所有者追求的根本性目标，也是其他三个维度目标的出发点和归宿。在预算目标中，财务目标是基本目标，如营收目标、利润目标、成本利润率等都属于财务目标。

（2）客户维度目标。

财务目标达成的前提条件是，企业的产品和服务能够满足客户需求、创造客户价值、获得客户认可，只有这样才能从客户那里获取超越成本的增值收益。所以，企业制定预算目标时，必须提炼从客户维度出发的相关目标，比如客户满意度、市场占有率等。这类目标也是平衡计分卡模型的平衡点，是企业在股东权益和客户价值之间的平衡点，也是短期收益和长期利益的平衡点。

（3）内部流程维度目标。

财务维度和客户维度的目标，不是许个愿就能自己实现的，企业必须拥有实现目标的核心竞争力。内部流程维度的目标应着眼于企业核心优势是什么的目标指标的萃取。企业应当选择那些和竞争对手相比具有明显差异性的优势，如质量、效率、服务或人效等因素的评价指标，把这些指标当作目标可以推动成果目标的实现。这类目标是结果与过程的平衡点，也是管理绩效与经营绩效的平衡点。

（4）学习与成长维度目标。

企业要想保持足够的生命力，需要不断地与环境进行碰撞，有能力应对各种各样的变化和竞争冲击。这需要企业具有长久的竞争力，它是企业持续发展的根本，需要企业不断地学习与成长，不断地提高自身的管理水平、技术水平和运营水平。这类目标是财务与非财务目标的平衡目标，比如人均培训时数、员工知识与技能结构等目标。

2. 平衡计分卡四大维度的关注点差异

平衡计分卡模型的四个维度设计的关注点不同，这种差异性的组合形成了一套更加综合、全面和平衡的组合目标。

（1）财务维度的关注点。

该维度以满足所有者利益为核心，所有者关注的是企业运营的最终财务成果。财务成果的达标，是通过企业一系列高水平的运营管理活动实现的，包括改善内部流程、关注学习成长、获得客户满意。

（2）客户维度的关注点。

该维度关注客户怎么看待企业，客户对企业的看法直接决定了客户与企业的交易关系。只要客户对企业的产品和服务满意度高，客户付费和持续复购的可能性也会更大。当企业能够满足更多客户需求时，其在市场上的业绩表现就会更加亮眼，比如市场份额、客户保有率、新客户开发率等指标的表现。

（3）内部流程维度的关注点。

该维度关注企业的核心竞争力，核心竞争力本身的要素维度也是多样的，不同要素维度在企业内部流程中的表现不同。所以企业可以通过内部流程的优化和优势提升，保障其他预算目标的顺利实现。比如为获得更高的客户满意度，企业可以从提供更高质量的产品入手，为此在内部流程方面进行全面的产品质量提升优化、产品全过程质量控制、产品价值链全流程质量管理。

（4）学习与成长维度的关注点。

该维度关注的是企业持续成长的能力，这个能力的取得需要企业坚持不断地学习，不断地进行经验萃取，不断地改善优化，即持续不断地自我成长，是企业获得核心竞争力的内在实力，比如具备了哪些关键能力才能提升哪些内部流程的效率，进而才能满足客户的哪些要求，最后实现企业的财务目标。

3. 平衡计分卡的实施要领

平衡计分卡模型只是一种成熟的管理工具，如何高效灵活地使用该工具需要企业在实施的过程中注意图 6-7 中的几个方面。

（1）从远景目标和战略目标出发。

年度预算目标只是企业承接战略目标的阶段性规划目标，预算期的目标应当是配合整个战略目标实现的一个过程目标。为此，预算目标的设定应当始于战略性目标，而战略性目标的发端又与企业的远景目标紧密相关。即便是同一个行业的企业也可能形成完全不同的远景目标，这和企业所处的内外部环境以及顶层管理者的愿景相关。

每个企业有自己独特的使命、愿景、价值观，它们是引领企业制定远景目标和战略目标的航标。但要想实现这些目标，企业要有能力充分利用各种机会、适应各种环境变化，制定符合实际情况的竞争策略。而在每个预算期，企业都要适时地调整经营结构、合理分配资源、制定恰当的预算目标，以适应预算期的环境特点。

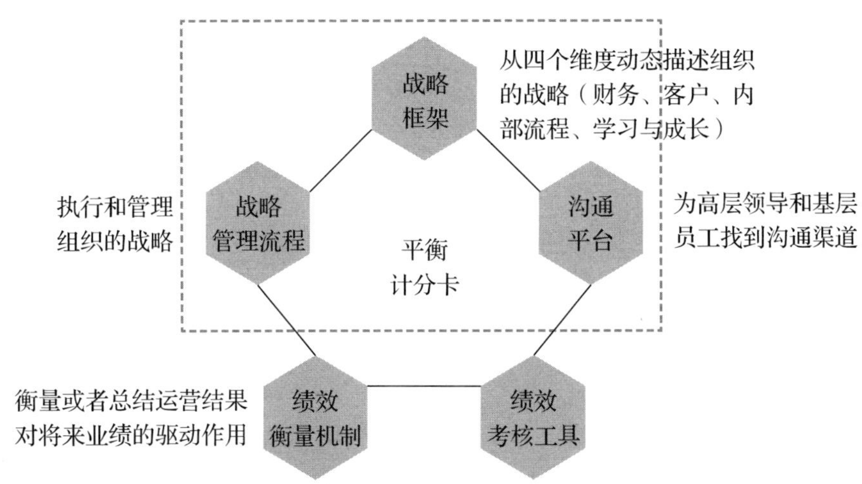

图 6-7　平衡计分卡实施要领示意图

如果企业采用平衡计分卡模型进行预算目标的设计，需要从远景目标和战略目标开始就进行四维度目标的提炼，一以贯之，与预算期四维度目标形成连接，构成平衡计分卡模型下的方向一致的目标体系。

既然预算目标是战略目标的阶段性承载，那么对预算目标的管理也应当纳入战略管理的范畴，在战略管理流程的统一运行下实施。

（2）打造畅通的纵横沟通平台。

预算目标纵横交错，既有上下级目标之间的承接，又有平行部门之间的支持，如果企业没有足够顺畅的沟通机制和沟通渠道，那么在目标实施过程中，就很难形成企业的合力。更有可能因为沟通障碍，造成上下脱节、左右割裂，再加上预算目标还要与远景目标和战略目标相呼应，没有很好的沟通平台，很有可能因为沟通问题而出现部门间相互推诿，上下之间相互扯皮。在后面的章节中，我们还会特别和大家讨论有关预算拉通达成共识的内容，这是企业预算目标高效执行和有效达成的重要保障。

（3）平衡计分卡既是战略管理系统也是绩效评价系统。

前面讲了预算目标管理应当纳入战略管理系统中，但企业真正关心的还是目标是否能够达成。当目标以体系化的形式呈现时，是否达成、达成的效果以及未达成原因的分析与评价则是一项不简单的工作。企业相关管理者要从平衡计分卡模型下的目标体系中提炼出预算期适宜的绩效考评指标，不是所有的预算目标都要纳入绩效考评指标体系中。不同预算期的目标追求和侧重点都有可能不同，所以要根据不同预算期的实际情况和经营方针，有侧重、有针对性地选取适宜的绩效指标，如此萃取的绩效指标才能真正表达经营者在预算期的核心追求，才能提高绩效指标的价值评价作用。

6.3.2 目标分解与层次结构

当企业按照目标体系模型提炼和萃取了适宜的目标后，就需要按照本章第 6.1 节的相关内容进行结构性设计。企业不需要把所有的结构模式都使用上，可以选择最适合和最高效的结构模式，比如单纯选择层次结构的模式。至于需不需要在层次结构的基础上进行等级结构划分，每个企业可以自行研究确定。

无论选择什么样的结构类型，企业都必须进行对目标的分解工作。最主要的分解工作就是目标的管理层次分解，直至分解到岗位员工，目的是保证目标的上下关联和执行的相互支持。业务复杂或规模较大的企业，目标分解一定要注意体系性的层次关系，即每一个岗位的目标与它直属上级的目标强相关，或是由直属上级目标的部分拆解下达，或是对直属上级目标的直接支持。在如此层次逻辑上进行目标分解，只要各个层次的目标都能达成，企业总目标就一定能达成。即便某个岗位的目标出现问题，也能通过层次逻辑快速识别出该问题对上下左右的影响。

在层次分解实践中，要注意与企业的组织架构逻辑相符，按照企业组织架构的层次关系进行层层分解即可构建分解后的目标体系结构图，详见图 6-8。

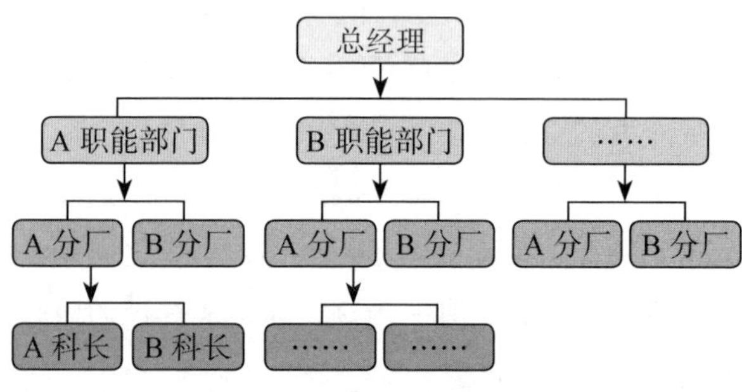

图 6-8 目标体系结构示意图

6.3.3 目标多功能整合

因为目标分类、分解形式多样，企业可能存在不同模型、不同功能的大量目标，根据这些目标彼此之间的关系，对多个不同目标进行整合就能形成一个目标模型，以达成某种特定的管理目的。

1. 业务层面的价值链目标整合

企业运营的成功取决于价值链的高效运行，只要价值链转化能力增强，企业获取更高营收和利润的概率就更大。价值链涵盖研供产销的所有业务行为，企业整体目标要在价值链的平行关键环节进行分解。同时，也要将价值链上的各个目标进行整合，尤其是目标间的关系整合，比如研发的新产品开发完成率与营销新产品占有率目标之间的关系论证、分析与整合，要确保两个目标的标准设定能够互为支持或印证。

2. 管理层面的体系性目标整合

企业管理涉及方方面面，很多管理工作都是体系性的，比如质量管理体系、成本管理体系、预算管理体系、绩效管理体系等。不同的管理体系都有其特定的管理目标，结合预算期管理周期也会有相应的阶段性目标。这些目标的实现对企业的经营管理都会起到积极的推动作用。而且这些目标之间也存在错综复杂的交织关系，比如质量管理体系中的合格品率目标与成本管理体系中的降本目标息息相关，预算目标与绩效目标彼此呼应，甚至是一一对应。所以，在确定预算目标时，还要综合考虑不同管理体系的要求，进行体系间的目标整合。

3. 定量与定性目标的整合

很多管理者一直存在一种困惑，在目标设定的过程中，很多工作无法直接量化，但却对运营管理至关重要，这样的工作目标如何提炼、如何量化？这其实是大家对目标量化的一种误解，目标量化不是单纯一定要有一个数字的指标，它的核心是目标成果能不能被有效地衡量。所以，即便是很难提炼出量化指标的定性目标，只要能找到可衡量的标准，依然可以成为预算目标的有效组成部分。比如研发部门要在预算期进行一项重大的新技术研究，但研发周期很长，能不能取得成果也不确定，用研发成功率设定目标很难衡量，这样的量化指标是不合理的。而把研发工作拆解成不同的计划，将计划进程（计划进度达成率）作为目标反倒容易衡量，也利于推进研发项目的成功。

总之，企业的预算目标不是简单的线性关系，就如同企业的组织结构、工作关系也不是简单的线性关系一样，企业在开展全面预算过程中，合理制定和整合目标，形成横到边、纵到底的目标体系是全面预算管理系统的重要组成部分。

6.4　建立目标体系的基本程序

建立目标体系的程序没有绝对的定式，不同企业可能会有自己特定的程序要求。比如有的企业上层对体系性目标规划缺乏经验，也没有能力自上而下地对下一层次的部门和单位目标提出明确的要求，这类企业的目标设定程序就很有可能是自下而上的程序。本节对目标体系的建立程序会按照理论上较合理的逻辑进行讲述，如果企业因实际情况难以遵循可以做适当调整。

6.4.1　分析评估预算期外部环境

每个预算期都会受其特定的外部环境因素影响，而高质量预算的一个重要环节就是对预算期的外部环境影响因素进行预测评估。外部环境因素多种多样，对不同企业的影响程度不一，企业应当选择适宜的分析工具进行科学的预判。具体可以应用的分析模型在本书 5.1 节中已经有详细的分享，大家可以从中学习吸收适合自己企业的分析模型。

实践中，企业也可以根据所处行业的特点自建模型进行分析，比如我们服务过的一个跨境电商企业在做年度预算时，就根据自身业务特点设计了一个四维的分析模型，并在此分析的基础上进行了年度目标的确定。

案例 6-1

图 6-9 为某跨境电商企业的外部环境分析模型设计。

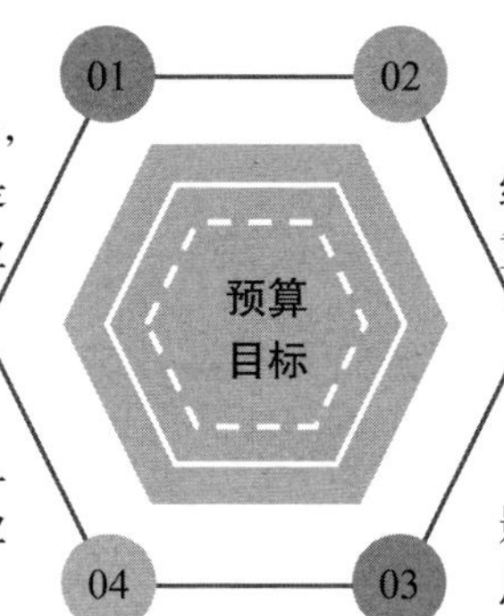

图 6-9　某跨境电商企业外部环境分析模型设计

除了行业发展预测外，还应当对市场结构、竞争结构及主要竞争对手的情况进行分析。尤其是竞争对手分析，应当尽可能多角度全方位地进行分析预测，比如竞争对手的产品研发能力与方向变化、团队情况、资金实力、硬件设备设施条件、营销策略（品质、价格、交期、服务）等，参见表 6-1 中的内容。收集情报是一项严谨、细致的基础性工作，情报可以从竞争对手的年度报告、宣传资料、内部杂志、互联网信息、自媒体信息、论文、客户、供应商、咨询公司等多种渠道获得。企业应当根据所获得的竞争对手的信息资料构建数据库进行分析管理，构建基础信息资料库进行持续搜集与对比分析。

表 6-1　竞争对手信息数据库要素结构表

竞争对手信息数据库要素结构	
竞争对手或潜在竞争对手的名称	营销组织结构 / 客户服务组织结构
营业场所 / 作业场所的数量和位置	顾客忠诚度分析
企业人员规模和结构特点	研发费用、人员水平
组织结构和业务单位结构的详细情况	设备等硬件条件
产品 / 服务范围，价格水平	资金实力
市场区域、客户结构情况	重要客户与供应商分析
IT 水平	内部关键人员资料

6.4.2　评估预测内部资源条件

商场如战场，企业运营犹如商场作战，知己知彼方能百战不殆。企业进行外部环境分析是知彼，而评估预测内部资源条件就是知己。每个企业在确定预算目标时要充分考虑实现目标的内部资源是否能支撑目标的达成，这些资源包括人、财、物、信息、公共关系等多种资源。

1. 人力资源条件预测评估

企业目标是要靠人去实现的，但并不是人多就能实现，人力资源对预算目标的支撑需要从“质”和“量”两个层面进行分析判断。“质”是指企业所拥有的人力资源的知识、技能、经验的综合水平，较高“质”的人力资源能够减少“量”的资源需求，从而减少资源管理成本的投入。“量”是指企业为完成预算目标必须投入的人员编制数量。

无论是“质”还是“量”的需求，不同企业的预算目标都会产生不同的结构要求，而不同的结构条件又会对目标形成不同的影响效果。企业在编制预算时应当在对现有人力资源“质”和“量”准确分析评估的基础上，进一步进行合理的结构优化，形成对预算目标的最佳支持结构设计。

具体在评估人力资源条件时，可以从图 6-10 中的几个维度进行。

图 6-10 人力资源条件分析模型示意图

准确充分的人力资源预测分析能够为企业解决人力资源条件不足的问题提供信息基础，企业可以在此基础上进行解决方案的设计规划。比如针对“质”的要求不满足可以通过培训、外部引进替换的方式解决，针对绝对量的不足，则需要做出从哪里招人、什么时候招人、招多少人的规划。

2. 财力资源条件预测评估

任何预算目标的实现都需要实实在在的经营行为去推动，只要发生经营管理行为就会消耗财力，有些是直接的资金消耗，有些是附着在人力资源上的财力消耗（薪资福利），有些是通过购买经营性资产以满足经营行为需要而产生的资金消耗。

如图 6-11 所示，对企业自身财力的预测评估是对年度经营计划的重要限制性条件的预判，企业能承接多大的业务规模从某种程度上讲受其财力的直接影响。

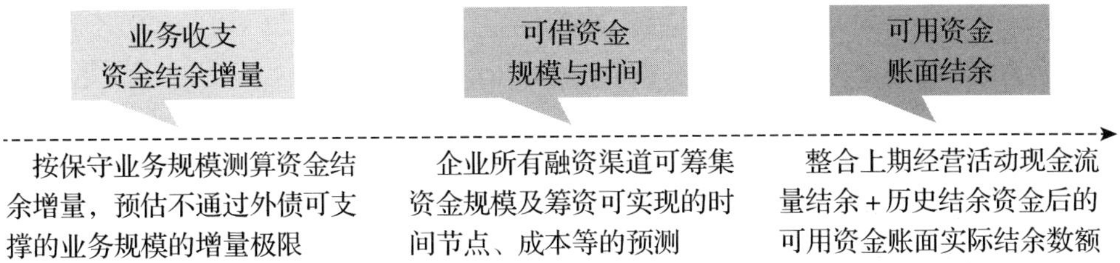

业务收支
资金结余增量

可借资金
规模与时间

可用资金
账面结余

按保守业务规模测算资金结余增量，预估不通过外债可支撑的业务规模的增量极限

企业所有融资渠道可筹集资金规模及筹资可实现的时间节点、成本等的预测

整合上期经营活动现金流量结余＋历史结余资金后的可用资金账面实际结余数额

图 6-11　财力资源条件分析模型示意图

3. 物资资源条件预测评估

企业经营所得不是通过销售商品或产品获得，就是通过提供服务获得。在向客户提供价值的过程中，企业需要基本的物资支持，主要分为两大类，一类是可供销售的产品或商品；另一类是生产商品 / 产品或提供服务所需要的基本设备设施。对这部分的预测评估，主要从产能的角度进行，企业所拥有的物资组合决定了其产能规模，这个规模也将直接制约业绩规模的大小。

4. 信息资源条件预测评估

企业预算的精细度（颗粒度）取决于企业可获取和使用的有效信息的精度、信度、结构及数量。为高效编制更具有执行指导价值的预算，企业应当分析预判是否能够取得如图 6-12 中所示的几个方面的数据信息。

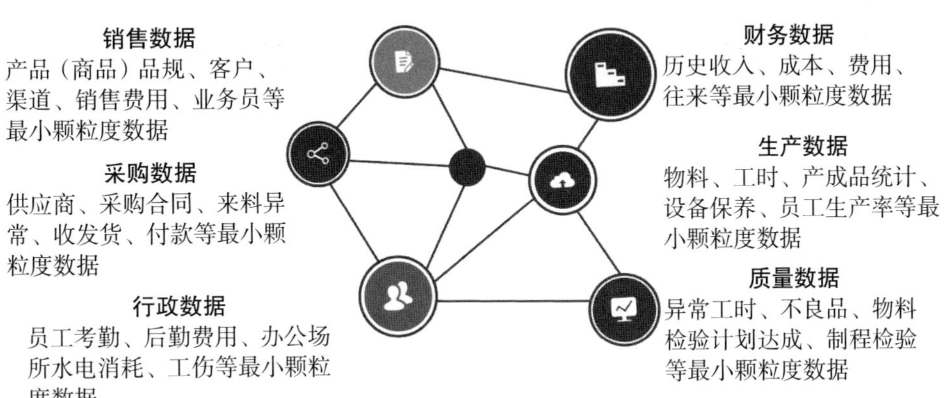

图 6-12　数据信息资源条件分析模型示意图

6.4.3 提炼预算期环境目标指标体系

当企业对内外环境进行了充分和翔实的预测分析后，就要根据这些分析成果提炼出预算期重要的环境目标指标，这些指标将对企业预算期的经营管理目标产生直接或重大的影响。因此，企业要对每个指标预测判断出其在预算期的变化区间，这个区间就是环境目标指标的标准范围，逻辑上只要未来实际环境情况落在相关的标准范围内，企业的预算目标就不应该调整，如果实际情况超出了预测标准范围，企业就应当根据影响程度的权重进行适当的目标调整。

具体的指标提炼和标准制定的内容参照本书第 5.2 节的内容。

6.4.4 制定企业目标

企业的预算目标应当自上而下地层层制定，首先应当确定的目标是企业整体要达到的企业目标。企业目标是企业所有人员在预算期的共同目标，具有极强的引领作用，如果企业目标设定得不合理会对企业造成严重的不良后果。因此，企业在制定企业目标时应遵循以下几个基本原则。

1. 谨慎原则

企业年度目标设定的过程也是企业年度经营计划制订的过程，这个目标将直接影响企业所有业务单元、职能部门的工作行为，同时也是所有员工努力的绩效方向，所以一定要深思熟虑、谨慎确定，不能拍脑袋盲目确定，更不能不负责任地吹牛。

2. 务实原则

企业目标不是管理者个人的理想，而是需要组织上下共同努力完成的任务，即目标是要实实在在落地实施的。不切实际的口号式目标会严重打击团队的信心，也会造成员工对目标的抵触和不负责任的态度。因此，企业目标的确定必须遵循务实原则，在充分考虑内外环境的前提下判断目标的可实现性、可操作性。

3. 进取原则

当然，目标更应该具有挑战性，躺平式的低水平目标会将企业带向平庸，失去行业竞争力，更会让企业的员工安于现状、不思进取，这样的企业会逐步失去生命力，迟早会被市场淘汰。所以，制定企业目标一定要遵循进取原则，设定具有适度挑战性的目标。有些企业为此会设定不同水平的企业目标组合，比如基本目标（最低线）、达成目标（标准线）、冲击目标（理想线）。

4. 可分解原则

因为企业目标的实现需要不同层次的员工共同努力，为了让基层员工的工作与企业目标产生关联，企业在制定总目标时应当考虑目标的可分解性，即企业目标必须能够向下分解落实到更下一层的承接者，直至分解到可执行的最小目标单元（岗位）。

6.4.5　制定企业目标实施总体策略

设定了目标，在开始实施之前一定要策略先行，策略是企业围绕目标应对各种内外环境变化的对策，是企业必须开展的谋略性工作。因为相同的目标不同的策略会引发截然不同的行动计划，没有策略的行动往往是盲目的，且不确定性风险较大。

与年度预算目标相关的策略是复杂而多样的，因为影响目标实现的因素本身就是多样的，策略是针对不同影响因素甚至是因素组合的应对谋划，开展此项工作对管理者的综合性要求极高，某种程度上讲策略规划才是真正的商业博弈的核心内涵。如表 6-2 所示，成熟而高质量的策略规划是预算目标实施的路径说明书，可以引导企业各业务单位、职能部门管理者按照策略方向开展业务和管理计划工作。

表 6-2　年度经营目标策略规划内容统计表

序号	策略	策略内容
1	产品策略	新产品是否上市 上市时间与上市区域 销量预计 老产品是否下线及下线时间
2	渠道策略	新渠道、新店铺拓展计划 新渠道、新店铺销售目标 关店计划 渠道重组计划

（续）

序号	策略	策略内容
3	价格策略	价格调整策略 价格调整规则
4	促销策略	预算期促销策略（力度变化、内容变化） 特殊促销规划
5	人员策略	组织结构调整策略 人员调整计划
6	推广策略	市场推广策略 市场推广费用计划
7	生产策略	产能调整计划 硬件与工艺调整计划
8	财务策略	财务政策调整计划 资金使用策略

6.4.6 验证目标

全面预算年度目标的设定一般是在对企业层面的内外环境预测分析后再自上而下地制定，虽然这样的目标设定具有较强的宏观性和战略性，但在可实现性上可能缺乏充足的依据。为使预算目标更能落地实施，企业应当自下而上地对预算目标进行必要的验证，这个环节的工作是预算工作的必要步骤，不能省去。

保证目标验证质量一般需要以下几项必要的工作。

1. 目标策略的宣导

目标验证的前提是下属业务单位和职能部门的管理者对企业的目标及策略有所了解并理解，目标策略的宣导环节不仅仅要告知大家目标是什么，更需要就为什么设定这样的目标，目标实施的基本策略是什么等逻辑背景向大家详细深入地宣导，只有确定下级单位和部门的管理者确实了解和理解了企业目标及策略意图后，才能要求大家根据企业目标进行更加详细的目标分解。

2. 目标分解细化

下级单位与部门了解了企业预算目标后，应根据自己分管的工作范围结合自己对企业目标实施策略的理解，制定本部门或单位的预算目标。如有可能这些目标最好能够继续分解到每个月，至少要把上半年或第一季度每个月的目标进行分解确定。同时要与企业目标设定结构逻辑一样，制定“目标+策略”的目标系统。

这一步骤的分解要层层下沉，尽可能下沉分解到岗位。

3. 上级管理层审阅，上下拉通达成目标共识

每个下级岗位在目标分解完成后，都要将自己的目标向上级管理者提报，并向上级陈述自己目标设定的逻辑及其合理性。如果上级对下级的目标认可了便可以进入下一个步骤，如果不能达成共识就需要继续细化调整，直至上下级对目标形成一致意见。

4. 目标整体汇总

当下属单位和职能部门的目标下沉分解与共识完成后，企业预算牵头部门就可以对目标进行分类汇总整合。

5. 对比验证

目标汇总完成后，预算牵头部门还需要将自下而上汇总而成的目标与自上而下制定的企业目标进行对比分析，找到差异点，并与责任单位或部门的负责人进行面对面的沟通，了解他们制定目标的思路、依据，确认是否存在数据错误。

6. 目标修正

对比验证后，预算牵头部门根据目标面谈沟通的结果决定是否修订企业目标，或者继续要求下属单位或部门修改完善自己的目标。当然，也可以双方都保留意见，继续进行面对面的沟通，经过几轮的沟通后最终达成目标共识，确定修改方案。

6.4.7　沟通目标

在预算目标制定和层层发布的过程中，上下级间、跨部门的目标沟通是非常重要且不可或缺的环节，沟通质量甚至直接决定了预算目标的执行效果。

目标沟通的意义在于：

（1）沟通目标的合理性，上下左右达成对目标的一致认可，即达成目标共识。

（2）达成共识的目标，则是未来工作的重点和方向，不但上下目标要保持一致，实现目标的策略方法也必须保持协同和方向的一致性。

（3）沟通目标的过程本身也是运营管理责任转移下沉的过程，将企业的责任层层分解到每一个部门和岗位，并通过目标追踪考核提高所有员工对目标的敬畏与责任心。

6.5 目标设定的原则与方法

大部分企业都会经历设定目标的管理过程，但目标设定的质量差异却非常大，高质量的目标设定一定是建立在遵循优质目标设定原则的基础上的。

6.5.1 目标设定的原则

1. 具体化

高质量的目标一定是具体且清晰明确的，具体化原则就是要用可识别可衡量的数字或语言清楚明了地说明要达成的结果和行为标准。具体化的表现形式可以是条列式、表格式等。有些企业喜欢用一些笼统泛式的语言描述目标，比如增强服务意识、提高管理水平这样的语言，这些语言描述的结果可以用多种方式达成，而方式选择不恰当会直接影响目标结果。所以，从管理学的角度，一直以来大家对目标设定的原则共识都是SMART原则，其实就是具体化原则的要求。上面所说的增强服务意识的目标意图，可以替换成24小时需求反馈、100%使用规范服务用语这样的目标描述方式。

现实中很多企业不是没有目标，而是目标设定得模糊不清或模棱两可，或没有将目标有效地传达到相关的团队成员，致使团队成员对目标理解不一或理解偏差，甚至根本就不清楚目标是什么。所以，目标设定具体化原则的要求是：目标设置要有内容、有衡量标准、有具体实施措施、有明确的时限要求、有必要的资源需求等。只有这样制定出来的目标才能让目标管理者和绩效管理者清晰地识别目标达成的逻辑关系，有效地进行目标的过程监督。

2. 数据化

SMART 原则中有一条可衡量的原则，在实际场景中最容易衡量的方式是数据，所以在预算目标设定中建议能数据化的目标一定要数据化。所谓数据化，就是将目标的表现形式转化为数字、金额或百分比等。哪怕是事务性工作也应当尽可能提炼出数据化的目标，比如档案管理岗位的用印业务 100% 记录与审批。

实践中数据化的具体要求是：

（1）目标的衡量遵循“数量化衡量”的标准，使目标的执行者和考核者能有一个统一的、标准的、清晰的可度量的尺度，杜绝在目标设置中使用形容词或者其他概念模糊、无法衡量的描述，比如有效的、完美的这样的词语。

（2）目标的可衡量性可以从数量、质量、成本、时间、满意度等方面进行设定。如果不能直接找到这些维度的量化指标，可以考虑将目标进一步细化，直至细化到可以提炼量化指标为止。

（3）实在提炼不出量化指标的，可以把拟开展的工作进行流程化分解，通过设定流程环节目标，对环节目标进行量化，即将目标分解成几个实施步骤，对每个步骤提炼量化目标。

3. 时程化

目标的时程化就是用时间来衡量目标的完成时限，特别适合职能部门的工作目标、项目类工作，具体时间可以用天、月，甚至是时点来加以描述。有了明确的时间限制，就可以对目标进行相关的监督和衡量。

6.5.2 目标设定的方法

目标设定的方法多样，比如在 6.3 节中介绍过的平衡计分卡模型的使用就是很多企业常用的目标设定方法。放到具体的企业身上到底采用什么模型什么方法设定目标需要根据企业的实际情况进行选择，不能生搬硬套其他企业的方法。

比如规模较小处于创业初期的小微企业，则没必要采用过于复杂的模型制定目标，这类企业可以聚焦在几个与自身发展切实相关的重点目标上，不需要什么复杂的建模过程，盯住核心的几个经营目标就能满足这类企业的运营需要，比如围绕营收或营收增量目标。

而对于进入高速成长期且规模较大的企业，简单的几个经济目标是无法满足企业的体系化运营管理要求的。因为这时的企业随着规模的增加，业务和管理场景错综复杂，企业在制定预算目标时要将经济目标、运营目标和管理目标相结合，针对不同的业务单位和职能部门提出不同的经营管理要求。而且这类企业的目标设定一般都要进行建模，从模型出发进行目标提炼，至于使用什么样的模型则需要与企业所处行业特性、企业经营管理特点相结合，不一定非要使用或单一使用平衡计分卡模型，企业完全可以根据自己的实际情况设计适宜的模型。

6.6 部门或单位目标制定流程与核心目标内容

本章前面几节都是从企业层面进行的整体年度预算目标的确定，这是预算工作的开端，而预算目标的落地实施要从业务单位和职能部门承接企业目标开始。承接的方式是对企业目标的分解，而分解前首先要做的事情是将企业预算目标向各业务单位和职能部门进行宣导，使这些单位和部门的管理者对企业总目标有充分的认识和理解。只有在这一工作做得扎实深入的前提下，各业务单位和职能部门才能高质量地定出本单位、本部门的合理、有效、可实现的部门目标，这些目标与企业总目标之间存在有效的关联关系，逻辑上讲只要部门或单位目标实现就能保障企业总目标的顺利达成。

6.6.1 目标制定与目标实现的过程差异

如图 6-13 所示，我们都有这样一种经验，要想实现一个目标，在实施过程中将这个目标分解成更小的目标（也叫阶段性目标），先从当下要做的小目标开始，按照由小到大、由现在到未来的过程进行推进，这样的实施过程更利于目标的实现。但是，如果要制定目标，其过程正好与实施目标的过程相反，即要从未来的远期目标到现在的近期目标、由大目标到小目标层层分解，这样制定目标的过程才具有实现远大目标的层层推进的关联关系，才能起到小目标对大目标的促进作用。

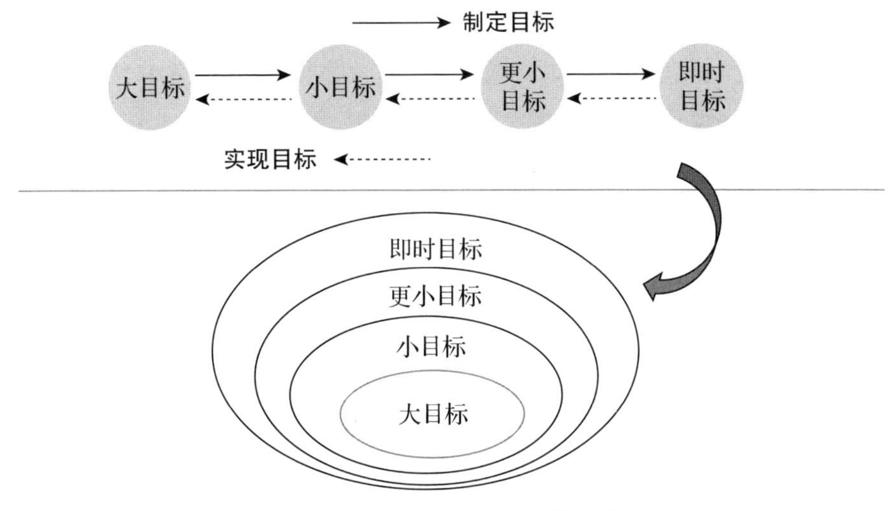

图 6-13　目标制定与实现过程示意图

6.6.2　部门或单位年度预算目标的制定程序

图 6-14 为部门目标制定步骤的示意图，接下来将对图中所述的三个步骤进行展开介绍。

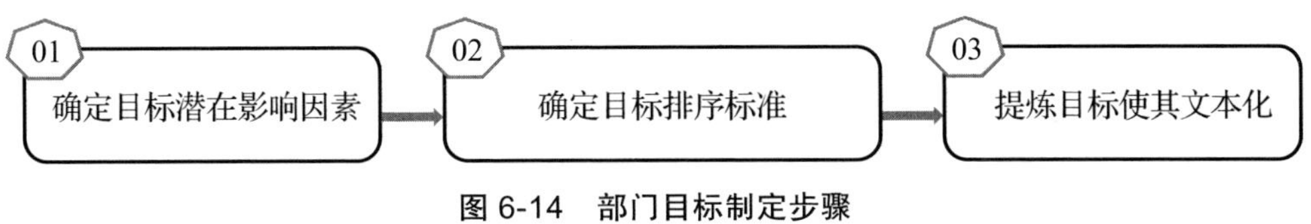

图 6-14　部门目标制定步骤

1. 确定目标潜在影响因素

（1）了解企业的战略目标及年度总目标。

（2）对分管范围的业务和工作进行梳理，识别具有高价值的目标影响因素。

（3）对内部资源及跨部门协同需求进行分析。

（4）带动团队重要成员参与目标制定的过程，听取团队成员的意见。

2. 确定目标排序标准

（1）围绕企业总目标实现这一核心，确定各个目标主次轻重的区分标准。

（2）按照排序标准对目标清单进行主次排序，最好能采用分类排序方法先进行分类，如使用 ABC 分类法，A 级属于重要且价值很高的目标，B 级具有中等价值或次要价值，C 级价值较小且重要性不高。再对每一类别进行排序。

（3）A 级排序较前的目标要进行单独审核研讨，C 级排序较后的目标要讨论是否暂时搁置或放弃，不要占用太多的资源和关注力。

3. 提炼目标使其文本化

排序后的目标要按照 SMART 原则进行文本化提炼，且对所有的量化目标列明公式，并进行说明，界定数据来源。非公式类的量化指标也要说明衡量方式和标准。

6.6.3 部门或单位目标设定要求

1. 目标应与执行岗位人员的工作密切相关

部门或单位目标的设定一定要能够与实施岗位的工作相关联，即以岗位上的人作为目标载体，部门目标的设定对象是部门负责人，部门目标要下沉到岗位，以岗位人员作为目标设定对象。这样设定的目标会与岗位人员产生密切关联，目标的实现与个人的责任和绩效成果密切相关。

2. 目标种类不宜过多

目标种类过多会分散资源和力量，也容易削弱对重点目标的关注度和投入度，所以，一般情况下部门或单位目标最好控制在 5 个左右，而且要对确定的目标进行权重划分及排序。

3. 所有目标都要与上级目标有关联

不管部门或单位目标确定的因素是什么，有一个基本的要求是：必须与企业总体目标的方向一致，这是刚性要求。因为不管下层目标多么完善或对部门利益影响多么巨大，只要与企业总目标方向相悖，就有可能出现下层目标达成越好对企业总目标的反作用越大的情况。

比如企业总目标提出营收总目标必须建立在新产品销售额占比高于 40% 的基

础上，而某个销售部门为了追求业绩总额，将新产品销售额压制在 10% 以下，这样即便该销售部门达成甚至超额完成了业务目标，也会因为新产品销售额占比目标未达成而造成企业营销策略的失败。

4. 需要关注跨部门协同性目标的设定

业务单位与职能部门的目标都是要求与企业总目标保持方向一致，同时按照总目标相关性进行分解确定。这种目标设定是单一的纵向关联逻辑，目的是保持不同层级目标之间的联通。但业务单位和职能部门之间的横向拉通也非常重要，因为企业的运营管理存在大量的跨部门协同要求，同级部门之间不能横向联系与协同配合，一定会对企业总目标的实现产生负面影响。企业各部门之间的工作牵一发而动全身，一个部门的目标达成可能需要其他几个部门的配合与支持，在全面预算实践中，各部门或单位确定目标时也一定要把跨部门的协同需求纳入目标设定的考虑范围内。

5. 部门之间的目标要保持一定的平衡性

在各部门或单位预算目标横向拉通的过程中，还要注意部门之间目标的平衡性问题，即牵扯到跨部门协同的目标设定不要单向的过高或过低，避免使跨部门的配合产生协同困难。部门间目标能够相互补充资源和弥补不足是最利于整体目标达成的策略，成效也更高。

6. 目标设定要具体化、数据化、时程化

业务单位与职能部门的目标设定也要遵循具体化、数据化、时程化的原则要求，具体要求内容在本书 6.5.1 中有详细的介绍，此处就不再赘述了。

6.7 个人目标制定流程与核心目标内容

企业预算目标的达成效果往往和目标的下沉深度有关，下沉越深对目标达成的推动作用越好。从全面预算的要求讲，预算目标应下沉至基层岗位，形成不同层级的个人目标体系。

6.7.1　个人目标设定的准备工作

1. 业务单位/职能部门负责人传达企业目标

部门负责人有责任及时将企业总目标和部门目标传达到分管范围的下属，传达方式最好采用可以对话的会议或一对一沟通的方式，部门人员较多的，至少要召集核心岗位进行目标传达的对话。对话的目的是：

（1）不仅要把企业和上级目标传达到岗位人员，还要确定岗位人员确实理解和明白了相关目标。

（2）听取下级岗位人员对企业和部门目标的意见，了解下级对企业和上级目标的态度。

2. 部门负责人协助下属岗位人员设定个人目标

在下属设定目标的时候，部门负责人应当协助和指导，既不能简单粗暴地命令下属，也不能不管不问任由下属随便定。事实上，岗位人员设定预算目标是一件非常严肃而重要的工作，部门负责人应当秉持慎重、严谨的态度积极参与其中。其间不但要给下属一定的指导，还有责任让下属明白目标设定的重要性，更要让下属意识到目标的实现需要他们自愿、自发、主动地去实施并配合。

在上下级进行岗位目标设定的过程中应当注意以下几个问题：

（1）不仅仅要传达上级目标，同时还需要和下级一起就上个预算期目标的达成情况、未完成原因、未来可能遇到的困难和问题等方面进行交流和沟通，共同分析岗位人员的能力和资源支持需求。

（2）上下级共同就岗位人员的预算期目标进行分析、沟通、商讨。

（3）共同讨论本部门或单位存在的问题、部门职责与目标任务，如何将这些问题、责任和任务与岗位目标结合起来。

（4）讨论确定目标达成的标准范围，包括基本标准、挑战性标准的确定。

（5）上下级共同讨论达成目标的策略、方法和实施路径，同时将企业策略、部门策略向岗位人员传达，保证岗位目标的实施与企业和部门策略方向一致。

3. 部门负责人调整工作分配

在现实场景中，岗位和人员的关系是复杂多样的，一个岗位可能配置多人，或一个人承担多个岗位职责。因此，当岗位目标确定后就需要部门负责人将目标转化成实际工作，将工作安排到具体的人身上。这个过程既包括工作内容的分配，也包括工作量的分配，具体分配时要注意分配的合理性，既要考虑下属的工作满足感也要考虑工作量的负荷极限问题。

6.7.2　设定岗位个人目标的方法

图 6-15 为个人预算目标设定的示意模型，接下来将对六项模型内容进行介绍。

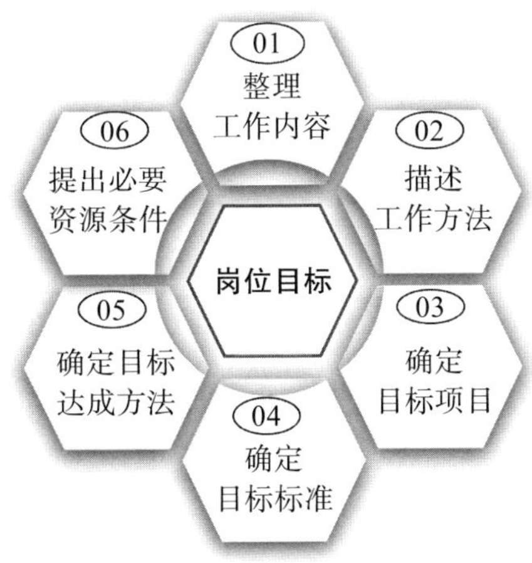

图 6-15　个人预算目标设定模型

1. 整理工作内容

即便没有预算目标，每个岗位也有其基本的工作任务，这些工作任务通常是日常事务性的固定工作内容。比如财务部门会计岗位的核算工作，出纳的现金收支工作。这些工作内容会占用岗位人员的时间、消耗企业资源，这些工作也将成为岗位人员达成目标过程中所有工作的组成部分。

2. 描述工作方法

同样的工作，不同的人去做，会选择不同的工作方法。不同的工作方法消耗的资源与时间也不相同。每个岗位人员应当明确描述自己完成岗位工作任务所采用的方法，不仅仅是简单的陈述，还要对方法进行复盘，思考是否有可能优化调整方法以提高工作效率和工作质量。

3. 确定目标项目

将本岗位职责范围内的基本工作与企业目标和部门目标要求相结合，分析判断基本工作目标与部门目标达成过程中可能遇到的问题，针对这些问题提炼出本岗位的目标项目。提炼时要注意对目标项目进行重要性排序，并标示出每个目标项目的重要程度。

4. 确定目标标准

这个环节实际上是在回答要把每个目标项目完成到什么程度才算是可接受的成果，才能对实现岗位目标起到积极的推动作用。要回答这个问题，需要思考：

（1）我自己期望的成果和上级期望的成果是否存在差异，差异有多大？

（2）在什么时间段内达成什么样的结果就算达成目标？

上述确定的任务结果状态就是目标的实现标准，为了达到结果标准，要充分考虑采用什么样的方法会对目标的达成产生更有价值的作用。

5. 确定目标达成方法

目标达成的方法同样多种多样，选择什么方法才是合适的？这是摆在岗位人员面前的难题。建议大家从评价不同方法对目标达成的有效程度的角度进行判断选择。

（1）具体方法对成果的贡献大小。

（2）具体方法是否容易实施。

（3）具体方法由谁实施，是否在实施人的能力范围内。

6. 提出必要资源条件

任何目标的实施都需要必要的资源条件的支持，这些条件主要包括以下两个方面。

（1）授权大小是否能够满足目标实施方法的执行。

（2）需要跨部门或者企业层面给予的必要支持有哪些，包括决策支持、财务支持、人力支持、技术支持、信息支持、服务支持、物资支持等。

当我们把日常事务性工作任务和目标任务梳理清楚后，就需要将两者进行整合，评估预测各个岗位人员是否能够完成整合后的这些任务目标。最后再次进行梳理分析，即回答以下几个问题。

- 这些目标是否符合企业总体方针和部门要求？
- 每个目标成果是否都明确地表达出来了？
- 目标实施中可能遇到的障碍是否已经识别、疏通、协调？
- 用来了解和衡量目标进展情况的指标是否简洁明确？
- 是否对跨部门协同需求提出了明确的要求，并传递到相关部门？
- 目标的设定是否兼顾了长短期需求，是否对长期性和根本性目标有足够的重视？
- 本岗位的目标是否与其他部门或其他岗位产生了冲突或矛盾？

6.7.3　个人目标的审核批准

上级部门负责人应对下级岗位的个人目标进行审核，如发现目标设定有不当之处，就应当与下属共同研究并进行适当的修正。个人目标审核的重点内容如图 6-16 所示。

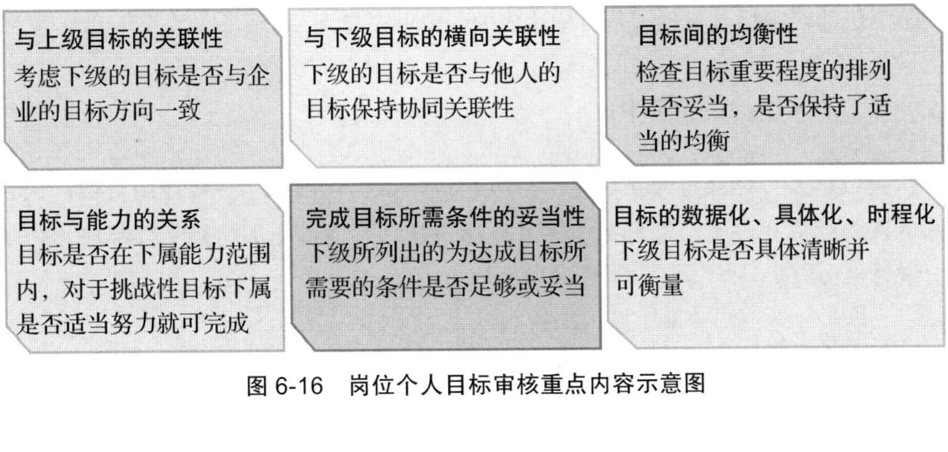

图 6-16　岗位个人目标审核重点内容示意图

6.7.4　个人目标的修正与调整

下级提交了岗位目标方案后，部门负责人通过审核若发现有不当的就必须令其进行修正与调整。切忌使用简单粗暴的命令式的方式，强行要求下级修正与调整，好的实践是上下级通过对话沟通、共同讨论的方式开展该项工作。

1. 上级高效聆听下级的解释

要保证岗位个人的目标能够切实落地执行，上级负责人一定要与下级岗位人员进行深度的目标沟通，尤其对下级为什么要设定这些目标、这些目标的排序理由是什么、目标实施的方法选择依据是什么等内容仔细倾听，分析下级的目标设定逻辑是否成立、是否合理。

2. 塑造良好的沟通氛围

当上级质疑下级的目标并提出修正要求时，下级或多或少都会产生挫败感。所以，为了让下级对修正意见理性分析、心态平和地理解和接受，上级应当塑造一个良好、安静、和谐的沟通氛围，促进目标修正的沟通顺利进行。

3. 共同讨论确定修正方案

在制订修正方案时，上下级应当共同参与其中。虽然目标修正的决定权在上级，但目标的实际执行是具体的岗位人员，尊重下级的自主权是减少下级达成意愿衰减的重要基础。注意，修正后的目标一定要做到上下级拉通并达成共识，尤其是下级的明确接受与理解是目标达成的保障和基础。

6.7.5 个人目标的文本化

岗位个人目标经过修正确定后，应当进行文本化确认，一般使用目标卡或目标责任状的形式。无论是目标卡还是目标责任状，文本化的目标文件都应当包括以下基本内容。

1. 目标名称

目标名称也叫目标项目，能够一目了然地明确目标的核心内容，比如完成×××项目、实现××销售收入等。目标项目为多个时，应当按照重要性程度进行排序，最上面的目标项目应是最重要的。

2. 目标完成标准

对每个目标达成的成果进行界定，界定的要求是必须可衡量，哪怕是事务性的工作也要能够衡量，比如 3 个月内完成 ERP 系统的升级，3 个月就是标准。明确清晰、可衡量的标准是目标考核的主要依据。

3. 目标实施进程

有些一年当中需要持续完成的目标应当进行月度分解，每个时间节点应当有阶段性的分解目标标准。项目类目标要设定不同时间节点的项目输出成果标准。

4. 目标实施所需的资源条件

明确列示每个目标或某些目标达成所需的资源条件，包括人力、物力、财力等方面的资源。

5. 目标检查

有些企业在做目标卡时会留有监督检查的栏目，一般是自我检查，便于目标执行者对每个目标的进度和达成情况进行跟踪复盘。

注意：文本化的目标文件最好使用条列式、具体化和数量化，不要使用形容词，尽可能简明扼要。

Chapter7

第 7 章

全面覆盖的经营计划体系

经营计划是年度业务预算的核心内容，也是年度财务预算的依据和来源。很多企业在做年度预算时往往会跨过经营计划环节，直接从财务历史数据开始做预算。这样做出来的预算根本不能称为全面预算，完全不符合全面预算的基本逻辑。本质上讲，经营计划环节连接年度目标与战略目标，且该环节工作也是体系性工作，需要所有业务单位和职能部门的管理者投入参与其中，做到上下对齐、左右拉通。

7.1 经营计划的概念与特点

什么是经营计划？怎么做年度经营计划？看似并不复杂的问题，但对很多企业来说却是真真切切的困难，很多管理者甚至存在相关的知识盲点。我们见过不少经营良好、业绩不错的企业从来没做过体系性的经营计划，正因为如此它们对经营计划的价值和作用也就没有什么感觉，认为做不做经营计划都没什么大不了的，企业业务还是正常开展。但随着竞争加剧、环境变化加快或发展速度过快，企业内耗和管理混乱、滞后问题频发。在预算层面，行为和目标脱节、预算目标达成情况越来越不理想、经营管理者无视预算约束各行其是的情况屡见不鲜，企业高层越来越觉得管理与掌控企业存在难度，迫切希望通过真正的经营预算对未来预算期的经营和管理工作施加有效的影响。

7.1.1　经营计划的概念

经营计划是企业为适应未来预算期环境变化，确保经营方针和经营目标顺利实现而制订的经营策略、路径方法、实施计划等成体系的目标实施方案。

它与企业日常做的周工作计划或月工作计划不同，日常工作计划侧重于工作计划本身的实施结果、时效情况，而经营计划无论是从内容还是编写要求上看都比日常工作计划复杂得多，经营计划是一种具有战略导向的总体性、全面性、完整性的规划。

企业经营计划按时间可分为长期经营计划、中期经营计划和短期经营计划三种；按计划内容可分为供应、销售、生产、财务、人力资源、产品开发、技术改造和设备投资等计划。全面预算所要求的经营计划属于短期的年度经营计划，但与长期和中期经营计划存在紧密的关联关系，本质上讲年度经营计划就来自长期和中期经营计划的分解。

7.1.2　经营计划的特点

1. 决策性

经营计划是围绕经营目标的实现，制定出的相应的经营方针、策略、方法和行动计划的集合，这些内容的确定本身就是决策的过程。一旦确定了这些内容，它们对企业所有的业务、人员都会产生直接的引导、指挥作用。

2. 外向性

经营计划的制订需要充分考虑外部环境的影响因素，包括外部经济、市场、技术、社会、竞争对手、用户等多方面的因素。因此，企业在制订经营计划时，必须先行开展外部环境分析。只有对外部环境有了充分的预测和判断，才能通过经营计划对这些外部环境因素进行适应性安排，实现企业内部经营管理与外部环境的动态平衡，在达成企业经营目标、获得经济效益的同时，也取得良好的社会效益。

3. 综合性

经营计划涵盖的内容非常多，基本覆盖了企业所有的业务和管理，包括研产供销、人力、财务、行政、IT、质量等各业务环节和管理部门。经营计划内容的多样性要求决定其必然具备综合性的特点。

4. 激励性

经营计划是围绕经营目标而做的经营安排，当企业按照经营计划的引导达成了经营目标，全面预算体系的绩效评价环节就会发挥作用，从而启动企业对目标达成和经营计划实施一致性的考评和奖惩机制。在全面预算管理闭环体系的共同作用下，经营计划的激励性作用得以释放。

7.2 经营计划与预算的区别与联系

首先，经营计划与预算存在相互依存、彼此推动的关系，经营计划是预算的重要组成部分，预算是经营计划实施的系统工具。其次，它们之间也存在一定的区别与联系。

7.2.1 经营计划与预算的区别

1. 内容差异

经营计划的内容侧重于战略规划在预算期内的行动方案，包括策略、方法路径和工作计划，具有综合性和逻辑完整性的特点。

而预算的内容则侧重于将经营计划的相关内容转化成数量化的业务预算和货币化的财务预算，是经营计划的数量化与货币化过程。

2. 目的差异

经营计划的目的是对经营目标的实现进行规划，预算的目的是将实施规划细化成资源、行为和结果的数量关系。即经营计划具有相对宏观的方向和策略引导性，而预算更加细致且更具有执行刚性。

7.2.2　经营计划与预算的联系

1. 时间先后的关系

从时间先后顺序上讲，经营计划一定要先于预算，因为预算就是将经营计划数量化、货币化的过程。如果这个顺序颠倒了，那就意味着先有结论再有行为，这是不符合逻辑的悖论。

2. 平衡关系

虽然从顺序上要先做经营计划再做预算，但从某种程度上讲，预算也可以对经营计划进行修正。因为预算是经营计划的财务结果，如果结果不能得到经营者的认同，那就意味着经营计划存在问题，企业需要重新对经营计划进行修正，然后再通过将其数量化和货币化得出新的结论，如此往复直到企业决策层接受认可，这实际上是经营计划与预算的平衡过程。

3. 和谐共生关系

经营计划与预算是对同一事物的两种描述方式，它们都是对年度经营活动的表述，只不过经营计划是对目标、谋略、方法、计划的逻辑过程进行文字语言阐述。而预算是用数字语言和会计语言将经营计划进一步细化、严谨化。两者之间是和谐共生的关系。

4. 配合关系

没有预算结论的年度经营计划就是一个没有结局的故事，一个没有结果呈现的半成品。而失去了经营计划的预算更像是失去了灵魂的空壳，没有核心价值，也不会对经营产生引导的作用。因此，经营计划与预算缺一不可，两者相辅相成、互为支撑，才能形成一个完整全面的规划方案。

7.2.3　全面预算下的年度经营计划与预算、绩效之间的闭环关系

如图 7-1 所示，经营计划、预算与绩效之间存在相互关联的闭环关系。

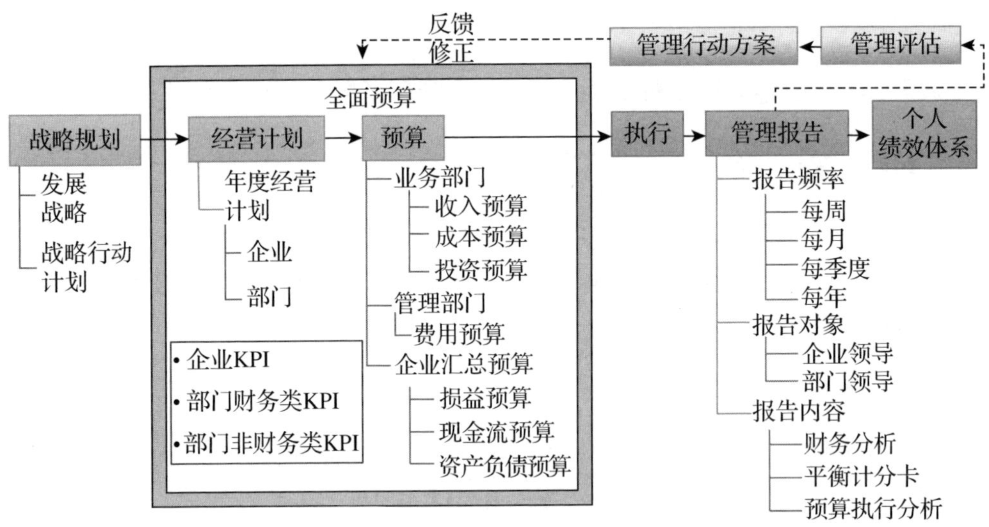

图 7-1　经营计划、预算与绩效之间的闭环关系

（1）全面预算体系中的经营计划必须承接战略规划，即年度经营计划中的企业总目标与企业战略目标存在必然的逻辑关系。一般在战略规划与经营计划之间，企业通过制订战略行动计划将战略规划分解成几个阶段性步骤，年度经营计划必然在其中的某个阶段中。

（2）根据战略规划，企业及各业务单位和职能部门编制各自的年度经营计划，它们之间存在承上启下的关系。经营计划中包括自上而下的战略、方针和策略要求，也包括自下而上的资源要求以及横向跨部门的资源与协同要求。

（3）根据年度经营计划，各业务单位编制经营性业务预算，包括收入、成本等；管理和支持等职能部门编制费用预算。预算牵头部门将各业务单位和职能部门的业务预算转化生成财务预算，并提炼出关键预算绩效指标。财务部门在汇总各业务单位和职能部门预算后，形成企业整体的损益预算、现金流预算和资产负债预算。

（4）本着谁做预算谁执行的原则，各级业务单位和职能部门的管理层对预算执行进行定期监控、分析，并向企业提报预算执行管理报告。该报告既包括预算执行的财务结果，还包括执行结果差异的经营分析。

（5）预算执行管理评估与管理行动方案。在经营计划执行的过程中，执行行为出现偏差或实际环境变化超出预算假定，就需要对实际经营管理行为进行适当的调整，或者直接对经营计划进行调整。企业根据预算执行管理报告中发现的执行问题，进行问题类型的分析判断，属于执行偏差的就要调整执行行为，属于环境变化的则要考虑是否需要对经营计划进行调整。如有必要还需要同时调整相关的绩效指标，使绩效指标与经营计划的执行行为内容始终保持一致。

实际上，企业的年度经营计划、预算和绩效不但是一个密不可分的有机整体，而且三者之间存在严谨的闭环关系。只要三者高效互动，企业实现经营目标的可能性就会增大。在这个过程中，预算起到了承上启下的作用。一方面，全面预算是企业战略规划的细化及量化体现；另一方面，全面预算是制定企业及各部门关键绩效指标的主要依据，是企业绩效管理的基础和依据。通过提高经营计划与预算的效率，并建立相应的绩效管理制度，企业就能更好地实现战略规划的要求，进而提升企业的核心竞争力。

7.2.4　导入经营计划与全面预算的好处

1. 达成全面的目标共识

通过预算目标的上下对齐、左右拉通，再通过经营计划进行目标达成的谋划与计划，再依据经营计划进行业务预算和财务预算的数量化和货币化，企业能够对预算目标达成全面、深度的共识。

2. 为经营行为提供明确的方向指引

导入经营计划与全面预算后，企业不同层次的业务单位和职能部门就能在一个目标的引领下开展行动，这为企业运营管理的整体协同提供了可能，也指明了一致的方向。只要大家的工作方向是一致的，部门间的冲突和扯皮就会大大减少，协同能力也会增强，企业实现预算目标的可能性就会增大。

3. 为绩效管理提供依据

我们经常会听到一些企业受预算执行不到位的困扰，其实大家也能意识到这种执行问题的发生在很大程度上，是因为对预算目标的绩效考核没有充分下沉，致使预算目标只停留在中高管甚至是几个高管的意识层面，其他部门和岗位的人员对预算目标感觉不强烈甚至无感。因为他们的考核与预算目标的关联性不大，这也是企业绩效考核目标设计上的断层缺陷。导入经营计划与全面预算后，企业各个层次的绩效指标都是从充分下沉后的预算目标中提炼的，就能保证绩效考核指标的来源即预算目标和年度经营计划，这样便可以解决上述企业的管理困扰了。

4. 为管理授权提供管理规则

现实中有很多企业的管理者不是不想授权，而是不敢授权，因为他们不知道用什么方法能够对授权后的实际情况及时准确地了解和控制，说白了就是怕授权后失控。而全面预算恰恰能解决授权控制问题。当企业各个层次的目标、策略、方法、计划都明确拉通后，这些既定的目标和计划所设定的预算数据就成了实际的执行标准，也可以说成了授权管理的“游戏规则”。只要是预算范围内的业务便可以授权执行层的管理者直接审批，不用什么业务都要经过一把手的批准。实际上，当企业发展到一定规模，如果在审批流程上不进行授权下放，这个企业最大的效率瓶颈就会是企业顶层掌握最大审批权的领导者。

7.3 年度经营计划与全面预算的开展方式

在全面预算体系中存在两个紧密关联的子体系，即预算目标体系和年度经营计划体系。在这里，我们给大家推荐唐政在《企业年度经营计划与全面预算管理》一书中提到的一种U型循环模式，这种模式能够将这两个子体系进行很好的连接，而且可以层层展开，实现不同层次的目标和计划的连接运转。

7.3.1 U型循环的基本模型

如图7-2所示，该基本模型说明全面预算体系中的年度目标体系存在一个自上而下的过程，年度经营计划体系存在一个自下而上的过程。而它们每个层次之间又存在一个相互关联的逻辑，即每个层次的目标都要形成一个该层次的经营计划，作为该层目标落地实施的谋划与计划。正因为存在这种层层关联关系，所以每个层次都有一个小 U 型循环。而且企业整体的财务预算也是从企业级的总目标到总经营计划货币化后推导出来的。

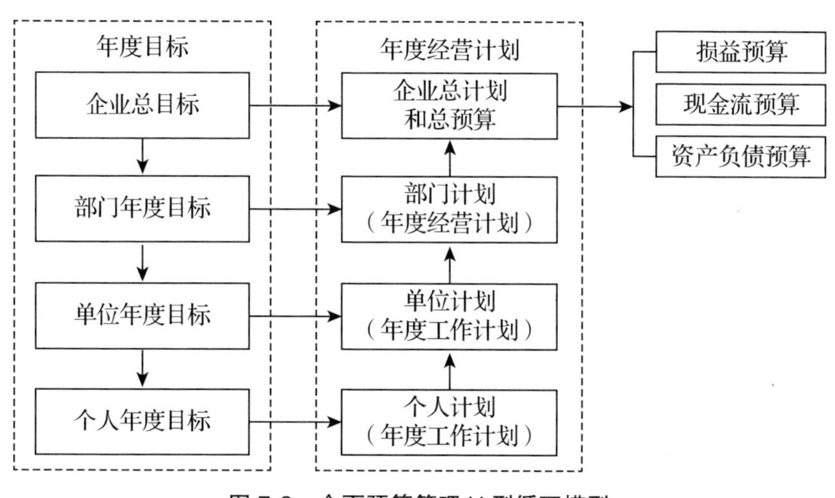

图 7-2　全面预算管理 U 型循环模型

7.3.2　U 型循环的运转方式

图 7-3 为全面预算管理 U 型循环运转方式示意图。

1. 目标自上而下分解需要明确的下达说明

企业的预算总目标确定之后，应当向下层层分解至岗位个人，分解下达过程中必须向下级管理者陈述说明分解的依据和意图。确保下级管理者对上级目标及自身目标准确理解，这个过程要以上下级对话的方式进行，允许下级对上级下达的目标进行质询。

2. 目标确定后在规定的时间开展经营计划的编写

每个层次的管理者确定了本部门本单位甚至是本岗位的目标后，都要在规定的时间内进行年度经营计划的编写，具体的时间期限由每个企业自己规定。注意岗位人员只需要做个人的工作计划，不需要根据个人计划编制预算表。但业务单位和职能部门的管理者还需要根据经营计划填报预算表。

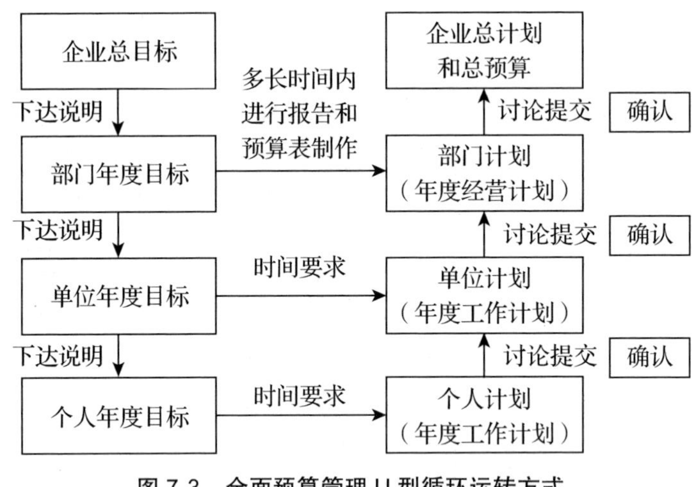

图 7-3　全面预算管理 U 型循环运转方式

3. 经营计划自下而上提报审核需要经过充分讨论

各层次的管理者开展经营计划编制工作时，一定要在本部门和单位对经营计划进行充分的讨论，这样做的目的是让团队成员对目标及目标实施的相关计划达成共识，只有经过拉通实现团队共识的经营计划才能够正式向上提交审核。通过审核的经营计划应当被明确反馈到下级，作为上下级之间经营计划确认的过程。

7.4　企业年度经营计划与部门年度经营计划的关系

由于年度经营计划是根据组织结构层层制订的，因此年度经营计划至少分为企业年度经营计划和部门年度经营计划两种，这里我们把二级业务单位的年度经营计划也归于部门年度经营计划。

如图 7-4 所示，这是两个不同层次的年度经营计划，也是企业编制年度经营计划的基本结构，这两者存在纵横交叉的关系。

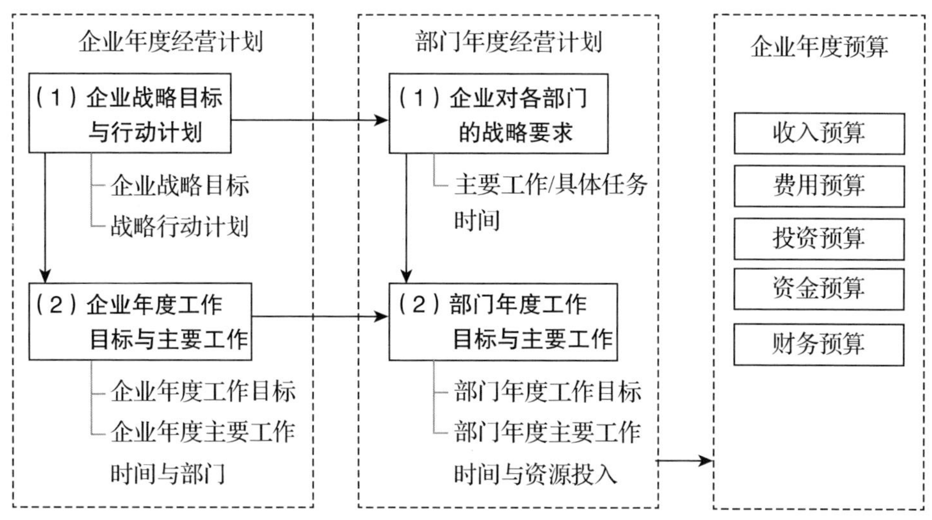

图 7-4　企业与部门年度经营计划的关系图

7.4.1　横向关系

横向关系主要是企业与部门之间的逻辑关系，具体包括以下两点。

1. 从企业战略目标与行动计划到企业对各部门的战略要求

首先，企业层面要从战略目标始发，制订战略行动计划，进行阶段性目标分解。（参考本书 2.2 节的相关内容）

其次，从企业战略行动计划中分解出需要相关部门在预算期完成的工作任务，将战略性工作任务分派到相关部门，作为企业对各部门的战略要求。

2. 从企业年度工作目标与主要工作到部门年度工作目标与主要工作

除了将战略性工作分派到各部门中，每个预算期企业都有企业层面的主要工作，这些工作的实际落地也需要各部门的配合甚至是直接执行，所以企业与部门之间另一个横向关系体现在从预算期的企业年度主要工作向部门分派的过程中。

同时，每个预算期企业会制定企业层面的预算目标，这些目标也需要分解到各部门成为各部门的年度目标。以上横向关系就是一种预算期内的任务与目标的横向分解。

7.4.2 纵向关系

1. 企业层面的战略计划与企业年度工作的连接

从纵向连接的角度看，企业每个预算期的核心工作都应当与企业战略目标紧密相连，连接方式是将企业战略分解成阶段性战略行动计划，再将预算期与对应的战略行动计划阶段进行关联，确定预算期属于战略行动计划的哪个阶段，结合该阶段已经完成的战略行动计划部分，将预算期应当完成的战略行动计划转化成该预算期的年度目标和年度主要工作。

2. 部门层面的战略要求与部门年度工作的连接

同样的道理，企业对部门提出的战略要求也要进行部门层面的纵向连接，即将企业向部门提出的战略要求转化成部门的预算期年度目标和年度主要工作。

同时，为了实现部门目标和完成主要工作任务，部门应该梳理和提出完成任务所需要的资源，将资源需求纳入部门的年度经营计划方案中。

7.5 年度经营计划的制订流程

每个企业都应当设计自己企业年度经营计划的制订流程，虽然不同企业的具体流程规定存在差异，但总体上应当包含以下几个基本环节。

7.5.1 经营计划制订项目启动会

从全面预算的严谨性上讲，每个企业制订年度经营计划前应当举行正式的项目启动会。

1. 启动会召开时间的确定

各个企业年度经营计划的启动会召开时间会有不同，或早或晚取决于企业对年度经营计划的重视程度或年度经营计划的制订难度，还与企业的规模和业务复杂度有关，一般来说，企业规模越大、组织结构越复杂，启动会召开的时间越早，企业制订年度经营计划的经验越少，启动会召开的时间越早，但启动会召开时间最好不要迟于每年的 11 月。

2. 启动会启动的前提条件

启动会召开的前提条件是预算期的企业层年度目标已经讨论确定，可以围绕这些企业目标实施落地方案进行谋划和计划。哪怕经过启动会讨论，发现预算目标难以实现或存在问题，后期企业会调整或修改预算目标，在启动会召开前也要有相应的预算目标作为制订经营计划的前提，启动会召开前的目标主要以经济目标为主。

7.5.2　年度经营分析

经济目标确定后，企业需要对如何实现经济目标进行年度经营分析，并评估和判断最初设定的预算期经济目标是否可行。经济目标的实现主要依赖于企业产品或服务的市场转化能力，为此在开展经营分析的时候企业应当由责任部门去收集市场信息、进行市场研究，为经营计划的制订提供必要的依据。

通常情况下，企业经营分析的主要牵头责任部门是市场部及管理部，其所要开展的经营分析的内容应当涵盖对内外部资源的全面分析。企业年度经营分析包含的主要内容可参见图 7-5 的相关信息。

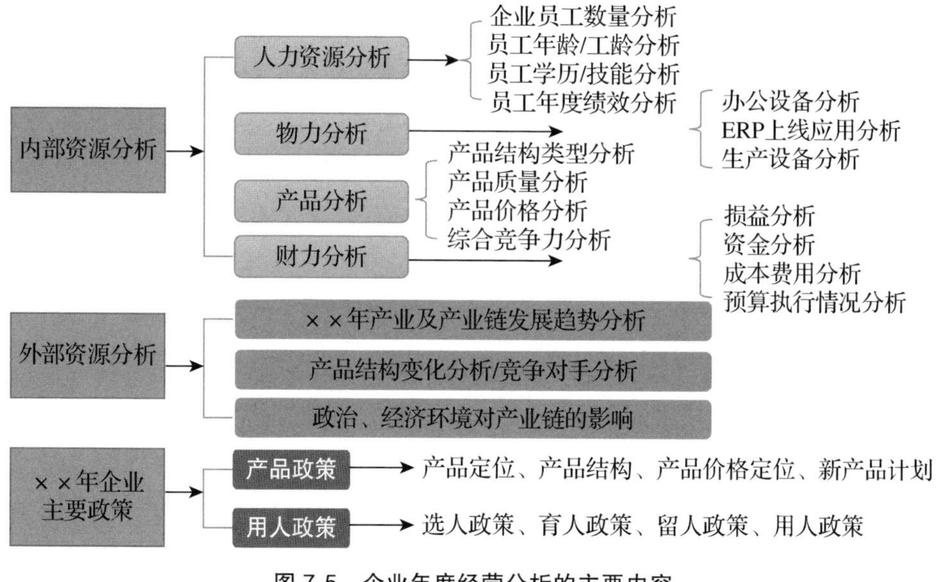

图 7-5　企业年度经营分析的主要内容

7.5.3　设定企业年度经营目标

经营计划是围绕经营目标的实现而开展的谋划与计划工作，因此在进入正式的经营计划制订之前首先要明确经营目标。经营目标不能仅限于几个简单的经济指标，经营目标是根据企业战略规划制定的，既包括业绩目标、利润目标、销量目标、市场占有率目标之类的经济目标，还应包括为实现这些经济目标而必须协同完成的价值链运营目标，包含研发目标、供应目标、制造目标、市场营销目标等。此外，还应包括支持经济目标实现的后台管理目标，包含财务目标、人力目标、质量目标等。

以上所有目标的设定都要遵循合理性的原则，所制定的所有经营目标应当具有以下特点。

1. 与企业战略目标、品牌规划一致

既然全面预算的核心目的是实现企业的战略目标，那么每个预算期所制定的经营目标就必须与战略目标保持方向上的一致性。同时，成熟的企业会依据战略目标的要求设定自己企业的品牌定位，这种品牌定位要求企业必须在每个预算期制定相应的品牌规划，而企业预算期的经营目标也同样要与这些品牌规划保持一致。

2. 与外部市场容量及市场平均增速匹配

每个行业的市场容量和市场平均增速应当是身处这个行业的所有企业设定目标时的第一对标因素，而行业的市场容量和市场平均增速也会因受预算期各种环境因素的影响而发生波动。企业制定预算目标时首先应当对本行业的预算期市场容量和市场平均增速进行预测，同时对企业的预算目标提出基本要求，不说跑赢大盘，至少应该达到大盘的平均水平。如果企业的目标连行业的平均水平都达不到，就说明企业的运营管理能力和行业竞争力不佳，应当引起企业高层足够的重视和警醒。

3. 与企业资源条件匹配

即便目标的设定符合外部行业市场的发展，也有可能因为自身条件限制而无法实现。所以，企业在制定预算目标时还应当客观准确地预测自身的资源条件。当外部环境存在较好的机遇时，若经分析发现自身条件不足，便可以提出企业获取资源争取机会的明确要求。当资源条件限制难以突破时，企业也需要理性务实地将预算目标制定在与资源条件匹配的水平上。

4. 与市场发展机遇匹配

市场机遇稍纵即逝，在制定预算目标时，准确把握市场脉搏、识别市场机遇是进行行业与市场预测的重要任务。当发现存在市场发展机遇时，企业必须在预算目标的设定中体现对这种机遇的适配性，比如企业预算期的国家政策有利好变化，企业就应当针对这一利好变化提出应对策略并在目标设定上增加这一利好因素影响下的增量部分。

7.5.4　制定年度经营计划策略

高效达成预算目标，光靠勇往直前的冲劲是不够的，竞争环境下，企业要想取得竞争优势，必须围绕目标、针对竞争对手制定一系列相应的经营计划策略。本书第 4 章专门介绍了有关战略落地实施的策略规划理论，这里就不再重述。

本节主要和大家讨论经营计划策略制定的相关内容，一般来说，经营策略以围绕市场制定的策略为主，其他策略都是对市场策略的辅助与支持。以下是对几种主要经营计划策略的介绍。

1. 产品策略

产品策略是企业营销策略的基础和重要组成部分，企业在战略规划阶段就已经开始了对产品策略的研究和规划。到了预算阶段，首先要回顾和对齐战略阶段的产品策略，在确定大环境和战略目标没有重大变化的情况下，预算阶段的产品策略应当与战略规划阶段的产品策略方向一致。

预算阶段产品策略的主要内容如下。

（1）预算期的产品结构。

产品结构策略也可以叫作产品组合策略，确定公司在预算期打算投向市场的产品有哪些，以及它们之间的结构比例。结构比例关系包括新老产品结构比例，以及新品与老品中的不同品类的结构关系。

产品结构的规划需要考虑的影响因素：新产品开发供应能力、竞争对手产品策略调研、客户对产品的需求调研、老产品不同品类供应与客户需求变化。

（2）预算期产品结构下的产品定位。

产品组合确定后，应当对组合内的不同产品品类进行定位规划。如果产品品类过多，可以针对重点产品或产品大类分别进行定位规划。所谓产品定位，就是要确定该产品于公司而言的市场价值是什么，是为企业赢得更多的利润？获得更大规模的销售收入？占据更大的市场份额？抑或仅仅是提高客户体验和维护客户关系的营销费用性质的产品投放，比如赠品。

（3）预算期的重点产品。

只要企业投放到市场的产品品类多样，尤其是品类非常多的消费型产品的企业，每个预算期都应当确定这个市场周期哪些产品或哪几个产品属于企业推向市场的重点产品，或是爆款产品。确定重点产品策略将直接影响预算期企业在不同产品上的市场投入，企业的资源总是有限的，将有限的资源投入到重点产品上本身就是一种策略性行为。

（4）预算期重点产品的竞争策略。

行业内的商业竞争从某种程度上讲是彼此产品在市场、在客户心智中的较量。为此，不同的企业在不同的产品上会设计不同的竞争策略，比如价值主张、包装、定价、商标使用等在不同产品上的组合应用。而这些应用又会与某些或某个竞争对手的产品对标，通过差异化的产品竞争策略设计，让产品成为与对手较量的武器，在客户心智中进行角逐，最终以谁的产品更能赢得客户青睐和认可为输赢的标准。

（5）预算期产品生命周期策略。

产品都有其生命周期，在预算期对不同生命周期的产品设定不同的市场定位和竞争目的，是企业规划产品策略的又一个特定的设计维度。比如针对某一处于生命周期末期的产品，企业可能会通过大降价策略让其成为攻击对手或占领市场的一件利器。

产品策略在不同的企业、同一企业的不同阶段、不同战略意图下的实际谋划差异巨大，这里没有标准的模型、答案和方法，需要每个企业的经营管理者根据自身的目的、目标，面临的现实环境及实际能力条件进行灵活的策划。

2. 客户策略

客户是企业实现经营目标、商业成功、财务成功的关键要素，是市场营销的工作对象。因此，每个预算期也必须针对客户进行策略规划。同样，在进行预算期客户策略规划时也要对标战略规划中的相关策略并与其保持一致。下面对主要的四类客户策略规划进行介绍。

（1）客户结构策略。

企业应当从发展和风险防控两个角度进行客户结构的策略规划。发展角度即从如何争取获得更优质的客户出发，进行客户结构的优化。风险防控角度即从如何降低企业对客户依赖性过大的风险或客户过度分散的风险出发，进行客户结构的优化。

（2）客户开发策略。

客户资源是企业最重要的资源之一，企业需要长时间的积累才能使其成为具有竞争力的资源。这个过程要从客户开发开始，客户开发也需要有好的策略规划才能有好的开发成果。开发策略有不同的选择，或亦步亦趋地学习优秀企业，或逆向拉动主动刺激消费者，或更加灵活地边走边看分步策划。

（3）客户留存策略。

客户开发成功不代表真正的成功，只有能长期与客户保持交易关系，客户忠诚度达到一定水平，这样才算是客户开发有实效了。而长期的交易关系需要企业在客户留存工作上卓有成效，因此客户留存策略也是企业营销策略的重要组成部分。

对于稍具规模的企业而言，客户留存也是体系性工作。伴随着客户体量的不断增长，企业会针对不同类型的客户，找到性价比最优的客户转化、成长路径，再对其施加引导激励。因此，客户留存策略需要分类规划，对不同类型的客户进行留存曲线的分析和评估，分类研究挖掘不同类型客户的留存路径和留存提升发力点。

留存策略的制定要从客户引流开始，经过促使客户首次成单，吸引多次购买，养成使用习惯，最终达到延长客户留存周期的目的。

客户留存策略的主要内容：新客户留存策略、客户使用习惯打造策略、客户防流失策略。

（4）客户更新策略。

随着时间的推移，企业客户保有量会逐年增加，其内在结构质量也会发生变化。虽然客户资源对企业非常宝贵，但不是所有的客户都值得维护。伴随企业客户信用管理的完善，企业应当定期对客户结构进行复盘分析和优化调整。淘汰价值不高的客户，开发引入更高价值的客户，设计构建企业最佳的客户结构模式，具体内容包括：客户等级评估策略、客户维护政策调整策略、优质客户开发策略、僵尸客户处理策略等。

3. 市场策略

市场策略是企业市场营销策略的核心内容，是企业市场营销活动的指挥中枢。市场策略制定的主要责任部门一般是市场部，但有些规模不大的企业并没有市场部，该项策略工作则会由销售部门完成，但真正投入其中的通常是销售部门的核心管理层。

在进行市场策略制定工作之前，相关责任部门应当开展深入而全面的市场调研和分析，大家可以参考本书 6.4 节的内容，融合预算目标提炼前的内外环境分析成果，并将其作为预算期市场策略分析的组成部分。市场策略包括市场推广策略、品牌策略、价格策略，下面将分别介绍这三类市场策略。

（1）市场推广策略。

每个预算期企业都应当制定具有整体性、综合性的市场推广策略，并对所有销售单位形成规范、引导作用。市场推广策略同样也要根据不同的产品类型分别制定。如新产品的推广策略，包括新产品曝光策略、促销策略、宣传策略、形象包装策略等。

除按照产品类别进行策略设计外，市场推广策略还可以从推广方式的组成上进行规划，具体包括：全媒体推广策略、促销活动策略、促销政策策略等。

（2）品牌策略。

品牌策略是一系列方法与活动的组合，其内容庞杂，品牌策略也是企业战略行动策略的主要内容，因此预算期的品牌策略也应当与战略规划中的品牌策略保持一致，特别是企业整体的统一品牌策略，一定要保持长短期的一致性。

而每个预算期又存在特定的经营目标和环境特点，所以在预算期所规划的品牌策略可能会更侧重于个别品牌策略，即针对企业不同产品采用不同的品牌，以隔离产品声誉与企业声誉。企业可以选择以企业品牌拉动个别品牌策略，也可以选择以个别产品品牌渗透特定市场策略，不同的策略选择会产生不同的资源需求。

另外，预算期的品牌策略应当考虑创新性，通过阶段性的创新逐步提升品牌效能，积累品牌价值。

（3）价格策略。

价格既是对企业产品与服务的市场价值水平的定位，也是客户需求的满足方式，更是与竞争对手竞争的角力点。每个预算期针对不同类型的产品应当设计不同的价格策略，或满足竞争需求，或满足业务需求，或满足客户维护需求。因为价格是决定公司市场份额和盈利率的最重要因素之一。在营销组合中，价格是唯一能产生收入的因素，买卖双方的议价能力就体现在价格博弈上。如果价格策略的制定出现失误，将对客户维护、客户开发、竞争结果产生巨大的影响，从而影响到企业的财务成果。

价格策略的制定可以从成本导向定价策略、竞争导向定价策略、顾客导向定价策略等不同角度进行。

1）成本导向定价策略。

以产品单位成本为基本依据，再加上预期利润来确定价格的成本导向定价法，是传统企业最常用的定价方法。成本导向定价法又衍生出了总成本加成定价法、目标收益定价法、边际成本定价法、盈亏平衡定价法等几种具体的定价方法。但这种方法最大的问题就是缺乏应对市场环境与竞争对手压力的因素，有点自说自话，这种策略在价格战面前往往会让企业陷入死循环。

2）竞争导向定价策略。

在竞争环境中价格是竞争者之间的竞争武器。企业全面而深度地分析研究竞争对手的资源条件、产品性价比水平、资金实力，再结合自身的成本条件、客户关系、产品品质、品牌价值等因素，有针对性地靶向制定产品价格属于竞争导向的定价策略。

竞争导向定价策略的应用方法主要包括：随行就市定价法，即保持市场平均价格水平，获得市场平均报酬，不用全面了解消费者对不同价差的反应；产品差别定价法，是一种进攻型定价方法，企业根据产品自身特点选择低于或高于竞争对手价格的定价方法；密封投标定价法，属于竞争性的定价方法，适用于大宗商品、大型项目、成套设备等，招标方处于垄断地位，投标方相互竞争。

3）顾客导向定价策略。

根据市场需求状况和消费者对产品的感觉差异来确定价格的方法叫作顾客导向定价策略，又称“市场导向定价法”“需求导向定价法”。顾客导向定价策略主要包括理解价值定价法、需求差异定价法和逆向定价法。

- 理解价值定价法是指企业以用户对商品价值的理解度为定价依据，运用各种营销策略和手段，影响用户对商品价值的认知，形成对企业有利的价值观念，再根据商品在用户心目中的价值来制定价格。

- 需求差异定价法是指产品价格的确定以需求为依据，首先强调适应消费者需求的不同特性，而将成本补偿放在次要的地位。这种定价方法，对同一商品在同一市场上制定两个或两个以上的价格，或使不同商品价格之间的差额大于其成本之间的差额。其好处是可以使企业定价最大限度地符合市场需求，促进商品销售，有利于企业获取最佳的经济效益。
- 逆向定价法这种定价方法主要不是考虑产品成本，而是重点考虑需求状况。依据消费者能够接受的最终销售价格，逆向推算出中间商的批发价和生产企业的出厂价格。逆向定价法的特点是：价格能反映市场需求情况，有利于加强企业与中间商的良好关系，保证中间商的正常利润，使产品迅速向市场渗透，并可根据市场供求情况及时调整，定价比较灵活。

4. 资源配置策略

任何企业的运营都是在资源有限的前提下进行的，哪怕是实力强大的市场巨无霸，相对于它自己的经营目标也是资源有限的。所以，针对不同企业的不同战略目标、经营目标，根据各种经营策略的实施需求，企业应当针对资源配置进行专项策略规划，把有限的资源用到最恰当、成效最高的地方。

（1）资源配置策略规划步骤。

首先，对预算期的资源需求进行整合统计确认，这一步需要预算管理人员将企业各个业务、各个部门、各个项目所需的各种资源进行分类统计，再汇总整合出以资源类别（包括物资、人员、资金、设备、服务、技术等）为维度的资源需求总量。

其次，按照成本效益最优原则区分资源投入与收益回报的类型，一类是预算期正常经营投资回报，本着成本最低的配置原则进行资源配置。另一类是企业发展战略所需的长期资源投入，预算期不一定能获得回报，出于长远发展的考虑，这部分资源就不会受成本最低的要求限制。现实中企业的情况会更加复杂，预算期的资源配置需要综合考虑成本效益和战略需求的因素，最终的资源配置大多数情况下是一系列配置策略的组合。

（2）资源配置策略规划方法。

通常情况下，企业会综合考虑资源配置的成本和效益，从战略定位出发选择资源配置方式，不会简单地选择成本最低的配置方式。例如，对于工艺复杂、成本高昂的重要设备，有的企业会采用租赁的方式来配置，以便用最少的资金投入来获取价格优势，但也有的企业会投入巨资来采购或者干脆自主研发，虽然在短期内可能会导致一定程度的利润下滑，但会帮助企业获得未来的产能保障和抗风险能力。在规划实践中，除了进行因素分析外，可能还需要借助一些定量的方法提高资源配置策略的科学合理性。比如采用线性规划的定量方法，这种方法的应用有以下几个主要定量环节。

- 确定变量。针对所要解决的资源安排具体问题，确定一组变量，这组变量是决策者所要求解的未知数，也是控制该具体问题的要素。变量的选择一般依据该具体问题的影响因素，可通过因素分析法获得。
- 确定目标函数。对确定的变量建立某种线性函数，表示解决该问题要达到的目标，即目标函数。根据要解决问题的性质确定是求目标函数的最大值还是最小值。
- 确定约束条件。目标函数的实现过程通常是有限制条件的，约束条件可以用一组线性等式或线性不等式来表示，即根据要解决问题的环境分析确定函数变量的约束条件。
- 建立数学模型。针对所要解决的具体问题，确定了变量、目标函数与约束条件，也就建立了解决该问题的线性规划的数学模型。一般来说，经济、管理问题只有在满足以下条件时，才能建立线性规划的数学模型：所要解决的问题的目标能用数值指标来反映；存在着达到目标的多种方案；要达到的目标需要在一定约束条件下才能实现，这些条件可以用线性等式或不等式来表示。

线性规划模型的解题方法建立了线性规划数学模型，接下来就可以求这个数学模型的解，也可称为求这个线性规划问题的解，即求出解决该问题的最好方案。解线性规划数学模型的方法有很多，大多涉及线性代数的知识，运算比较烦琐。目前已广泛借助电子计算机的专用程序来求线性规划数学模型的解。因此，运用线性规划的主要困难，一般不在于如何求解。只要我们针对具体问题，确定了约束条件和目标函数，建立了线性规划数学模型，就可以依靠电子计算机求解了。

（3）资源配置的主要策略。

虽然从理论上讲，资源配置可以采用更加科学的方式进行规划，但从策略的角度讲，企业对于有限资源的配置会确定一个整体的策略方向，具体有以下三种比较常用的配置策略。

- 撒胡椒面策略。这个策略是指像撒胡椒面一样在需要解决的问题或需要资源的业务活动上相对平均地分配资源。虽然在细节活动上资源配置的大小一定会有差别，但总体策略还是遵循均摊逻辑，要面面俱到、资源分散。
- 聚焦策略。聚焦策略则是一种集中策略，将有限的资源用到重要的经营管理活动上，至于什么是重要的事每个企业有自己的判断标准，做出的选择肯定不一样，但资源聚焦的投放思想是一样的。
- 取舍原则策略。当资源无法满足所有的需求，理性的策略就是进行需求取舍，留下必须要做的事投入资源，再对其他也想做但不是必须做的事进行排序，那些不是必须做又不重要的活动就放弃，也就意味着不会有任何资源投入到这些事情上。

7.5.5　前端部门立项

什么是前端部门？一是与外部市场和客户直接对接的一线业务部门，在企业里通常是市场部和销售部；另一个就是向市场提供适销对路产品的研发部门。销售部承接了企业年度经营计划中最核心的业绩目标，而研发部则承接了实现这一业绩目标的弹药提供任务，即市场和客户需要的可以转化为收入的产品。当企业整体年度经营计划的总体策略确定并正式发布后，市场部要根据企业预算目标和整体策略正式立项，规划可以交由销售部进行销售活动的市场计划。而研发部门也要立项，确定预算期要开发的新产品和改进型产品的项目。

在现实情况中，很多企业都没有在这个环节开展必要的工作，甚至完全没有意识开展这一工作，尤其是研发部门，更没有根据市场策略进行产品开发配套规划的理念。因此很多企业会出现的情况是：研发自说自话地开发、销售迫不得已地接受，最终开发出来的产品市场不接受、客户不买单，投入的研发成本打了水漂，成为毫无价值的沉没成本。

还有很多企业即便有前端部门先立项规划的意识，但不知道落地实施的方法，本书认为这一环节有以下几个方面的工作需要特别关注，并且需要开展实质性工作，将这一环节的工作要求落到实处。

1. 市场部

当企业目标和整体策略确定后，首先应当进行立项行动的是市场部，它要进一步进行预算期企业销售能力的细化分析，分析到具体的销售区域、渠道、销售小组甚至是具体的业务员。在此基础上根据企业的相关策略要求进行策略分解规划，这些规划往往是进一步的组合策略，包括产品与渠道的组合、产品与区域的组合、产品与团队的组合、产品与推广的组合等。所有这些组合策略规划后期要转化成可以被销售部门执行的一系列营销计划，包括品牌计划、渠道开发计划、销售政策计划、销售团队调整计划等。

2. 销售部

当市场部的策略和计划完成后，销售部根据营销计划和销售目标，制订相应的销售计划。需要注意的是，制订销售计划并不是将销售目标和产品简单对应，而是要紧贴营销计划，对销售队伍进行科学合理的“排兵布阵”，制定有针对性的销售策略，以及带有行动链和量化目标的销售计划。将销售目标按照产品、渠道、区域、客户类型等维度分解制订相应的销售计划，并将销售计划任务分解成线索收集、客户开发、订单促成、销售服务、客户再营销等销售工作计划。

比如，针对新产品在新区域采用直击竞争对手市场的展会宣传和促销计划，销售部采取“以老带新”和“定向洽谈”的销售策略。制订对标竞品的客户开发计划和展会销售工作计划。依据销售目标、销售人员能力要求、预计工作量等要素，组建新销售小组。由经验丰富的销售经理对接洽谈重点大客户，并带领本地新销售代表进行客户调研、展会邀约等客户开拓和销售服务工作。

3. 研发部

研发部主要依据产品宣传、上市和销售计划，制订多维度的研发计划，主要包括年度产品开发规划、产品立项计划、新产品开发计划、老产品升级开发计划。研发计划的内容不仅涵盖研发时间节点和工作部署，还需要包括研发困难环节的攻坚计划和备选方案，以及确认从研发完成到产品量产之间的可行性路径和完成时间。

同时，对于产品研发周期较长的情况，研发部还要结合企业战略规划或研发战略目标，制订部分技术储备、开发预研、研发资源积累等先期研发工作计划。

7.5.6 需求传递

需求传递实际上是将前端部门立项后的需求信息向后端部门传递的过程，包括向生产部门提出生产需求、向财务部门提出资金需求、向人力资源部门提出人员需求等相关信息。实际场景中，这种需求传递的过程非常复杂，如果没有很好的信息传递的通道设计和传递实施方案，重要的需求信息很有可能被阻断在某个部门，致使资源供应部门获得需求信息的时间延迟或者部分信息缺失，造成资源供应跟不上，致使前端部门的任务无法达成，最终使得企业的经营目标无法实现。这是一个连锁反应过程，信息连接错综复杂，稍有疏忽就会造成信息传输的中断。

下面我们用市场部的需求传递做一个模型演示说明，内容如图 7-6 所示。

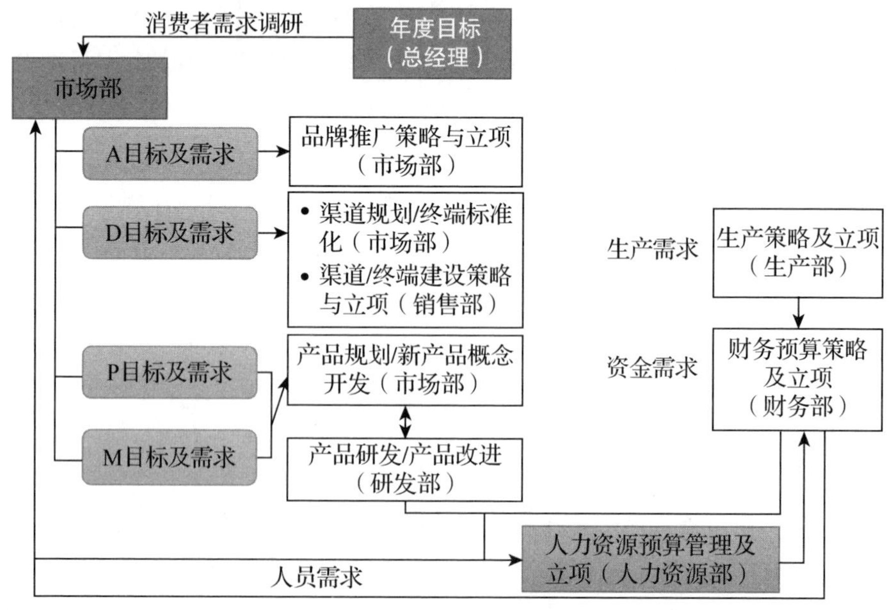

图 7-6 资源需求传递流程图模型

从该模型图示中我们可以看出来，市场部根据企业总目标的要求结合外部市场和客户需求的相关分析，立项规划出预算期的有关品牌、渠道、新产品开发的策略并相应地提出了有关人员、资金和生产配套需求，也就是说后端部门的很多工作是来自前端部门的需求，如果没有这条资源需求传递链，后端部门的工作便会与前端脱节，企业的运营合力无法形成，甚至有可能因为内部协同不佳成为影响经营目标实现的拖后腿因素。

7.5.7　后端部门立项

后端部门是对于前端部门的需要进行配合支持的所有部门，包括生产部、人力资源部、财务部、质量部等。当前端部门的立项需求确定并有效传输到后端部门后，后端部门应及时组织内部讨论，并进行后端部门立项，将这些跨部门需求落实到项目中。比如前端部门提出需要提高产品的质量水平，尤其是包装破损率的有效降低，要解决这个需求问题，对于后端部门而言也是需要后端跨部门协同的，包括质量部门、采购部门、生产部门和储运部门需要在这一问题的解决上通力配合，为此后端对该问题担主责的部门应当首先立项，并向其他后端部门提出跨部门项目合作要求，共同进行项目分析、研讨和解决方案的提报。

需要注意的是，后端部门完成立项后也会产生新的需求，比如对人员的需求，对硬件环境的需求，这些需求也要继续传递给相关的后端部门，这些后端部门也要进行立项研究并转化成具体的解决方案。所以说，后端立项也有多次循环，不是一次就能完成的，每一个项目都直接对应要解决的问题。这些立项结果将成为企业各个层次的年度经营计划的组成部分。

7.5.8　年度经营计划草案的制订

当企业层、前端部门、后端部门的策略、资源需求解决方案都完成后，企业就可以确定经营计划的初步草案了。该草案还会经过一轮或多轮的审核讨论，检查验证计划是否符合企业发展战略以及对预算期目标的要求，尤其是利润目标的达成一定要特别验证符合度。这个过程需要将经营计划所需资源进行数量化和货币化，转化成配套该年度经营计划的年度财务预算。如果预算符合目标要求就可以发布正式的年度经营计划，如果发现利润目标因为成本费用预算过高无法实现，还需要对年度经营计划和相关预算进行再次讨论，并重新进行业务预算和财务预算的编制。

在进行预算讨论的时候，注意要在消减项目和消减预算之间进行平衡，不能因为单纯追求利润目标而将对企业未来发展有重大价值的项目盲目消减，也不能因为既要保预算项目又要保利润目标，而简单粗暴地消减项目预算，致使项目在实施过程中预算不足，进而造成更大的损失。同时还要考虑保留一定量的机动预算作为后备资源，以备新增项目或突发事件的资源应对。

7.5.9 年度经营计划的宣导

年度经营计划一旦定稿，应当通过企业正式的签发程序进行发布和宣导。在我们的咨询经历中，很多企业会花较大的力量去做年度经营计划，却在年度经营计划的发布宣导方面显得极不重视和敷衍了事，简单地形成文件，通过邮件发送给各部门，至于大家是不是认真看过也不会有人关注和检查。然后就会发现，大家只把做年度计划和年度预算当作一件工作任务去做，做完了就结束了，后面该干什么干什么、以前怎么干还怎么干，将实际的工作与计划、预算完全脱节，甚至在月度 / 季度复盘会上鲜有人对标年度经营计划和预算目标。

在现实场景中，如果想要各个部门和相关岗位人员认真对待企业的经营计划、重视预算并严格执行预算，在某种程度上年度计划和预算发布宣导的质量起了很大的作用。我们见过太多管理者或岗位人员以“不知道”“没有看”“忘了”这样不负责任的借口对自己在工作过程中不执行制度政策的行为责任进行推脱。

年度经营计划的实际执行将会调动企业所有的部门和岗位，会将企业所有的人力、物力和财力按照经营计划进行配置，这将会在企业内部形成纷繁复杂的内部客户关系。比如生产部的客户是销售部，销售部的上级不是总经理而是市场部，因为销售部的具体行动是按照市场部制订的市场策略计划执行的，而市场部的客户则是外部的真正客户。某种意义上讲，只要年度经营计划能真正执行到位，便会在企业内部建立起真正以客户需求为导向的经营理念。

年度经营计划发布宣导时应注意以下关键问题。

1. 审签程序合规

年度经营计划和年度预算文件是企业非常重要的正式文件，每个企业对正式文件的审签发布规定各有差异，有的企业甚至会召开专门的专题会议进行年度计划和预算的讨论审批，并在正式的会签表上进行签批。不管是什么样的形式审签，原则上必须严格执行企业制定的年度经营计划和年度预算的审批制度与流程规定。

2. 发布文件完整

年度经营计划和年度预算的相关文件非常多，包括很多细节的业务数据分解表、成本费用分解表、各种层次的签批底稿、备忘录、说明等。这些文件哪些作为正式发布的文件进行公开，公开到什么程度，什么层次的人员可以查阅到什么程度，企业都应当做好严谨的规定并严格地执行。确保文件发布完整便于执行，还要充分考虑文件的保密控制。

3. 宣导下沉到位

很多企业对宣导程度的认知停留在企业的中高层，认为只要中高层知道了计划和预算的相关内容就可以了，他们有责任将计划和预算内容传递到他们的下一级。这种认知其实就是一厢情愿的单方面看法，事实上大部分的中高管在企业没有明确要求和监督检查的情况下，并不会认真履行宣导责任，好一点的会召集下级开个会说一说，糟糕的可能就是让文员接收一下文件放在文件柜里，根本不会去做正式的宣导工作。这种断层式的宣导不可能形成上下同频、左右共振的效果，也不可能形成计划和预算执行的强大合力，因为大家都不知道企业要做什么、做到什么程度、怎么做，怎么可能要求他们围绕计划和预算开展自己的本职工作呢。所以，在年度经营计划和年度预算的宣导过程中，要做到层层宣导、下沉到位，直至基层的岗位人员。只是要注意，对于不同层次的人员宣导的内容和信息存在差异，基层员工只需要知道他的工作与什么计划和预算相关即可。从这个层面看，宣导工作还必须有专门的宣导规划和实施计划，才能保证信息传递的安全有效。

Chapter8

第 8 章

从经营计划到业务预算的量化体系

8.1 经营计划转化为工作计划

通过多轮的自上而下和自下而上的经营计划拉通，企业预算期的目标、策略和行动路径就基本上确定了。但要把经营计划落到实处，还需要进一步将经营计划拆解成可供各个层级员工具体执行的工作，这个过程则是经营计划转化为工作计划的过程，目的在于将经营计划落地实施。

8.1.1 经营计划落地实施工作包拆解

经营计划确定的策略和行动路径为工作计划的制订确定了方向和重大的行动事项。但这些内容不足以保证经营计划的落地实施。所以，全面预算牵头部门应当带领企业上下进一步进行落地实施工作包的拆解。下面向大家介绍工作包拆解的三个主要步骤。

1. 验证策略与行动路径的方向性和关联性

经营计划是分层规划的，有企业级的经营计划和部门级的经营计划，经营计划的落地实施需要先自上而下地进行策略落地。但企业级的策略相对宏观、粗略，更多的是方向性的。部门级的策略就要详细得多，为防止部门级策略与企业级策略的方向偏离，在完成了企业级和部门级的经营计划后，要对不同层级的相关策略进行方向性和关联性验证。经营计划中的行动路径道理相同，也需要进行不同层级间的方向验证。

2. 结合业务流和管理流将行动事项层层分解

各个企业的经营特点、业务流程设计差异很大，当企业确定了预算期的目标、策略和行动路径后，还需要将这些策略、行动路径转化成行动计划。在这个过程中需要结合企业的业务流和管理流特点，按照该企业的组织架构将行动事项进行层层分解。比如企业确定的市场策略是聚焦策略，聚焦核心产品、聚焦核心客户、聚焦核心市场。这一策略下沉到营销系统后，先由市场部根据企业策略确定具体聚焦的核心产品、客户和市场方向，以此重新分解目标。各销售部门按照自身的业务定位和市场部的分解策略，将本部门的经营计划继续拆解到具体的客户、业务员和渠道上。

3. 根据下沉后的策略与行动路径制订行动计划

当企业的目标、策略和行动路径都层层拆解到最小工作单位后，便可以自下而上地进行行动计划的编制了。每个业务单位和职能部门根据自己的策略和行动路径确定实现自己目标的具体行动计划，比如生产车间 A 在企业生产部下达预算期该车间的生产目标和管理目标后，通过研究生产部的总体策略制定了本车间达成任务的策略——“增加班次，人休机器不休”，为此向人力资源部提出了新增工人的招聘需求，并按照人力资源部能够按需求提供人员补充的假设，制订了具体的行动计划，计划维度为员工培训计划、生产排班计划、工艺调整计划、设备巡检计划、物料领用上线计划等。

8.1.2　工作包转化成工作计划

在各业务单位和职能部门确定了自己的行动计划后，依然有可能因为计划不够详细而造成落地困难。所以需要进一步将行动计划拆解成与各个岗位工作相关的工作包。比如生产车间制订的工艺调整计划，即行动计划，就需要按照调整分析、设计、论证、试验、实施这几个核心步骤，结合不同的岗位责任确定相关的工作包，再将工作包内容转化成具体到工作要求、完成时间、责任人等的工作计划，如表 8-1 所示。

表 8-1 年度工作计划表

序号	行动计划	工作内容	工作要求	计划时间	计划责任人
1	工艺调整	工艺分析	对新老工艺进行分析（进行优劣势、可行性分析等）	12 月底前	×××
2		工艺设计	⋮	⋮	⋮
3		工艺论证	⋮	⋮	⋮
4		工艺试验	⋮	⋮	⋮
5		工艺实施	⋮	⋮	⋮

8.2 工作计划与资源匹配量化方式

当工作计划分解下沉至企业可接受的程度后，企业则开始进入业务预算编制的重要环节——资源匹配环节，这是采用零基预算编制业务预算的最核心的环节，也是将工作计划进行资源匹配量化的重要环节。下面将介绍资源匹配的原则和方法。

8.2.1 资源匹配的原则

1. 量力而行原则

每个企业的资源都是有限的，所以在将有限的资源与理想的工作计划进行匹配时，应当遵循量力而行的原则。当企业的资源实在无法满足计划需求时，尤其是对于那些企业很难获得或者获得的难度极大、成本极高的资源，应当权衡是否还要坚持执行相关的计划，是否可以考虑调整计划以适应企业的资源现状。

2. 经济性与重要性原则

当计划下沉分解到一定程度后，会不可避免地出现计划间的资源抢夺问题。在资源有限的前提下，企业应当把资源匹配到什么计划上才是恰当的？应当遵循经济性和重要性的原则。经济性原则就是要考量把资源投入到相应的计划上可以获得的产出是什么，这些产出可以获得直接的经济效益吗？或者这些产出对企业有重要的战略意义吗？重要性原则是一个比较原则，当几个计划抢夺一个资源的时候，应对这些计划进行重要性排序，把有限的资源放到最重要的计划项目上。

3. 适度平衡原则

企业内部的单位、部门和岗位众多，在资源有限的情况下，除了计划本身的冲突还会出现部门间、岗位间的资源冲突。企业应当遵循适度平衡的原则，既不能完全不考虑部门与岗位间的平衡问题，又不能简单地搞大锅饭。

8.2.2 资源匹配的方法

资源匹配应当以量化方法为主，即将工作计划量化后匹配同样可以量化的资源。如表 8-2 所示，首先是将工作计划进行量化，即每个工作计划尽可能拆解到不可拆解的最小单位，按照最小计划的频次确定工作量。再根据最小工作计划的预计工作量匹配相应的资源，所需资源也要有明确的数量或金额。

表 8-2　工作计划资源匹配表

序号	一级计划	二级计划	计划量	资源需求	
				资源名称	需求量
1	新客户开发	陌拜	12 家 / 月 / 人	人	增加 2 人
				资金	2 万元 / 月
		推广活动	4 次 / 年	资金	8 万元 / 次
2	⋮	⋮	⋮	⋮	⋮

8.3 业务预算（经营预算）编制

当企业将经营计划的内容通过工作包拆解的方式转化为工作计划后，我们就可以进行业务预算的编制了。业务预算也叫经营预算，它是对经营计划落地实施的量化过程。编制目标是企业经营计划确定的经营目标，编制依据是经营计划拆解、转化后的工作计划与资源匹配信息，编制的内容包括销售业务预算、生产预算、供应链预算、中后台支持预算（期间费用预算）和价值链预算等。

经营预算是全面预算最重要的主体内容，也是后面财务预算的基础，没有业务预算直接做财务预算是不符合全面预算管理理念和要求的。本质上讲，企业只有掌握了业务预算编制的技术，才能保证全面预算的基本质量。

8.3.1　业务预算编制的基本方法

1. 安排业务预算编制的顺序

业务预算涵盖企业价值链全部环节，到底先从哪个环节开始做业务预算，不同的企业有不同的安排，并不是所有的企业都是以销定产，从销售预算开始编起。以销定产只适合于上下游都是买方市场的企业，整个经营受制于市场，销售是企业价值链运行的制约点。同样的道理，如果有的企业上游处在卖方市场，下游销售实质上受制于主要材料的采购规模，这样的企业预算就应当从采购供应预算开始，因为采购供应是这类企业价值链运行的制约点。也就是说，业务预算的顺序到底怎么安排，从哪个环节开始编制，取决于影响这家企业价值链运行的制约环节。

2. 确定业务预算的编制主体

业务预算的编制主体应该是谁呢？原则上就是谁做业务谁做预算，肯定不能是财务做业务预算。业务预算的编制主体是分层次的，在同一个业务内容上存在不同层级的业务岗位。比如销售预算，既有销售总监也有大区经理、业务员的层级差异，大型企业还会有事业部、销售部、区域、国家等不同层次的划分。所以，业务预算的编制主体是多样的，并存在上下层次关系，因而在实际编制的过程中，一定要分级编制、上下拉通、逐级汇总。

3. 制定业务预算的编制程序

每个企业都会制定自己企业业务预算的编制程序，或繁或简，但通常都需要经过以下几个基本程序。

（1）确认与分解目标。

业务预算是围绕预算目标开展的计划性工作，如果对预算目标不能达成共识，后面的业务预算编制一定不会顺利。前面也讲了，业务预算的编制是分层次的，所以不但要对预算目标进行确认和达成共识，还要把预算目标层层分解，尽可能下沉到岗位上，保证人人头上有目标，人人行动为目标。

（2）确认策略与行动路径。

在编制业务预算的时候除了要在各个层次达成目标分解共识外，还要自上而下地对目标策略和规划的行动路径进行宣导并达成共识。因为各层次岗位工作人员都是在上级策略和行动路径的基础上制订自己的工作计划，确定自己的工作策略和行动方法。这个过程需要保持上下的方向一致和策略承接。

（3）确定业务预算编制维度。

当各个业务单位和职能部门的上下各层次达成了目标和策略共识后，就需要按照本书 8.1 节的内容进行工作包和工作计划拆解。当工作计划制订完成后，业务部门需要对业务预算的编制进行模型设计，主要是再次将分散的工作计划整合提炼成向上汇报的格式化信息，向企业说明自己的团队为什么能够保证预算的达成，这是一种用数据陈述实施方案的过程。

企业的收入预算目标一般是由负责销售的部门承接，营销管理部门承接目标不能靠拍胸脯、喊口号。专业的营销管理部门应当系统性地向企业陈述如何承接目标，即详细说明如何将销售收入目标落到实处。为此，营销管理部门在编制销售业务预算前应当做好业务预算编制模型的设计，如图 8-1 所示。

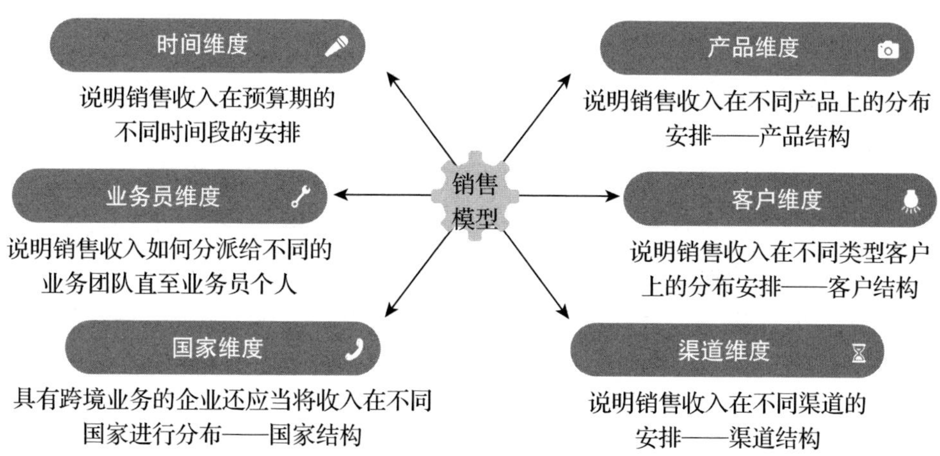

图 8-1　销售业务预算模型示意图

（4）设计业务预算编制表格。

当业务预算模型设计完成后，相关业务单位和部门要根据模型设计业务预算的编制表格，将模型思路转化成数据逻辑。这一部分的内容我们将在本章后续的内容中进行详细介绍，这里就不赘述了。

（5）填列与模拟数据结果。

在预算表格设计完成后，就可以进行预算数据的导入填列了，这个过程可能需要多次反复，因为不同维度的业务预算数据形成的结果不一定都能满足目标要求，也有可能存在不同维度之间的数据冲突，比如按照产品维度确定的新产品业务收入数额，放到客户维度后会发现现有客户不可能支撑这么大的新品规模。所以不同维度的数据需要多次模拟测试后才能形成最终的业务预算报表。

4. 业务预算综合评审

各个部门或单位编制完成各自的业务预算后，企业的预算管理部门应当将收集的所有业务预算进行综合评审，就相互冲突的业务预算进行预算沟通，并要求相关部门进行调整。对于超出企业总体预算目标的项目，要进行结构性分析，综合平衡后决策对哪些部门、哪些工作提出进行压缩预算的要求，以保证重点部门、重点工作的预算需求。这个过程需要预算管理部门对各层次的经营计划、各类预算模型非常熟悉，对企业战略和预算期目标的逻辑关系非常清楚，同时要具备较高的沟通能力，能够对存在的预算冲突向评审委员会提出专业的分析意见，以保证综合评审的质量。

8.3.2 销售业务预算的编制

销售预算是业务预算最核心的项目内容，企业在销售预算上投入的精力也是最大的，因为如果销售预算的实施出现问题，对整个经营目标将产生颠覆性的影响。所以企业在进行销售预算编制的过程中，首先要对销售目标进行可行性验证，这个验证工作分为两大部分。一是对销售目标确定的环境假设的验证，包括市场容量假设、产品价格趋势假设、客户需求假设、竞争对手销售策略假设等，这些方面的验证主要考验企业在外部信息获取和分析方面的能力，以及宏观分析决策、前瞻性分析决策能力。二是对实现销售目标的自身能力的验证，这部分的验证就融入在销售业务预算的编制过程中，通过销售业务预算的编制来验证企业制定的销售目标在企业内部是否具有可实现性。接下来将对销售业务预算的编制主体、内容和实务进行介绍。

1. 销售业务预算的编制主体

本着谁执行谁编制的原则，销售预算的编制主体通常是企业负责销售业务的相关业务单位。小企业可能就是销售部，大企业可能还会分为集团销售中心、事业部销售中心、分公司销售部等。除了销售单位作为销售预算编制的主体外，可能还需要一些价值链上的部门参与到销售预算的编制中来，比如对销售业务直接产生供应关系的生产、采购部门，与销售业务交付关联的储运部门，需要提供经费支持的财务部门等。

2. 销售业务预算的内容

销售业务预算的核心内容是对销售量和销售收入的预测。很多小企业的预算只要做好这两个部分的内容就能满足销售预算的要求，尤其是那些不推行全面预算、只做一两个财务目标预算的企业，它们对销售预算内容的要求也就到这个程度。但是从全面预算管理的角度看，这两个维度的预算内容显然是不够的。为了保证业务预算的完整性，在销售预算环节还需要根据收款政策和客户付款习惯预测，进行应收账款预算。根据预算期产品生产成本预算推算出销售成本，以便分别对各产品进行销售毛利预算和总销售毛利预算。有些企业根据运营管理政策的不同，可能还会要求销售部门将销售费用预算作为销售利润的扣除项，让销售部门预测出承担所有销售费用投入后可以向企业贡献的销售利润额的预算。

除了上述内容外，一些特殊行业的企业在销售预算编制环节还需要注意一个问题，就是销售数量的预算不仅是对实际销售量的预测，还可能是发货数量的预算，比如有些企业的客户主要是商超，那么它们的销售量的预算就必须是发货数量而不能是实际的销售数量，这两个数据之间的差异会在 30% 左右，有的产品甚至可能超过 50%。

3. 销售业务预算的编制实务

（1）销售量预算编制。

在销售业务预算中，销售量预算是最核心的内容，实际上销售收入预算就是依据销售量预算结果，结合对产品销售价格的预测进行的测算。而且销售量预算结果也会对产、供环节的预算产生直接影响，产、供部门的预算就是为了保证销售量预算的实现。

1）销售量预算的基础资料。

销售量预算的主要依据包括：企业可供销售的产品品类、客户需求量、预算期企业针对不同品类产品的生产能力、运输仓储能力。这些依据中最重要的是企业可供销售的产品品类和客户需求量。对于销售来说，能卖什么产品不是由销售决定的，而是由企业在产品结构上的战略规划决定的。所以销售在预测销售量的时候，首先要明确企业允许和希望他们销售的产品有哪些。其次，要获取预算期客户可能的需求量信息，2B 业务的企业可以和一些重要的、采购量较大的客户进行直接的询问沟通，2C 的业务可能就要进行对客户群体的市场调研分析。可惜的是很多企业对于客户需求的调查做得并不到位，很多企业甚至根本不做，有关客户需求量的数据都是拍脑袋拍出来的。

2）销售量的实质预测。

在明确了销售品类、预测了客户需求量之后，相关部门才可以进行对销售量的实质性预测。一般是以产品为主要预算对象，再配合我们前文所设计的预算模型要素进行预测，然后编制出多维度的销售量预算表，包括产品销量与客户配比的预算表、产品销量与销售区域配比的预算表、产品销量与渠道配比的预算表、产品销量与业务员配比的预算表等。

3）销售量预算表样。

销售量预算表样可见表 8-3 至表 8-7 中的示意内容。

表 8-3 产品销量预算总表

产品名称	产品规格	单位	销售量

表 8-4 产品客户销量预算表

客户名称	产品 A		产品 B		产品 C		合计	
	单位	销量	单位	销量	单位	销量	单位	销量

表 8-5　产品渠道销量预算表

渠道名称	产品 A		产品 B		产品 C		合计	
	单位	销量	单位	销量	单位	销量	单位	销量

表 8-6　产品业务员销量预算表

业务员姓名	产品 A		产品 B		产品 C		合计	
	单位	销量	单位	销量	单位	销量	单位	销量

表 8-7　产品销量月度预算表

产品	1 月	2 月	3 月	4 月	5 月	6 月	7 月	8 月	9 月	10 月	11 月	12 月
A												
B												
C												

以上表格只是进行的逻辑性设计，在实际的场景中，不同的企业需要按自身特点进行设计，实际情况要比表样复杂很多。在销售量预算过程中，销售部门需要和生产、采购、储运等部门进行沟通，如果发现资源不足则需要及时调整预算数据，直至资源基本匹配为止。

（2）销售收入预算编制。

销售收入预算属于金额预算，是在销售量预算的基础上，结合价格预算计算所得的结果。

$$销售收入=销售量\times 单位价格$$

1）销售收入预算的基础资料。

销售收入预算的主要基础资料包括：企业销售目标、销售量预算结果、各产品销售价格预测信息、预算期增值税率等。

在这些基础资料中，产品销售价格的预测是最困难的，也是最重要的。很多企业在这个环节并没有做真正意义上的预测工作，甚至只是让财务从系统中调出各产品的平均价格作为预算价格，这种方式编制出来的销售收入预算产生实际偏差的概率会明显增大。所以，开展销售价格预测不是可做可不做，而是必须做的工作，尤其是对重点产品，一定要深入调研。销售价格预测考验预算人员对市场供销走势的把握能力，需要其对行业、对产品、对客户、对竞争对手都有足够的了解，还需要有很强的逻辑分析能力和前瞻性视角。大型企业会在价格预测环节组织专业的预测团队开展相关工作，甚至把这一环节的工作当成与竞争对手进行竞争的策略点，以占据产品竞争的有利位置。

2）销售收入测算。

销售收入预算需要对不同的产品分别进行测算，但有些企业的产品品类非常多，甚至有成千上万的品规，如果对每一个产品都做销售预测，从工作量和时间性要求上看不太现实，所以这样的企业可以把产品大类作为预测对象。

有一点需要注意，有些企业的产品可能存在较大的客户依赖性，但销售价格不能根据市场价格预测来进行预算，而应该根据预算期这些重点客户与企业的订单预测量，结合与客户沟通的价格情况，以此作为价格依据。

编制销售收入预算除了要以产品品种、品类或品规为预算对象进行编制外，还需要填明销售数量、销售单价和销售金额。

3）销售收入预算表样。

销售收入预算表样可见表 8-8 中的示意内容。

表 8-8 销售收入预算表样

产品名称	产品规格	单位	销售数量	销售单价	销售金额
A					
B					
C					

其他的销售收入预算表样可以参照销售量预算表样，在其基础上增加单价后计算获得，具体预算表的设计同样需要考虑企业的实际情况。一般纳税人企业还要注意，销售收入中含有货款和税款两个组成部分，因为后面还要做应收账款和现金流预算，所以销售收入预算要区分含税销售收入和不含税销售收入两个数据。

$$含税销售收入 = 销售收入 \times （1+ 增值税税率）$$

（3）应收账款预算编制。

应收账款预算是从销售量和销售收入预算中延伸出来的预算，如果没有完成销售量和销售收入预算是不能编制应收账款预算的。编制应收账款预算需要考虑的要素包括销售预算金额、不同产品不同信用等级客户回款期、上期应收账款本期回收金额等。

1）应收账款预算基本资料。

应收账款预算编制主要依据的基本资料包括：销售收入预算结果、不同产品供求关系、销售合同、信用政策、主要客户付款能力变化、应收账款期初余额、预算期经营活动现金流目标等。这些资料中的内部资料相对比较容易获得，但需要从外部获得的资料需要预算编制部门安排专人进行调研和确认，比如对业务量较大的客户进行信用调查，确认其付款能力是否会发生变化，这一般需要具体的业务人员从多方面进行调查确认。

2）预算期应收账款金额的计算。

在计算预算期应收账款金额时不能简单地根据销售收入预算结果进行比例计算，那是一种不负责任的工作方式，也违背了全面预算是经营管理性工作的原则。在计算预算期应收账款增加额时，必须以客户为预算对象，特别是针对重要客户，一定要逐一计算其在预算期内根据信用政策预测可能发生的应收账款增加、减少额。然后将所有单独预测的客户应收账款增加、减少数据进行汇总，并纳入企业整体应收账款余额的计算公式中。

$$\text{企业应收账款预算期总额}=\begin{matrix}\text{应收账款}\\\text{期初余额}\end{matrix}+\begin{matrix}\text{预算期应收}\\\text{账款增加额}\end{matrix}-\begin{matrix}\text{预算期应收}\\\text{账款减少额}\end{matrix}$$

3）应收账款预算编制内容。

应收账款预算的主要内容包括：客户名称、产品或服务项目、期初余额、本期增加额、本期减少额、本期可回收额、期末余额，对于接近逾期的应收账款还需要根据台账单独做出应收账款风险预算。但如果企业的客户很多，对每个客户都编制应收账款预算表工作量太大也没有必要，这时可以采取 ABC 分类法区别对待。把所有客户按照销售额预测的大小顺序进行排序，然后按照二八分类法将销售额占比 80% 以上的客户再次进行排序并逐一计算应收账款余额，对于这类客户也会在后期进行重点管控。对于销售额占比 20% 的客户，无论数量多少，都可以整合成少量类型客户群，对其进行整体预算即可，不需要逐个客户地测算，在后期的管理中做一般性管控即可。

4）应收账款预算表样。

应收账款预算表样可见表 8-9 至表 8-12 中的示意内容。

表 8-9　应收账款预算总表

客户类型	期初应收账款余额	加：本期增加额	减：本期减少额	本期应收余额
A 级客户				
B 级客户				
C 级客户				

表 8-10　重点客户应收账款预算表

序号	客户名称	销售收入预算额	销售占比	信用政策	应收账款年预算额

表 8-11　销售单位应收账款预算表

业务单位	客户数量	销售收入预算额	期初应收余额	本期应收增减额	本期应收余额
销售一部					
销售二部					
销售三部					

表 8-12　应收账款分季度预算表

序号	客户名称	一季度			二季度			三季度			四季度		
		期初余额	本期增减	本期余额	期初余额	本期增减	本期余额	期初余额	本期增减	本期余额	期初余额	本期增减	本期余额

（4）销售现金流入预算编制。

销售预算环节还有一个重要的延伸预算内容就是销售现金流入预算，它将成为后期财务预算中现金流预算的重要依据。如果企业销售收入预算、应收账款预算质量较高，现金流预算的难度就不大，可以直接通过前面两个预算数据推导出销售现金流入预算。

销售现金流入预算和销售收入预算是两个完全不同的概念。销售收入是会计核算概念，其界定应当按照权责发生制的原则进行，也就是说销售收入是否真的收到现金并不会影响销售收入预算的结果。现金流入则是以收付实现制为基础，以实际收到的现金作为确认依据。而企业实际经营依赖的是现金而不是销售收入，如果销售收入不能转化成实际收到的现金，企业所有的经营活动便成了无根之木，早晚会因为资金短缺而无法运行。从全面预算管理的角度看，现金预算是保证企业经营计划顺利实施的粮草补给之源。

1）销售现金流入预算的基础资料。

销售现金流入预算编制所需的基础资料包括：销售收入预算结果、应收账款预算结果。如果有的企业不做详细的应收账款预算，则需要收集企业的收款政策，或者统计分析企业历年销售收入回款规律。

2）销售现金流入额的计算公式。

$$\text{年度销售现金流入预算额} = \text{销售收入预算额} - \text{应收账款预算额}$$

$$\text{年度销售现金流入预算额} = \begin{matrix}\text{销售收入}\\\text{预算额}\end{matrix} \times \begin{matrix}\text{现金回收率（没有应}\\\text{收账款预算的企业）}\end{matrix}$$

3）销售现金流入预算表样。

销售现金流入预算表样如表 8-13 和表 8-14 中的示意内容。

表 8-13　年度销售现金流入预算表

产品名称	销售收入预算额	现金回收率	预算期现金流入	上期应收账款回收额	预算期总现金流入

表 8-14　季度回收现金预算表

产品名称	一季度			二季度			三季度			四季度		
	销售收入	现金回收率	现金流入	销售收入	现金回收率	现金流入	销售收入	现金回收率	现金流入	销售收入	现金回收率	现金流入

（5）销售成本预算编制。

销售成本预算是指所销售的产品或服务的直接成本，但有些企业因为经营机制的差异，对于销售成本的界定也会有所差异，比如有的企业在计算销售成本的时候将产品生产成本与销售主体的销售费用合并计算，目的是独立核算销售主体的销售利润。我们在这里只按照通常情况下的习惯进行预算，即只考虑产品或服务的直接成本。

1）销售成本预算的主体。

如果是生产制造型企业，销售成本预算的主体应当是生产部门和财务部门，生产部门提供当期的产品生产成本，财务部门结合库存成本进行当期成本的测算，以此作为销售单位成本的来源，然后与销售量预算进行整合计算出预算期的销售成本预算。

2）销售成本预算的基础资料。

销售成本预算的主要依据包括：预算期的销售数量预算结果、预算期产品生产成本预算、产品库存余额。

3）单位销售成本预算计算公式。

$$产品制造成本=期初库存产品成本+预算期产品制造成本-期末安全库存成本$$

$$产品销售单位成本=产品制造成本\div 产品生产预算量$$

$$产品销售成本=产品销售单位成本\times 销售量预算$$

4）销售成本预算表样。

产品销售成本预算计算表参见表 8-15 中的示意内容。

表 8-15 产品销售成本预算计算表

产品名称	计量单位	期初库存产品成本		预算期产品制造成本		产品销售单位成本	产品销售总成本
		数量①	成本②	数量③	成本④	⑤＝（②＋④）÷（①＋③）	⑤ × 销售量预算
A 产品							
B 产品							

说明：实际中，销售成本的预算没有这么简单，尤其是在生产制造工艺比较复杂的企业，受完工产品不同批次、不同时间单位成本变动的影响，预算期内每个月、每个季度，甚至是每个批次的生产成本都会不一样。本书是为了便于大家理解，将生产成本按照整年度一次计算的方式呈现。具体生产成本的预算要复杂得多，我们会在后面的内容中做详细的介绍。

8.3.3 生产预算的编制

生产预算是企业为实现销售预算而提供的重要的供给支持预算，对于大部分以销定产的企业来说，销售预算完成后紧跟着就要开展生产预算，旨在预测和验证企业的生产能力是否能对销售预算的实现提供足够的保障。因此，生产预算的目标主要来自企业的经营目标和销售预算所确定的销售量预算，主要预算依据包括各类产品的库存情况、产能情况、各类物料消耗定额、制造费用消耗定额等相关信息。

1. 生产预算的编制主体

生产制造的执行主体是企业的生产管理部门和生产制造车间，因此，生产系统的部门和单位就是编制生产预算的主体，可能还需要财务部门提供一些现有成本结构性数据，人力资源部门提供人工预算的数据。如果企业有新产品的生产，这个环节还需要研发部门提供新产品的理论成本数据和相关信息支持。生产预算过程也是企业工艺优化和生产管理优化的过程，所以在做生产预算时，可能还需要工艺技术部门针对预算期可能开展的技改工作，可能引发的定额变化、效能变化提供相关数据支持。

2. 生产预算的主要内容

从预算成果看，生产预算最终呈现的预算结果为生产量预算和产品成本预算。但要得到这两个预算结果，需要开展的前置预算还包括以下两个方面。

（1）产能预算。

产能看似是相对固定的数据，却依然可能因为设备老化、生产现场布局变化、能源供应限制、生产工人技能变化等因素而发生波动。对于产能相对过剩的企业，这个方面的预算并不敏感，也可以忽略不做。但对于产能紧张，甚至是满产满销的企业，产能可能会成为该企业预算期经营目标最主要的制约因素，提高和释放产能成为这类企业在生产预算过程中需要重点考虑的问题。

（2）定额预算。

定额管理是生产制造型企业常用的管理方法，有些企业也会把定额管理与标准成本管理融合在一起，意思一样，都是对企业在料、工、费等方面的消耗进行定额标准的设定、执行和对比分析。通过对标定额和标准，以提高定额和标准的方式不断促进生产环节的效能提升。在做生产预算的时候也同样从定额和标准预算开始确定生产成本的预算水平。

3. 生产业务预算编制实务

（1）生产量预算编制。

在以销定产的企业，生产量预算目标来自企业的销售量预算目标，特殊企业可能是发货量预算目标，也就是说生产量预算的任务为销售量预算的执行提供产品供给保障。

1）生产量预算的基础资料。

生产量预算要按照不同的产品品类、品规进行预测，主要的基础资料包括：分产品的销售量预算结果（或发货预算结果）、企业产成品安全库存标准、物料供应数量、生产产能标准等。

2）生产量预算目标的计算公式。

预算期生产量目标 = 销售量预算 + 期末产成品库存 − 期初产成品库存余额

特殊企业需要将销售量预算换成发货量预算，期末产成品库存应当根据不同品类的安全库存标准汇总得来，而不能笼统地使用一个总额数据。

3）生产量预算。

确定了生产量目标后，便可以从产能、料工费定额、订单规律等多个角度进行生产量的预算，这个预算过程实际上也是进行生产量目标可行性验证的过程，该环节的预算是生产预算的核心工作内容，但很多企业对这部分的预算工作并不重视，认为只要把生产量目标计算出来就等于把生产预算做出来了。如果生产预算可以这么简单，完全没必要让生产部门来做预算，直接让财务按照销售量预算结果计算个产量出来就行了。还是回归到本书对全面预算的定位，全面预算是系统性管理工作，不是财务的专业工作，失去了管理性预算内容，也就背离了全面预算的宗旨，即全面预算的核心目的是实现企业各项战略目标。生产量预算工作可以从以下几个维度来进行。

①产能预算。

产能是否能够满足生产量预算目标的实现，需要生产部门协同设备管理部、能源部门，对现有生产装置、设备的运行情况进行评估，计算确定出预算期最大产能，预测最大产能是否能够满足生产量预算目标，能够满足的程度有多大，如果生产量目标已达到最大产能的 80% 就需要注意可能出现产能跟不上的问题。该环节的预算还要充分考虑不同品类的产能供应问题，即产能的结构性支持不足的问题。

②料工消耗定额预算。

即便是产能能够保证生产量预算目标的要求，也有可能因为料、工、费的定额量标准限制而无法达到生产量预算目标的要求。

物料定额预算只要按照定额计算出物料需求量即可，对于是否能够保证供应生产量需求可以由下一个供应量预算环节去验证。

人工定额则需要生产部门自行进行预算验证，当最大产能的运行超过单班人员操作的要求时，生产部门需要考虑轮班制的生产模式，这需要对一线工人的数量进行预测，具体预测时应当进行模拟排产，分析确定是三班两倒还是双班单倒的排产模式，结合现有员工人数计算出保产能排班模式下的人工定额数据。这个过程可能还需要生产部门考虑到员工的熟练程度，以及流水线布局差异的影响。

③能源供给定额预算。

制造费用定额对生产量预算的影响没有物料定额和人工定额影响大，但也不排除一些重大制造费用对产能实现的影响，比如能源供应量预算，其对产能影响很大。水、电、气、煤、油都属于能源供应，它和原辅材料的供应不同，能源采购是典型的卖方市场，而且不同地域对不同能源的供应政策也大相径庭，处在不同区域的企业一定要考虑当地的能源供应规律与政策，通过调整不同时间段的排产方式获得最佳的能源供应量。

4）生产量预算表。

如表 8-16 至表 8-18 所示，结合生产量相关预算的结果，分不同产品编制生产量预算表。

表 8-16　生产量预测计算表

产品	单位	年度预算				一季度			二季度			三季度			四季度		
		期初库存	本期生产	本期销售	期末库存	本期生产	本期销售	期末库存	本期生产	本期销售	期末库存	本期生产	本期销售	期末库存	本期生产	本期销售	期末库存
A																	
B																	

表 8-17 产能预算表

产品	主设备 1 最大产能	主设备 2 最大产能	主设备 3 最大产能	主设备 4 最大产能	产品总最大产能
A					
B					

表 8-18 生产人工产能预算表

产品	生产量预算	排产模式	产能人工需求量	现有人工数量	人工缺口数量
A					
B					

（2）直接材料数量预算编制。

直接材料是指各类产品生产所需消耗的直接材料，直接材料的数量预测就是对这些不同种类材料消耗的数量进行预测。如果产品的直接材料种类较多，可以采用 ABC 分类法或二八分类法，只针对最主要的直接材料进行数量预算。直接材料数量预算编制的主体也是生产部门，但因为材料消耗定额优化需要技术部门的支持，所以需要其参与该预算的编制。

1）直接材料数量预算的基础资料。

直接材料数量预算的主要资料依据包括：预算期生产量预算结果、主要直接材料消耗定额标准。直接材料的数量预算也要按照产品品类分别测算。

2）直接材料数量预算的计算公式。

直接材料消耗总数量 = 产品产量预算 × 材料单位消耗定额

上述公式中的产品产量预算可以直接使用前面的产品产量预算结果。材料消耗定额是在一定的技术条件下的与单位产品消耗相关的直接材料的单位标准，这部分的数据来自企业的定额库。如果在编制预算过程中，企业不打算做重大的技术优化和改造，并决定沿用现有的定额标准，这个指标可直接从定额指标库中取数。但如果企业计划在预算期就主要材料消耗进行提效降本的技术优化，则有可能改变该直接材料的消耗定额标准，这就需要生产部和技术部配合先调整定额再进行材料消耗量的预算。

有关直接材料的成本预算我们将在后面的供应链预算中介绍，这里就不赘述了。

3）直接材料数量预算表。

对于直接材料的数量预算模型，可见表 8-19 的示意内容。

表 8-19　直接材料数量预算表

序号	材料名称	单位	A 产品			B 产品			材料消耗总量
			产量	定额	材料消耗量	产量	定额	材料消耗量	
1	S 材料								
2	B 材料								
3	A 材料								

（3）直接人工成本预算编制。

直接人工是指为完成生产量任务必须配备的人工数量所需支付的人工成本。有关直接人工的数量预算前面的内容已有所介绍，这里我们主要讨论在人工数量预算确定的情况下如何进行人工成本的预算，这个环节的预算除了需要生产部门参与之外，还需要人力资源部门参与配合。

1）直接人工成本预算的基础资料。

直接人工成本预算所需基础资料包括：预算期产品生产量预算结果、直接人工数量预算结果（或使用产品人工定额标准）、企业薪酬制度即直接人工薪资结构等资料。在生产制造型企业，一般有两种人工工资的计算形式：计时工资制与计件工资制，采用的工资计算方式不同其人工成本预算编制方法也会有所差异。

2）计时工资形式下的直接人工成本预算编制方法。

计时工资制是根据生产一线员工的实际工作时间和计时工资标准计算工资的制度，应用场景相对计件工资制更加普遍。

在计时工资制下进行人工成本预算，首先要确定预算期生产不同产品所需的人工数量及对应的岗位，因为不同的岗位工资标准是有差异的，如果想做得更加精细还需要把人员名单都确定好，因为同一岗位不同年资和技能水平的人员工资也不一样。

①计时工资制下的工时预测。

如果生产模式简单，比如产品品种单一且单班排产，这种类型的企业就不需要特别预测工时。但如果品种多样，工人在不同产品上消耗的工时差异较大，且排产灵活多样，则需要针对不同的产品进行工时预测。这种预测的基础工作是根据生产量预算结果进行拟排产排班。

②计时工资制下的工资标准。

对于计时工资制下的工资标准，不同企业会有不同的界定，比如有的企业只计算工资＋保险，而有的企业可能还会把各种福利、奖金计算进来。

按计时工资制预算的直接人工要进行产品分类预测，最好是能够按照不同产品的生产量预算结果进行模拟排产排班，以此为前提进行预测，简单的分摊法不是不可以，但其准确性和价值都很有限。

3）计件工资形式下的直接人工成本预算编制方法。

计件工资制比计时工资制更具备标准成本的特性，也更有产品针对性。因为计件工资制是根据不同产品预先规定的计件工资标准进行工资测算的方法，是劳动定额管理的重要表现形式。

在具体的计件工资机制的设计上，不同企业差异较大，计件单价的具体计算方法也有不同。基本计算公式如下：

计件单价＝日工资 ÷ 日产量定额

计件单价＝日工资率（小时工资率）× 单位产品的工时定额

产品直接人工工资预测＝产品产量预算结果 × 计件单价

以上是简单的计件工资的计算逻辑，在实际操作中要复杂得多，需要考虑的因素也很多，比如最大产能预测、工资总成本上限、个人工资上下限，以及不同产品产能合理分配问题等。

4）直接人工成本预算表。

直接人工的相关预算表单模型，参见表 8-20 至表 8-22 中的示意内容。

表 8-20 直接人工成本结构表

工资结构	基本工资	岗位津贴	月度奖金	社保	公积金	福利费	工会经费	教育经费
数据来源	人资	人资	人资	财务	财务	财务	财务	财务

表 8-21 计时工资制直接人工成本预算表

产品	产量	人数	工时	单位工时工资	总人工成本
A					
B					

表 8-22　计件工资制直接人工成本预算表

产品	年度总成本			一季度		二季度		三季度		四季度	
	产量	单位计件工资	总成本	产量	成本	产量	成本	产量	成本	产量	成本
A											
B											

（4）制造费用预算编制。

制造费用是生产制造环节对所有产品的生产制造形成支持、管理作用的费用支出。制造费用总预算工作相对容易，只要确定了要开展的管理活动是什么、确定了总生产量预算，相对应的制造费用就能预测。困难点是这些预测出来的各项总制造费用如何分解到不同的产品上，因为制造费用是产品生产制造成本的重要的组成部分，也是直接发生在生产制造环节的费用，必须由各个产品承担。

1）制造费用预算的基础资料。

编制制造费用预算主要依据的基础资料包括：预算期的产品产量预算结果、各项制造费用定额（如主要机物料定额、能源定额等）、经营计划中有关制造费用消耗的重大工作事项等。

2）制造费用计算。

首先要对制造费用进行项目分类，如水、电、气、物料、生产管理人员工资等项目，再区分不同制造费用项目的性质，哪些是与产品产量具有相关性变动关系的，哪些是固定消耗性质的，然后再根据不同性质分别计算制造费用。

对于固定制造费用的计算方式，如果在增量预算法下，这部分的预算就主要以基期费用额 ± 预算期调整额的方式计算；如果在零基预算法下，则需要区分固定工作量和特定项目工作量，再匹配所需资源的消耗量进行计算。

$$变动制造费用 = \sum 各产品生产量预算结果 \times 变动制造费用定额$$

3）制造费用现金流预算。

当完成制造费用预算后，应当将制造费用预算拆解成付现费用和非付现费用两种，为后续的现金流预算提供依据。

4）制造费用预算表。

制造费用的相关预算表单，参见表 8-23 和表 8-24 中的示意内容。

表 8-23 制造费用定额表

序号	制造费用项目	单位	费用定额		备注
			A 产品	B 产品	
1	变动制造费用				
1.1	×× 物料	元 / 吨			
1.2	检测费	元 / 次 / 吨			
1.3	劳保费	元 / 人 / 吨			
1.4	电费	元 / 度 / 吨			
⋮					
2	固定制造费用				
2.1	折旧费	分摊率			
2.2	管理人员工资	分摊率			
⋮					

表 8-24 制造费用预算表

序号	制造费用项目	A 产品			B 产品		
		产量预算	费用定额	费用预算	产量预算	费用定额	费用预算
1	变动制造费用						
1.1	×× 物料						
1.2	检测费						
1.3	劳保费						
1.4	电费						
⋮							
2	固定制造费用						
2.1	折旧费						
2.2	管理人员工资						
⋮							

（5）产品成本预算编制。

根据每种产品产量预算结果，再整合料、工、费预算数据，就能形成每种产品的总成本与单位成本预算。产品成本预算编制的责任单位以生产部门为主，财务部门、人力资源等部门协助。产品成本预算所依据的基础资料是前面有关生产量、直接材料、直接人工、制造费用的预算结果。

1）产品成本计算方式。

产品成本总预算 = ∑每种产品生产量预算 × 该种产品单位成本

产品单位成本 =（直接材料 + 直接人工 + 制造费用）÷ 产品生产量

2）产品成本预算表。

产品单位成本的预算表单，参见表 8-25 内容。

表 8-25　产品单位成本预算表

序号	产品成本项目	产品总成本					单位成本	
		生产量预算	定额单耗量	定额总耗量	定额单耗单价	成本额	生产量	单位成本
1	直接材料							
1.1	甲材料							
1.2	乙材料							
2	直接人工							
3	制造费用							
3.1	变动费用							
3.2	固定费用							
合计								

3）产品总成本预算表。

产品总成本的预算表单，可参见表 8-26 中的示意内容。

表 8-26　产品总成本预算表

产品名称	单位	生产量预算	单位成本	成本额
A 产品				
B 产品				
C 产品				
合计				

8.3.4　供应链预算的编制

供应链是承接企业研发、生产、销售等价值链活动的重要支持系统，涵盖采购业务、仓储业务、运输业务等一系列供应活动。供应链对产供平衡、产销平衡起到关键性作用，同时也是贯通企业研发到销售的重要桥梁。

大部分企业都处在供大于求的环境中，销售预算一般是整个预算的开端，后面的生产和供应链预算也都是围绕销售目标而开展的预算，当然个别受价值链中某些特定原材料制约的企业除外。一般情况下，供应链预算是依据销售预算和生产预算的结果开展的支持性预算。

本书这个环节有一些观点可能和一些读者常规的认知有所差异，主要体现在供应链预算部分，本书将运输费用的预算放到供应链体系中，这与会计核算的逻辑是有差异的，具体原因会在后面相关内容中详细讲解。

1. 供应链预算的编制主体

供应链预算的编制主体要和企业在供应链上的组织架构相匹配，如果企业把供应链以直线职能制的组织模式拆成各个职能部门，比如采购部、运输部、仓储部等，那供应链预算编制主体就是这些职能部门的管理者。也有企业采用的是链式管理模式，将整个供应链作为一个支持系统，那编制主体就是该企业的供应链管理者。

因为供应链预算与生产、销售密不可分，有些研发频率很高的企业还存在供应链支持研发打样、小试的职责，而供应链运行也需要人力和财力的支持，所以这些相关部门在供应链预算过程中都有协同配合的责任，也是重要的参与者。

2. 供应链预算的主要内容

供应链预算的内容结构取决于该企业供应链本身的业务结构，比如是否存在运输、仓储环节，是否存在某些环节的外包等情况。一般情况下的主要内容包括：采购预算、运输费用预算、应付账款预算、存货预算、供应链管理费用预算等。

3. 供应链预算的编制实务

（1）采购预算。

采购预算的编制主体是企业的采购部门，核心内容是预算期需要完成的采购量和采购成本目标。采购预测对企业整体获利水平的影响很大，对资金收支的影响也很大。

1）采购预算依据的基础资料。

采购预算不仅要预算数量还要预测价格、预算成本，所以其依赖的基础资料包含内外部信息。

- 内部信息：生产量预算结果、材料存货预算结果、材料库存定额等。
- 外部信息：材料市场价格信息、材料相关的供求关系信息、供应商情况信息、竞争对手相关信息。

2）采购预算主要指标的计算方式。

因每个企业对材料安全库存的容忍度不同，且不同品类的产品对安全库存的要求也不同。影响安全库存的因素是多样的，既有内部因素（如生产销售周期、供应商与客户议价能力等），也有外部因素（如国家政策、市场环境变化、竞争对手策略等）。为了保证企业持续经营的需要，企业应当在采购预算上设置一些必要的预测指标。

①材料采购量任务指标。

采购量指标是采购部门的主要任务指标，是保证生产量预算达成的支持性指标，是产供平衡的主要指标。

$$预算期材料消耗量 = \sum 预算期各产品量 \times 材料消耗定额量$$

$$材料采购量预算 = \sum 预算期材料消耗量 + 期末库存量 - 期初库存量$$

采购量预算除了要做预算数据之外，还需要结合采购部门的经营计划预测验证采购量的达成可行性，这需要将采购量预算数据分解到不同材料的主要供应商上，并与供应商进行实际对接沟通，验证供应商的供应能力能否满足供应量要求，尤其是采购量大幅增加时，这个预测验证动作格外重要。

②材料采购成本指标。

采购成本是采购预算的重要内容，也是采购成本管理的重要指标，直接对产品成本的高低产生影响。

$$预算期材料采购成本总额 = \sum 预算期材料采购量 \times 材料物资预算单价$$

材料采购单价的预测是采购成本预算的关键内容，不建议直接引用财务历史数据或现有材料平均成本，因为财务历史数据都是过往水平，预算期价格水平真正的制约因素是市场而不是历史数据，尤其是在企业成本中占比较大的重要材料更需要对其进行价格趋势的外部市场分析和预测。从某种意义上讲，主要材料的采购价格预算期波动预测和水平预测将对企业策略性经营决策产生重大影响。

3）编制采购预算表。

如表 8-27 和表 8-28 所示，采购预算表需要按照材料物资的类别、品名分类汇总编制。

表 8-27 材料采购量预算表

材料名称	计量单位	生产量	材料消耗定额	材料消耗量
甲材料				
乙材料				
丙材料				
⋮				
合计				

表 8-28 材料采购成本预算表

材料名称	计量单位	材料消耗量	预测单价	不含税金额	增值税税率	增值税税额	含税金额
甲材料							
乙材料							
丙材料							
⋮							
合计							

（2）运输费用预算。

在供应链环节有些企业的运输费属于很大的一块成本，但从会计核算的角度，运输费用要么与购买商品或材料一并纳入相关成本科目，要么归集到销售费用，或者计入管理费用。本书为什么要把运输费用预算放在供应链环节呢？因为在价值链流转过程中，运输环节连接了产供与供销，实现了供应链业务流转。从全价值链成本分析的视角看，运输环节的费用应当计入相关产品的价值实现过程，便于分析获得真实的产品价值链全过程成本构成。从全面预算的角度讲，运输费用单独预测便于经营管理者统筹安排预算期产品结构，完整测算不同产品的全价值链成本，准确定义现金流产品、盈利产品和规模产品，形成适宜的产品策略、市场策略。

1）运输费用预算依据的主要基础资料。

运输费用预算需要的主要基础资料包括：材料采购预算（分类材料采购预算数据）、产品销售预算（分类产品销售量预算数据）、供应合同与销售合同运输条款、材料采购地与产品销售地对应信息、不同运输方式的价格预测、不同区域不同运输方式的价格预测等信息。

2）运输费用预算的计算方式。

运输费用预算的计算方式和企业的业务模式有很大关系，不同业务模式的计算逻辑也差异较大，没有什么标准化的计算公式。预算时要与不同的运输方式结合。

①海运费预算。

海运费用可以按货物重量、尺码或体积来计算，预算时应选择企业实际货物的计价方式。假设该企业运输的是体积大、重量轻的货物，海运公司会以体积计价。

$$\text{海运费用} = \sum \text{销售量} \times \text{折算单位体积} \times \text{运价}$$

②空运费预算。

空运费一般由运费和杂费两部分组成，按照重量等级计算单价，对于体积大的货物航空公司会有折算重量的标准，国内国外的计价标准也不一样。预算时应根据货物运输的国内外区域，结合相应的航空公司价格政策计算。

$$\text{空运费用} = \text{销售量折算重量} \times \text{运价}$$

③汽运费预算。

汽运费标准的计算是按重量（吨）计算，运价中含有油价、过路费、车辆折旧费、驾驶员工资费用、合理利润等。

$$\text{汽运费} = \sum \text{销售量折算重量} \times \text{运价} \times \text{运输里程}$$

实际预算时应当更加精细测算，因为在国内汽运方式下，实际成交价格在与不同的承运 / 托运公司合作时差异较大，信任程度的高低会直接影响汽运费的高低。建议汽运预算由实际操作的运输部门结合现有合作的运输公司针对不同的产品、路线等进行更精细的预测，最好不要由财务部门从历史数据中调取。

④铁路运费预算。

计算铁路运费应当按照国家《铁路货物运价规则》查询具体的运价里程，并从《铁路货物运输品名分类与代码表》和《铁路货物运输品名检查表》中查出该品名适用的运价号。然后根据适用的运价号，计算出货物单位重量的运费。具体计算的时候还要分整车、零担、集装箱等不同方式。

$$铁路运费 = \sum 销售量折算重量 \times 运价$$

3）运输费用预算表编制。

运输费用的相关预算表单，参见表 8-29 和表 8-30 中的示意内容。

表 8-29　运输方式运量计划表

产品名称	销量	运输方式（运量）			合计
		海运	空运	汽运	
A 产品					
B 产品					
C 产品					
合计					

表 8-30　运输费用预算表

运输方式	运量	运输里程	运价	运费总额
海运				
空运				
汽运				

（3）应付账款预算。

应付账款预算是构成企业现金流预算的重要组成部分，涵盖预算期应付账款发生额、期初期末余额、实际付款金额等内容，编制主体主要是采购部门，财务部门是主要的协助参与部门。

1）应付账款预算依据的主要基础资料。

应付账款预算依据的最主要资料其实是企业不同时期的付款政策，还要对应到不同级别类型的供应商，付款政策对应付账款预算起到决定性作用。一般情况下，企业的付款政策处于动态调整状态，不仅是整体政策，供应商评级政策以及不同级别供应商付款政策都会根据各种内外部环境及企业经济目标变动情况进行调整，所以在做应付账款预算之前首先要确认企业在预算期的付款政策。

除了上述最核心的基础资料外，应付账款预算依据的基础资料还包括预算期的材料物资采购金额、运输费预算金额、不同材料市场供求关系变化信息、企业信用等级信息、供应商收款政策、应付账款期初余额、预算期货款还款计划等。

2）应付账款预算计算方式。

$$\text{应付账款预算期期末余额}=\begin{matrix}\text{应付账款}\\\text{期初余额}\end{matrix}+\begin{matrix}\text{预算期应付}\\\text{账款增加额}\end{matrix}-\begin{matrix}\text{预算期应付}\\\text{账款减少额}\end{matrix}$$

①应付账款期初余额。

应付账款期初余额是上期应付账款尚未支付的余额，企业在预算阶段还无法获得准确的期初余额，企业可以根据编制预算时应付账款的实际余额，加上剩余时间预计采购金额，再扣除剩余时间预计付款金额计算取得。

②预算期应付账款增加额。

$$\text{预算期应付账款增加额}=\sum\text{各材料预算期采购金额}$$

这个数据可以直接从采购预算的采购成本中取得。

③预算期应付账款减少额。

这个数据的预测是最为复杂的，因为这个数据的来源要以供应商为预算对象，按照对应的付款政策逐一计算不同材料在预算期应付给不同供应商的账款额，汇总计算得出预算期的应付账款减少额。这个数据需要对供应商逐个进行核定，有些还需要和供应商进行一对一的实际洽谈。

3）应付账款预算表编制。

如表 8-31 和表 8-32 所示，应付账款预算编制需要先按照供应商名称逐一为其设置账户，当然，如果供应商数量过多，可以按照二八分类法进行划分，将重要的供应商按名称逐一设置账户，不重要的供应商可以合并成一个账户，并命名为其他供应商。

表 8-31　应付账款付款政策一览表

序号	供应商名称	材料名称	付款政策
1	A	甲	
2	B	乙	

（续）

序号	供应商名称	材料名称	付款政策
3	C	丙	
⋮	⋮	⋮	

表 8-32 应付账款预算表

序号	供应商名称	业务内容	应付账款期初余额①	预算期应付账款增加额②	预算期应付账款减少额③	应付账款预算期期末余额④ = ① + ② − ③
1	A					
2	B					
3	C					
合计						

还有一个技术点需要说明，为了保持预算和会计核算的口径一致性，我们建议将预算期的材料物资采购货款和运输费用应付款全部纳入应付账款预算，会计人员进行会计核算时，也将采购货款全部过渡到应付账款账户，这样便于实际与预算的对比分析取数。

（4）存货预算。

存货是企业流动资产管理的重要组成部分，涉及企业的各种生产物料、产成品等流动性资产，这些资产以存货的形态阶段性地停留在企业，如果不能快速流动就会形成资金滞留的财务风险，进而影响企业的资金流动。因此，存货预算的核心是预测判断预算期企业存货的安全、合理存量和成本规模。

1）存货预算依据的基础资料。

①各类存货的预算期期初库存数据。

各类存货的预算期期初库存数据其实就是前一个预算期的期末库存结果，如果企业做预算时间比较早，就需要根据企业当年的经营情况进行预判。

②各类存货的库存定额标准。

定额标准需要动态调整，不是固定的，存货定额也一样，随着业务量、业务模式的变化要对其进行适配调整，同时也要不断通过调整定额提高存货管理水平。所以每个预算期都需要进行存货定额优化再确定的工作，将该工作结果作为期末存货目标的基础资料。

③各类产品的生产量预算。

生产量预算结果直接决定了满足生产量的材料物资的供给需求，同时也是材料转化成产成品存货的依据，该数据是预算期存货增量的主要数据来源。

2）存货预算的计算方式。

存货期末库存量 = 存货期初库存量 + 存货预算期入库量 − 存货预算期出库量

存货定额差异 = 存货期末库存量 − 存货定额

①存货期初库存量，需要按照库存定额标准及库存实际期初存量综合测算，因为不是所有的存货都能满足存货定额的要求。

②存货预算期入库量，是预算期采购入库材料和产品增加的数量，这些数据可以根据采购预算和生产预算中的数量预算结果取得。

③存货预算期出库量，是预算期生产材料出库和产成品销售出库的数量，这些数据可以根据直接材料预算和销售发货预算结果取得。

④存货期末库存预算需要与存货定额进行对比，要分析差异原因，对于非本预算期可以解决的遗留问题需要特别说明。

说明：存货预算应当按照材料、产品的品类分别测算，再汇总形成最终的结果，预算结果既要反映存货数量又要反映存货金额，存货金额所依赖的价格是需要按品类分别进行预测的。

3）存货预算表。

存货的相关预算表单，参见表 8-33 至表 8-35 中的示意内容。

表 8-33　预算期存货定额表

存货名称		单位	上年库存天数定额			预算期库存天数目标		
			存储天数	发运天数	结算天数	存储天数	发运天数	结算天数
材料类	A 材料							
	B 材料							
	⋮							
产成品类	A 产品							
	B 产品							
	⋮							

表 8-34　预算期存货量预算表

存货名称		单位	存货期初库存量	存货预算期入库量	存货预算期出库量	存货期末库存量	存货定额	存货定额差异	预算调整
材料类	A 材料								
	B 材料								
	⋮								
产成品类	A 产品								
	B 产品								
	⋮								

表 8-35　预算期存货成本表

存货名称		单位	期末库存量	单位成本	期末库存成本
材料类	A 材料				
	B 材料				
	⋮				
产成品类	A 产品				
	B 产品				
	⋮				

（5）供应链管理费用预算。

如果企业决策需要将供应链管理费用摊入价值链预算，就要对供应链管理费用进行单独预算，并按照某种分摊规则将其分摊到不同的产品上。如果企业决策不需要将供应链管理费用摊入价值链预算，这部分的预算数据则与企业其他期间费用合并。无论是单独预算还是合并预算，都建议按照零基预算的方式进行。这一部分的内容和后面的期间费用预算方式一样，这里不做赘述。

8.3.5　期间费用预算的编制

企业期间费用属于财务会计语言，从企业经营管理的角度讲，这部分费用预算应当属于企业运营成本，是除了以产品为主线的价值链业务收支预算以外的企业运营的成本预算，是企业净利润预算的主要构成部分。财务会计上的期间费用预算主要是管理费用、财务费用和销售费用预算。需要注意的是，有些企业会把销售费用预算合并到价值链预算体系中。我们会在本节的后半部分讲解价值链预算的逻辑。

1. 期间费用预算的编制主体

会计上对期间费用的归集是按照企业会计准则的规定执行的，如果不考虑企业组织变革的特殊要求，期间费用一般情况下可以按照直线职能制的模式分部门进行归集。因此，期间费用的编制主体就是费用发生的执行者，即企业所有职能部门，包括行政、财务、人力资源、质量管理、生产管理、供应管理等发生的成本费用。其中销售费用一般由营销部门编制，包含市场和销售两部分费用；财务费用由财务部门编制，但并不是说财务部门是财务费用的执行主体，这是一个特例，财务费用是企业层面的费用，财务部门只是作为专业部门代行编制责任。

2. 期间费用预算的编制内容

期间费用的编制内容从大结构上讲，就是管理费用、财务费用和销售费用。但每个一级费用都应当按照不同的费用项目和不同的管理目的、执行主体进行组合，形成更加详细的编制内容结构。该结构是多层次的，受不同企业管理模式的影响较大。

表 8-36 为某家采用矩阵式管理模式的大型企业期间费用的内容结构。

表 8-36　某大型企业期间费用内容结构示意表

一级	二级	三级	四级	五级	六级
管理费用	办公费	部门	—	项目	—
	设计费	部门	产线	项目	—
	⋮	⋮	⋮	⋮	⋮
财务费用	利息	部门 / 业务单位	—	项目	—
销售费用	推广费	部门	平台	区域	小组
	⋮	⋮	⋮	⋮	⋮

3. 期间费用的预算编制实务

对于期间费用的预算编制很多企业愿意采用增量预算法，即将上年历史数据作为基数进行预算期的预算编制，这种方法简单易行，但缺点也很明显。本书还是建议企业尽量采用零基预算的模式编制期间费用预算，因为零基预算是最能体现全面预算精髓的方法。本书第 12 章会专门针对零基预算向大家进行讲解，同时也会对比分析零基预算与增量预算的差异。感兴趣的读者可以特别关注第 12 章的内容。期间费用预算的工作主要包括以下三项，现分别进行介绍。

（1）管理费用预算。

期间费用中涉及组织部门或单位最多的预算就是管理费用预算，凡是与产品价值链转换无关，但与组织正常运营管理相关的费用基本上都能归集到管理费用中。现实中很多企业会把属于价值链消耗的成本费用也归集到管理费用中，比如采购部门的费用、运输仓储部门的费用、研发部门的费用。这就决定了管理费用涉及的编制主体非常多，本着谁执行谁编制的原则，凡是涉及管理费用消耗的业务单位或部门都有可能参与到编制管理费用预算的工作中来。

1）管理费用预算编制依据的主要基础资料。

我们这里按照应用零基预算编制方法的逻辑梳理基础资料，因为如果采用增量预算法，核心的基础资料就是企业上年度发生的实际预算数据，再加上一些预算期明显需要增减的要素信息。

编制管理费用预算需要的基础资料包括：企业年度业务计划（BP）、各业务及职能部门的 BP、年度 BP 与资源匹配结合的业务预算结果、企业年度经济目标，尤其是净利润目标。

2）管理费用预算项目的组成结构。

①可控与不可控管理费用。

首先管理费用存在可控与不可控因素。对于不可控管理费用项目只要按照合规的计算方法计算即可，比如固定资产折旧费，由财务部门根据固定资产明细账的实际情况按照企业会计准则有关计提折旧的要求进行测算确定即可，不需要各部门对折旧项目进行预测。再如员工的保险费也有国家规定，企业和部门都不能左右其预算的多少。类似这样的不可控管理费用项目还有很多，如工会经费、职工教育经费等。

可控管理费用项目则是管理费用预算的重点内容，因为这些费用的发生与消耗主体的经营行为直接相关，也是与年度 BP 紧密相关的费用项目。这类费用包括业务招待费、办公费、差旅费、物料消耗费用等。

这里还要特别提一下技术开发和研发费用的预算问题。如果企业的技术开发和研发费用能够和产品明确挂钩且准确归集，建议将这一部分的费用单独预算并归入价值链预算。除了利于价值链管理外，对于高新企业研发费用进行单列也是通过高新企业认定的基本要求。在这一章的最后部分我们会专门讲一讲价值链预算的问题。

②统一管理与自行管理费用。

在管理费用项目中存在一些需要特定专业部门统一管理的费用，比如归人力资源部门管理的人工费用，含所有的人员编制、薪资标准、涨薪幅度、福利待遇等；财务部门统一管理的固定资产折旧费等。这些管理费用虽然也需要各部门分解承担，但预算管理的职能并不在各部门而是在专业职能部门。这部分的费用预算需要由这些专业部门通过经营计划、业务预算推导出相关数据。

另外一种对应的费用属于各部门可以自行管理的费用，也可以理解成各部门可控可管的费用。

③企业层公共费用与部门管理费用。

再换一个划分逻辑，在管理费用中还存在一些属于企业为整体构建环境或是针对企业整体需要支付的公共费用，比如排污费、绿化费、各种税费等。这类费用预算编制主体原则上是谁管理谁编制。

部门管理费用是那些可以准确归集到特定部门消耗的费用。

3）不同类型管理费用预算的编制方式。

- 不可控费用预算一般由统一管理的专业部门归口编制，这类费用影响因素较多，受有关基数、内外政策和标准的制约，这类费用的预算侧重于准确预测，很难通过其他主观方式进行控制。这些费用属于固定性费用，预算编制重在预测政策和规则标准并在此基础上进行对标测算。
- 可控费用预算一般由相关控制主体（各职能部门）负责编制，这类费用受消耗主体的主观因素影响较大，不同的策略、方法、行动计划会产生不同的费用用途和标准。建议采用零基预算法进行编制，当然如果企业不具备零基预算条件也可以采用增量预算的编制方法。
- 企业层的公共费用预算一般会归口到某个专业管理部门进行编制，这类预算的管理一般不需要分解到各部门，将它作为企业运营成本直接冲减经营利润，是企业净利润的影响因素。当然也有企业会把企业费用分摊到各部门。

- 部门费用无论是可控还是不可控费用，只要是直接消耗或分解应当承担的相关费用最终都要纳入该部门的管理费用预算，只是有些数据是部门自己编制的，有些数据是由归口专业部门做总预算后分解出来的。

4）管理费用预算表。

如表 8-37 和表 8-38 所示，管理费用的编制类型多样、数据来源多样、管理主体多样，为了将不同类型、不同渠道、不同管理主体的各项管理费用落实到位，管理费用预算表的设计建议采用棋盘式表格形式。

表 8-37 管理费用归口费用分解表

费用项目	项目性质	项目层次	归口管理部门	费用分担部门
折旧费	不可控	部门级	财务部	各部门
排污费	不可控	企业级	财务部	无
⋮	⋮	⋮	⋮	⋮

表 8-38 管理费用预算总表

性质	项目	基期	预算	20×× 年各部门预算									
				财务部	人力资源部	行政部	采购部	技术部	工程部	其他	市场部	A分厂	B分厂
可控													
不可控													
合计													

（2）财务费用预算。

财务费用预算是企业资金管理过程中，企业为筹集资金或存储资金而发生的利息收支预算。对于集团化大型企业来说，可能还存在企业内部资金流动的利息政策引发的不同分子公司、事业部的财务费用预算问题。

1）财务费用预算依据的主要基础资料。

单体企业的财务费用预算依据的基础资料包括：预算期存贷款利率预测、企业融资贷款规模预测、企业日均存款量、企业汇款等支出业务量及相关手续费价格预测等。如果存在应付债券业务，还需要预测债券利率。如果有外汇业务还需要预测结汇、购汇、调汇等业务的额度和汇率。

集团化大型企业财务费用预算所依据的资料除了上述内容外，还包括内部资金占用利息政策、内部企业资金占用量、内部融资政策等。

2）财务费用预算计算方式。

利息支出预算 = 融资额 × 贷款年化利率

利息收入预算 = 平均存款余额 × 存款年化利率

手续费预算 = 上年实际费用 ± 预算期调整

注意：在编制财务费用预算时，要按照财务会计准则区分利息的列支归属，不能把应归集到固定资产购置成本的利息放到期间费用里，同样也不能把应该列入期间费用的财务费用计入在建工程或固定资产中。

3）财务费用预算表。

如表 8-39 和表 8-40 所示，财务费用预算表要按照财务费用的不同项目、金额、发生时间、计算比率等分项设计。

表 8-39　财务费用预算项目分类基础表

序号	费用项目	单位	一季度	二季度	三季度	四季度
1	银行借款额					
2	借款利率					
3	平均存款余额					
4	存款利率					
5	电汇业务量					
6	电汇单价					

表 8-40　财务费用预算表

序号	费用项目	总预算	一季度	二季度	三季度	四季度
1	借款利息支出					
2	存款利息收入					
3	银行手续费					
4	承兑汇票贴现费					
5	⋮					

（3）销售费用预算。

从传统的财务预算层面讲，销售费用预算是期间费用预算的重要组成部分，本书中也把销售费用预算放在期间费用预算范畴里讲。但本书推崇价值链预算逻辑，销售预算应当进行一定的拆解，把与产品销售紧密相关且能对应到产品的销售费用纳入价值链预算中。不管销售预算怎么归类，编制主体都是营销系统的相关部门，财务和人力部门协助配合。

1）销售费用预算编制依据的主要基础资料。

编制销售费用预算需要的基础资料包括：销售目标、销售量预算、销售收入预算、销售政策、销售费用率标准等。按照全面预算、零基预算的工作逻辑，销售预算的编制应当与营销经营计划匹配，这就需要将营销体系的年度经营计划作为销售费用预算的基本资料信息。

2）销售费用预算的测算方式。

如果企业采用的是增量预算法，对于销售费用的预算逻辑如下。

$$\text{预算期销售费用} = \text{预算期销售收入} \times \frac{\text{基期（上年度）销售费用}}{\text{基期（上年度）销售收入}} \times 100\%$$

如果采用零基预算法，测算逻辑会发生变化，最主要的差异是没有基期的概念，上年数据可能会有一定的参照作用，但并不会被作为主要的测算依据。

零基预算法下的销售费用预算的测算步骤如下。

①确定销售费用的项目内容结构。

销售费用项目分为固定项目和变动项目，固定项目是针对常规性工作所需的费用项目，比如市场部人工工资、分摊的折旧费用、水电费等。这部分费用不会因业务量的变化而变化，也不会因为市场策略和活动发生变化，是销售部门必须支付的固定费用。变动项目分为两个部分，一部分是随着销售量的变化而变化的费用，比如业务人员工资、业务员差旅费等。另一部分是因营销策略的变化而发生的策略性费用，比如推广费、广宣费等。

②分类确定销售费用项目的支出额度。

与销售量预算强相关的变动费用，一般是根据销售量预算结果和费用率标准计算数额，其中费用率标准的确定是个关键点，有的企业会采用上期平均值，有的企业会采用历史多年数据的平均值。我个人建议可以针对不同的变动费用项目，实际预测费用率，比如根据预算期消费水平变化预测确定适宜的差旅费费用率。与营销策略相关的变动销售费用，则需要按照销售部门的年度经营计划进行安排，做出相关的实施方案，按照方案配比资源计算，如推广费预算，就要根据预算期对于推广费政策、方式的策略要求制订实施方案，根据实施方案测算相关销售费用数额。固定费用的支出额由专业部门计算出具体数额即可，如折旧费分摊由财务部计算。

③确定销售费用的支付等级。

企业的资源总是有限的，预算在实际执行过程中，总会遇到资源供给与需求的冲突问题。销售环节涉及不同的产品、区域、渠道和业务团队，在阶段性资源紧张的时候，什么费用、谁的费用、多大的费用可以优先支付，企业需要在预算阶段就制定好规则，否则会造成执行过程中的内部冲突和消耗。所以，要根据费用的性质差异、轻重缓急程度进行分类排序，并配套建立预算保障规则，比如对工资性预算必须全额保证；对于推广费，可以根据不同的产品、渠道、区域进行排序，以此作为实际支付时的参照依据。

3）编制销售费用预算表。

销售费用预算表单，参见表 8-41 和表 8-42 中的示意内容。

表 8-41　销售费用项目分类表

序号	费用项目类型	费用项目名称	费用管理部门	费用消耗部门
1	变动费用	业务员薪资	营销办公室	各销售部门
2		运杂费	销售计划部	各销售部门
3		⋮	⋮	⋮
4	固定费用	销售管理人员薪资	营销办公室	市场部 / 营销办公室 / 销售管理
5		折旧费	财务部	所有营销部门
6		⋮	⋮	⋮

表 8-42　销售费用预算表

性质	项目	全年预算			一季度	二季度	三季度	四季度
		测算额	备用额	预算额				
变动								
固定								
合计								
付现								
非付现								

8.3.6 价值链预算的编制

如图 8-2 所示，价值链预算是我个人非常推荐的预算模型，但目前的全面预算相关书籍中对这种预算模型的讲述并不多见。

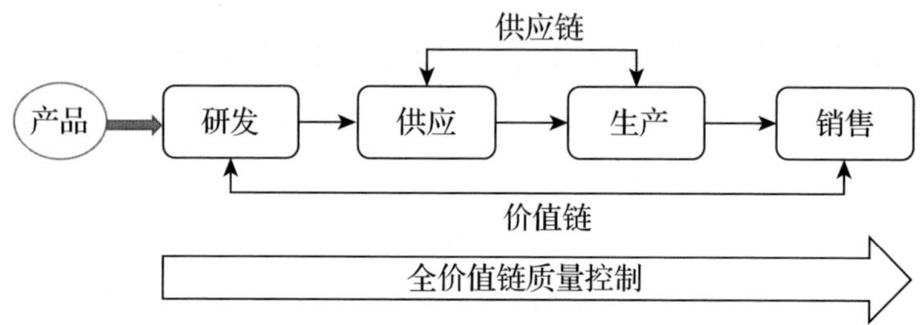

图 8-2 价值链预算模型示意图

价值链预算模型的核心思想是以产品为主线，拉通研供产销整个价值链，从完整的价值转换角度看清产品对于企业的价值所在，避免因使用单一的制造成本呈现产品的获利水平而造成产品决策失误。价值链预算模型以产品为预算维度，将每个产品从研发到销售全过程的投入产出进行预测，帮助企业管理者全面完整地分析不同产品经过价值链转换后的投入产出差异，更加准确地判断和识别出企业的高价值产品。

因价值链预算属于整合预算，其预算结构多样，涉及的部门和单位也较多，所以价值链预算的编制主体并非一个独立的部门，其编制工作是由相关业务单位和职能部门共同完成的，最终可能会需要一个职能部门将各环节预算按照价值链逻辑进行整合汇总，可能是财务部门也可能是预算管理部门或其他具备预算管理职能的部门。

1. 价值链预算编制依据的基础资料

价值链预算是建立在价值链上的各个环节业务预算基础上的整合预算，即只有在研发、供应、生产、销售预算全部完成的情况下才能进行价值链预算，所以研发、供应、生产、销售预算是价值链预算的基础资料，而且研发、供应、生产和销售也需要以同样口径的产品线索进行预算编制才能成为价值链预算的有用资料。另外，生产销售有形产品的企业还应当对产品的研供产销全过程进行品质管理，这些质量管理活动也必然会消耗资源，所以应当将质量控制费用预算也按照同口径产品进行预测，如果实在有困难，也可以采用合理的分摊方法将其分配到相关的产品中。

2. 价值链预算编制的计算逻辑

价值链预算计算的核心是以产品为主线，所以首先要对企业的所有产品进行分类，确定能够进行研供产销的最小核算单位的产品品规。注意最小核算单位必须四个环节一致，但凡有一个环节无法一致，就必须把预算品规上移一层，加粗颗粒度以保持价值链预算完整。有些企业确实在某个环节很难细分到产品，但企业又想形成价值链预算的结果，这种情况下可以采用分摊法，这时候分摊标准的设定质量就成了关键。

$$\text{产品价值链利润}=\begin{matrix}\text{产品}\\ \text{销售收入}\end{matrix}-\begin{matrix}\text{产品}\\ \text{研发费用}\end{matrix}-\begin{matrix}\text{产品制造成本}\\ \text{（产成品成本）}\end{matrix}-\begin{matrix}\text{产品}\\ \text{供应链成本}\end{matrix}$$

$$\text{企业价值链利润}=\begin{matrix}\sum\text{产品}\\ \text{销售收入}\end{matrix}-\begin{matrix}\text{产品}\\ \text{研发费用}\end{matrix}-\begin{matrix}\text{产品}\\ \text{制造成本}\end{matrix}-\begin{matrix}\text{产品}\\ \text{供应链成本}\end{matrix}$$

3. 价值链预算表

价值链预算的表单结构，可参见表 8-43 中的示意内容。

表 8-43　价值链预算表

产品名称	销售量	收入		制造成本		研发费用	供应链成本	利润
		单价	金额	单位成本	金额			
A 产品								
B 产品								
⋮								

Chapter9

第 9 章 从业务预算到财务预算体系

9.1 财务预算概述

在全面预算管理下，财务预算是对业务预算货币化的过程，同时整合了企业资本性预算，可以从整体宏观、经济成果、经营分配的角度，以会计语言呈现出更加完整的预算体系。有些专家会把资本性预算单独成章，而本书将其纳入财务预算是因为本书对财务预算的定位不是单纯的财务逻辑的预算，而是用财务的语言呈现企业整体决策的预算，其中就包括了资本性预算和经营成果分配预算，当然也一定包括财务逻辑下的利润、现金流和财务状况（三大财务报表）预算内容。

9.1.1 财务预算定义与作用

财务预算是业务预算的货币化过程，业务预算确定了经营计划所需的资源情况，财务预算要将这些资源匹配后的业务预算整合呈现为财务语言，并向企业决策层描述业务预算实施后的财务结果情况。所以从某种程度上讲，财务预算也可以说是企业的总预算，是总的财务结果预算。企业在预算期开展预算目标制定与分解、经营计划制订与分解、业务预算编制等一系列工作，并在此基础上进行财务规划。

财务预算在整个全面预算管理中发挥着以下几个方面的作用。

1. 目标导向作用

企业所有经营管理活动最终都要呈现在财务结果上。从某种意义上讲，企业的成功就是财务成功，而财务成功的标志就体现在财务目标上。所以财务预算结果是企业预算经济结果的仪表盘，经济目标是多少，企业实际完成得怎么样，都可以通过财务预算与实际财务核算的对比分析呈现出来。所以财务预算对企业各业务单位和职能部门的各个岗位人员的行为都有很强的目标导向作用。比如利润导向，可以引导各部门和业务单位本着利润最大化原则进行工作协同和资源共享。

2. 执行控制作用

财务预算结果可以细化成一个个财务核算指标，包括收入指标、支出指标和利润指标。这些从财务预算中提取的财务指标，可以有效地对实际业务和管理活动形成控制和约束，当实际业务花费的资金超出预算开支标准时就会被财务强行叫停不予支付；当业务收入没有达到预算标准时，财务就会进行预警和提示，要求相关业务部门及时回款；当某个项目没有实现项目阶段性目标，有可能引发项目利润预算目标不达标时，财务也会实施执行控制，暂停项目资金的拨付。

3. 绩效考评标准依据

财务预算的指标可以直接作为企业对各个业务单位和职能部门的绩效考评指标使用，比如收入指标、成本费用指标、利润指标、ROI 指标、产品毛利率等。因此财务预算指标可以成为企业经营成果绩效考评的主要依据。

9.1.2　财务预算的内容结构

财务预算的内容主要反映企业经营成果、资金流动情况和财务状况。

1. 经营成果预算（利润预算）

利润预算是按照财务会计的利润表格式和内容编制的预算，反映企业预算期经营成果情况，涵盖了收入、成本、费用和利润的相关指标。在实际预算中，企业可以根据管理的需要对标准的利润表进行改造和细化，比如把收入细化成主打产品 + 引流产品 + 竞争产品的结构等。

除了反映经营成果的利润预算之外，还要对经营成果在预算期的分配情况进行预测，即利润分配预算，也可以将其包含在利润预算中。

2. 资金流动情况预算（现金流预算与资本性预算）

企业经营的核心资源是资金，但利润预算的结果并不与现金流动完全一致，这主要是权责发生制和收付实现制核算方法的差异造成的。所以在编制了利润预算之后，还应当根据企业收付款政策、策略进行对应的现金流预算，以反映企业在预算期从事经营活动的资金收支情况。

因为企业在资金使用上还会存在一些长期性的投资，所以在现金预算中应当将资本性投融资活动对现金流动的影响作为重要的组成内容。

3. 财务状况预算（资产负债表预算）

财务状况预算是典型的财务预算，是企业经营结果在资产占用与资金来源上的表现，是最具整体性、抽象性的预算，根据财务会计使用的资产负债表的结构和内容进行编制，反映了企业在一个时点上（预算期结束时）执行预算前后的财务状况变化情况。

9.1.3 财务预算与业务预算的关系

财务预算是全面预算的组成部分，也是整个预算编制的最后环节。所以在编制预算时有一种说法是：先业务预算再财务预算，没有业务预算的财务预算是无根之木、无源之水，失去了可信的现实依据。财务预算是最具统驭性的预算，是全面预算成果的核心内容，因为企业经营的成功表现最终体现在财务成功上。

1. 利润预算与业务预算的关系

利润预算是最直接的业务预算财务转化过程。利润预算的所有数据都来源于业务预算的结果，比如收入预算指标是业务预算中收入预算的结果，只不过业务预算的内容更加详细，是从业务活动的不同维度出发编制的收入预算，而财务确定的收入是从产品单一维度计算而来的。它们之间是来源一致、详简有别、目标一致的关系。

2. 现金流预算与业务预算的关系

现金流预算源自从业务预算中剥离出来的与现金流动一致的数据，比如在做收入业务预算时根据信用与收款政策测算的应收账款预算结果，在成本费用预算中的付现费用结果。它们的数据来源都是业务预算，只不过是以是否发生现金收支作为预算数据统计的依据。

3. 财务状况预算与业务预算的关系

财务状况预算是业务预算的另一种表现形式，是用财务语言反映业务预算的结果，同时根据预算前后的财务状况变化分析，呈现企业业务成果对企业资产、负债和净资产的影响方向和影响程度，它们是一种现实的两种表达。

4. 资本性预算在全面预算中的作用

有些企业把资本性预算单独分类，有的企业把资本性预算作为财务预算的从属归类到财务预算中。不管怎么分类，资本性预算在全面预算中的作用是一样的，即资本性预算是企业长期经营活动的体现，是经营性业务预算的补充，是对财务结果产生影响的重要因素。

9.2　资本性预算编制

资本性预算是全面预算体系中的重要组成部分，本书把它纳入财务预算体系中，是因为资本性预算的编制工作很难归入某个部门。它实际上反映的是企业的经营行为，是需要通过顶层决策才能实施的预算，一般由财务部门协助决策层进行相关的预算编制工作，同时这部分预算对财务整体的现金流影响较大，故本书把这部分预算也纳入财务预算体系中。

9.2.1　资本性预算的概念与特点

1. 投资预算

资本性预算主要是企业层面的投融资行为的预算，投资活动的目的是企业长期目标的实现或以后更长远收益的增加。这类投资活动的支出需要未来多个预算期的经营收入进行补偿，所以企业通常会把投资预算纳入资本性预算。

投资预算不涉及企业正常的研供产销业务活动和日常的经营管理活动，且投资预算一般情况下都具有一次性活动且投入资金量大的特点，都需要进行投资项目的可行性研究，并在可行性研究的基础上以项目预算的形式开展相关的预算工作。

2. 融资预算

如前所述，资本性投资行为一般具有资金投入量大的特点，这就很有可能引发投资性活动资金短缺的问题，也因此需要进行一定的融资活动，而融资活动会产生资金流入，同时发生融资成本支出。需要说明的是，资本性融资活动产生的资金流入应当完全使用在资本性支出项目上。流动资金借款属于经营性资金补充，应当属于业务预算的范畴，但一般企业不会区分得这么明确，且只要是融资活动大都是财务部门操作，所以即便是流动资金借款也会被纳入资本性预算中。这是为操作方便进行的实际归类，并不符合理论要求。

3. 资本性预算的特点

与经营性业务预算相比，资本性预算具有以下几个明显的特点。

（1）编制对象具有项目特征。

大部分资本性投融资预算都具备项目特征，即一次性、大金额特点，投资项目的活动结束，相对应的投资预算也随之结束。如果说经营性业务预算强调业务循环和价值链协同，那么资本性预算则更强调针对性，即每一笔投融资项目的预算都要量身定制，根据不同投融资项目的具体情况和特点采用不同的方法编制不同的项目预算。

（2）编制方法更加综合和涉外。

因为投融资预算具有极强的针对性，每个投融资项目涉及的内容、运作方式、专业方向各有差异，每个项目的预算编制方法也必然存在差异，这使得资本性预算编制的方法更加综合。另外，资本性预算项目可能涉及一些对外收购、兼并、合资等业务，编制这类项目预算所需要的信息大部分来自外部，这使得资本性预算具有非常明显的涉外特征。

（3）预算周期较长。

投资项目虽然具有一次性的特点，但其实施的周期却有可能很长，甚至可能超过几个预算期。从项目预算与项目实施应当保持一致的角度看，投资预算编制是长期性的，这有可能与会计核算的年度期间产生差异。如果项目周期在一个会计年度结束，该项目资本性预算也会在这个会计期间与经营业务预算同步完成。如果投资项目超出本预算期进入下一个预算期，该资本性项目预算也会顺延至下一个预算年度，且编制过程中受上一个预算期的项目信息的影响很大。

（4）编制时间更加灵活机动。

如果资本性投融资项目在开展年度预算之初就能确定，相关的项目预算就可以与经营业务预算一起编制。但不是所有的投融资项目都能提前预见，在预算期内随时都有可能出现新的投融资项目需求，所以企业可能要配合新的项目随时进行相关预算的编制。因此资本性投融资预算的编制时间比经营业务预算要灵活得多。

资本性预算编制存在两条时间线，一条是伴随投资项目本身的时间节奏线，即和投资项目的实施时间保持同步，项目的规划、立项、论证、评审、决策、实施、评估全过程都保持预算和实际的对照监控。另一条线是与经营业务预算所处的预算期同步，无论是预算初期确定的项目还是预算期内突然发生的项目，无论是在预算期内可完成的项目还是需要多个预算期才能完成的项目，都要在预算期内进行同步反映。

（5）预算风险较大。

正因为资本性投资项目存在金额较大的特点，如果项目失败会给企业造成巨大的经济损失，使得这部分项目投资被称为企业的沉没成本。在这个过程中除了企业自身在投资项目上的管理能力会影响项目成败外，一些不可抗力如技术、市场、政治、经济等外部环境发生变化，也会对资本性投资预算的成败产生重大影响，甚至是决定性的影响。所以说，资本性预算的风险很大，预算质量的高低会决定项目实施的成败。

9.2.2 资本性预算的内容结构

资本性预算的内容主要是为企业长远发展而进行的投融资活动，预算的目的是说明企业相关的资本性投融资活动的具体方式，包括投资、融资了多少资金、融资资金从哪些渠道获得、什么时候发生这些活动、这些活动的投入产出结果如何、资本性投资的回报情况等。

1. 固定资产投资预算

固定资产投资属于企业的内部投资行为，主要涉及的具体业务内容包括固定资产购置、改扩建或更新改造等。对于处于重资产行业中的企业，这部分投资行为发生的频率较高，因为这些企业固定资产数量较多，运行情况参差不齐，会不定期地产生不同资产更新改造的需求。

除了这些有形的固定资产投资活动外，针对无形资产的投资也属于固定资产投资预算的范畴，比如购买专有技术、开发专利、土地使用权投资等。

2. 权益性资本投资预算

随着社会经济环境的不断发展演变，越来越多的企业在长期发展战略上选择通过资本性手段进行扩张，比如对同行或产业链上下游企业的收购、兼并、联合新设投资等。这种投资活动属于外部投资行为，旨在通过对外扩张扩大和增强企业规模和实力，以达到快速发展壮大的目的。因这部分投资行为能取得被投资企业的股权及收益分配权，所以叫作权益性资本投资。

3. 债券投资预算

如果企业没有适宜的权益性资本投资的方向和标的，但又拥有一定的现金存量，这部分资金停留在银行账户上的收益效益是极低的，从财务管理的角度看，这样的资金处置行为虽然安全但缺乏收益性。所以，越来越多企业的财务部门会将冗余资金投放到不同的债券市场上，保守一点的会买国债，稍微激进一点的会买企业债券或金融债券。这部分金融性投资活动的预算称为债券投资预算。

4. 重大项目投资预算

除了以上一些资本性投资预算类别外，还有一些企业可能会因为企业的长期发展投入一些重大的项目，这些项目或对内或对外，投入初期很难将它们明确地归类到什么类型的投资活动，因为这些项目投资的变数较大，需要一定的时间尝试和验证，比如为了获取某种核心技术力量，企业启动一个新技术项目，但这个项目到底是采用自研还是收购兼并的方式暂时还没有办法决策，但这个项目必须现在开始启动，也会因此产生相应的支出，我们就可以把这类投资归入重大项目投资。这类预算的编制主体是企业的少部分管理者，财务部门配合进行具体预算的编制，本书也因此把这类预算纳入资本性预算中。

5. 资本性融资预算

前面已经说了，资本性投资的资金体量较大，企业资金很有可能不足，因而就会引发融资行为。所以，融资预算也是资本性预算的重要组成部分，主要预算编制依据是企业各类资本性投资预算的相关计划、资金需求量测算、企业自有资金计划和企业可能的融资渠道信息等。

9.2.3　资本性预算的编制内容

本书主要针对固定资产投资预算、权益性资本投资预算和资本性融资预算的编制进行探讨，债券投资预算和重大项目投资预算具有特定的场景，因篇幅所限，就不进行详细分析了。

1. 固定资产投资预算编制

固定资产投资预算大致上可以分为购置类投资和基建类投资两大类。购置类投资是指直接从外部采购成套新增、更新类的大型设备；基建类投资包括新建、改建、扩建项目。这两类固定资产投资预算的编制都可以项目预算的方式进行，其预算编制涵盖了项目立项前可研分析、立项、实施方案、方案执行、项目结项全过程，核心内容包括项目总造价预算、融资预算和投入产出效益预算。其中项目融资预算涵盖的内容既包括现金部分，也包括物资投入部分。

（1）固定资产项目总造价预算编制。

固定资产项目的总造价决定该投资项目的总体项目成本规模，作为预算期的项目支出预算是要以总造价预算为基础的，有的项目在预算期内能够完成，总造价就是预算期固定资产支出预算，如果预算期只能完成项目的部分，则需要根据完成项目的比例从总造价里计算出预算期的成本支出额度。

固定资产总造价的组成结构包括：工程费用、预备费用、建设期借款利息、项目管理费用等。

（2）固定资产项目融资预算编制。

如果固定资产项目投入资金过大，靠企业自身的资金存量就无法满足项目需求。为了保证项目的顺利实施，企业需要考虑融资预算，包括融资量预算、融资渠道预算和融资成本预算。

（3）固定资产项目投入产出效益预算编制。

固定资产项目投入产出效益预算的目的是预测固定资产投资项目的经济效益。在固定资产投资活动中，项目投入表现为在固定资产建造和购置过程中消耗的人财物相关费用，包括购置的各种设备、工具、器具等；产出指固定资产投资形成的新增固定资产、新增生产能力（或工程效益）以及通过固定资产投资新增加的产值（如国内生产总值）、利润和税金等。

2. 权益性资本投资预算编制

权益性资本投资的目的是获得其他企业的股权和收益分配的利益。权益性资本投资的形式可以是多样的，包括现金投资、实物投资以及技术等无形资产的投资活动。权益性资本投资行为包括购买其他企业的股票、兼并收购其他企业股权等，权益性资本投资预算存在较高的投资风险，因此对于权益性资本投资项目进行预算应当同时考虑权益性资本投资项目可能遇到的风险。

权益性资本投资预算编制前应当制订严谨的权益性资本投资方案，并按照项目管理的程序和制度要求，进行严格的立项、论证和投资方案的制订。企业编制权益性资本投资预算时，应当按照不同的权益性资本投资项目分别预测汇总，具体内容包括：

（1）权益性资本投资项目的名称与投资金额和投资股份比例。

（2）被投资单位的名称。

（3）投资性质和投资方式。

（4）企业与被投资企业的关系（控股、参股、有重大影响或无重大影响）。

（5）权益性资本投资项目的年度投资回报利润。

（6）投资回报期和投资回报率预算。

3. 资本性融资预算编制

资本性融资预算是对融资活动的风险、成本及融资成果的预算，融资活动对企业的现金流和偿债风险都会产生或大或小的影响。资本性融资预算的主要依据是资本性投资预算的结果以及企业可使用现金存量的预算结果。资本性融资预算编制主要包括以下几类。

（1）融资规模预算。

$$融资额 = \sum 投资项目资金需求 - 企业预算期可用于投资活动的资金存量$$

（2）融资渠道预算。

不同的融资渠道存在不同的融资风险和融资成本，所以，企业应当根据所拥有的融资渠道资源进行可融资渠道预测。

（3）融资时间预算。

企业的资本性投资项目不一定是单一的，如果存在多个投资项目，则需要按照不同投资项目资金需求的时间计划进行汇总整合后，编制预算期不同时间节点的融资预算。

（4）融资成本预算。

融资活动会增加企业的运营成本，融资规模越大融资成本越高，融资渠道不同融资成本也不同。

9.3　利润预算编制

利润预算是财务预算最核心的预算内容，是对企业预算期经营活动成果和成果分配的预算，是与企业预算期年度经营计划衔接最紧密的财务预算。

9.3.1　利润预算的内容

利润预算的呈现一般采用财务利润表形式，将经营活动预算的结果纳入利润预算中，除此之外还需要考虑正常经营活动之外的一些与利润来源和与利润分配有关的预算内容。

1. 经营利润预算

经营利润预算是预算期内企业经营活动成果的预算，它以利润目标为导向，通过一系列经营活动实现收入与成本费用之间的正向差异，这个正向差异就是企业的经营利润。经营利润包括企业的主营业务活动和非主营业务活动的共同经营结果，是利润预算中的核心内容。

2. 营业外收支利润预算

企业除了正常的经营活动外，还会发生一些与经营活动无关的获利和损失，比如获得政府补贴收入、债务重组利得、公益性捐赠损失、盘亏损失等。只要企业预测预算期发生这些收支活动就要编制营业外收支利润预算。

3. 利润分配预算

利润分配预算是企业在预算期积累的未分配利润基础上对股东进行现金股利分配的预算。利润分配的基础包括预算期当期产生的利润和以前年度产生而未分配的利润结余部分。利润分配预算还会影响企业的现金流预算。

9.3.2 利润预算的编制基础

利润预算最主要的依据是经营利润目标，企业经营活动的获利结果就是它的获利预算目标。企业的利润预算不仅仅是一个利润的数额，它应当具有战略导向和利润结构规划的功能。从某种程度上讲，利润预算不仅要预测利润总额，还要预测利润来自哪里，包括来自什么产品、什么客户、什么业务、什么部门、什么人，因此，利润预算的编制基础或基本依据应当是企业的经营预算，包括经营预算中的收入预算、成本预算和费用预算结果。如果没有经营预算作为基础，利润预算就是拍脑门子的空想。

除了经营预算结果对利润预算产生的直接影响外，利润预算还会受到投资预算结果的影响，主要是投资收益的预测结果会增加或减少利润总额。

9.3.3 利润预算的编制主体

利润预算的编制是在经营预算和资本性预算的基础上进行的整合预算，所以一般是由财务部门完成的。但财务部门并不是利润预算的责任主体，利润预算责任主体依然是各个相关的业务单位和职能部门。

9.4　现金流预算编制

现金流预算是企业财务预算的重要组成部分，现金流是维持企业经营收支平衡以及满足企业资本性投资活动的重要资源。现金流预算是对预算期内企业现金收入、现金支出和现金结余等现金收支活动的具体安排。现金预算编制的原则是收付实现制，这与经营预算和利润预算的权责发生制存在本质差异，这也是我们有了经营预算和利润预算后还需要做现金预算的原因。

9.4.1　现金流预算的内容

我们不太喜欢按照财务的现金流量表的形式呈现现金流预算，因为那种呈现方式让大部分非财务专业的管理人员很难理解。本书主张将现金流预算分成两大部分，一部分是经营活动现金流预算，另一部分是资本性活动现金流预算。

1. 经营活动现金流预算

经营活动现金流预算是针对企业开展的经营管理活动引发的资金收支变化的预测。其中现金收入的预算与企业的销售活动直接相关，预算所依据的是企业销售活动的收现政策，还要结合企业预算期期初期末的应收账款变化情况。现金支出的预算与企业开展各项经营管理活动都有关系，只要各业务单位和职能部门进入经营计划执行阶段，就会因为相关的岗位工作计划消耗相应的资源，这些资源消耗大部分都需要现金支付。

从经营活动的安全良好性上分析，企业经营活动产生的现金流入与流出应该形成正差异，即经营活动现金流动应该产生现金收入减去现金支出后的净现金流量的正数结果。这是企业经营处于良好状态的基本标志，也是企业达成经营活动现金收支平衡的标志，能够实现经营上的自收自支是基本的财务管理要求。

2. 资本性活动现金流预算

资本性活动现金流预算是针对企业为长期发展而开展的一系列资本性投资活动所引发的现金收支情况的预算。一般资本性现金支出规模较大，一旦存在资本性活动就会消耗企业大量的现金，所以也很有可能导致企业现有资金满足不了庞大的资本性现金支出的需要，因此在资本性活动中也有现金流入的预算，这些现金流入不是经营活动产生的资金流入，而是企业进行融资活动产生的资金流入。

从财务管理的角度出发，资本性活动的投融资行为应当存在匹配性，即尽可能通过资本性融资满足资本性支出的需要。但每个企业对财务风险的态度不同，偏谨慎的企业对于长期资本性投资并不愿意通过融资方式解决，而是使用企业在经营活动中积累的净现金流。这种情况下资本性现金预算会出现净现金流的负数结余。但从逻辑上讲，无论资金从哪里来，企业最终的现金流都是能够收支平衡的，如果发现现金流预算出现整体负数，就说明存在现金缺口。企业要么增加销售活动的现金收入规模，要么减少成本费用现金支出的规模，否则就必须考虑融资。

9.4.2 现金流预算依据的基本信息

现金流预算的依据主要是经营活动有关应收、应付预算的结果，以及资本性预算的投融资结果，即现金流预算的数据来源于经营预算、资本性预算和利润分配预算中对股利分配所计划的现金需求预算。

9.5 财务状况预算编制

财务状况是企业经营结果的综合表现，具有非常强的财务概念逻辑，它是将所有的经营管理活动整合构建成为企业在一定时点上的资产、负债和所有者权益的关系结果的呈现。财务状况预算是企业在预算期内对经营活动、投资活动和财务活动结果在财务方面进行的综合预测。一些规模小、管理水平不高的企业可能会放弃财务状况预算，因为这些企业更关注经营成果，即收入、成本和利润的结果，对于财务综合反映并不敏感。所以说，不是所有的企业都会编制财务状况预算。

9.5.1 财务状况预算编制的内容

财务状况预算的内容与企业资产负债表的内容是一致的，大家也可以将其理解为预测下的资产负债表。

1. 资产预算

资产预算是预测企业预算期期初、期末各种资产结构和规模的变动情况，资产预算可以帮助企业了解在预算期企业拥有和可以控制的经济资源有哪些。

（1）资产期初数的预测。

因为企业编制预算时一般前一个经营期还没有结束，所以没有办法直接使用前一个经营期的期末数作为期初数。所以期初数一般是根据预算编制时点的实际期末数，加减从预算编制时点截止到上一个经营期结束可能发生的各项资产变动数。如果企业对于期初数没有具体的分析目的，期初数也可以忽略，不填列。

（2）资产期末数的预测。

资产期末数的预测可以采用计算公式。

预算期资产期末余额 = 预算期期初余额 ± 预算期增减变动金额

预算期资产增减变动金额 = 流动资产增减额 + 固定资产增减额 + 无形资产增减额

2. 负债预算

负债预算的方法与资产预算的方法相同，期初数可以预测填列也可以忽略，负债期末数的预测公式如下：

预算期负债期末余额 = 预算期期初余额 ± 预算期增减变动金额

预算期负债增减变动金额 = 短期借款增减额 + 长期负债增减额

3. 所有者权益预算

所有者权益预算是根据企业资产、负债期初、期末变化预测编制而成的，它反映了企业预算期净利润、利润分配变化以及所有者预算期增资减资可能发生的变化。

9.5.2　财务状况预算编制的基本信息

财务状况预算主要依据预算期的期初预计财务状况和预算期的经营预算、投资预算和利润预算的相关资料整合分析编制。

1. 预算期期初财务状况

预算期期初财务状况预测结果是财务状况预算的基础依据，尤其是利用计算公式预测预算期期末财务状况的编制方法，必须对期初财务状况进行确定。

2. 经营预算、资本性预算和利润分配预算、现金流预算结果

企业期初、期末财务状况发生变化的原因是各种经营活动、资本性活动引起利润、现金流发生变化。财务状况的期末数据是在期初数据的基础上加减经营预算、资本性预算、利润分配预算和现金流预算的结果计算得出的。

9.5.3 财务状况预算编制主体

财务状况预算编制的责任主体一般是企业的财务部门，但财务部门并不对财务状况预测结果承担责任，财务状况预算结果反映的是企业全部经营活动和资本性活动的实施结果，其责任主体是企业顶层，一般是由总经理承担企业财务状况的预算执行责任。

第　三　篇

抓实施

目标引领、业务驱动、数据支持实现目标落地

Chapter10

第 10 章

有备实施：全面预算实施前的准备工作

10.1 实施全面预算管理的前提条件

实施全面预算对于企业而言属于一场重大的管理变革活动，它涉及企业经营模式、管理模式、管理方法、治理结构、分配模式等重大运营管理问题，企业决定实施全面预算就意味着向现有的经营管理模式发起挑战，甚至是对其产生巨大的冲击。如果不做充分的准备，在没有共识基础、没有技术支持、没有专业能力的情况下盲目推进，不但不能发挥全面预算的作用，还有可能给企业带来新的问题和新的麻烦。所以说，实施全面预算是有条件的，条件不具备不建议草率行动。

10.1.1 企业管理层的认知统一

全面预算的实施将使企业的经营规划过程公开化，这会给经营管理者带来新的挑战，包括能力挑战和心理挑战。能力挑战是指实施全面预算后，各业务单位、职能部门的管理团队都必须将自己目标的实现策略、方法、路径公开呈现，并经过上级、同级管理者和专业部门的评审，这会让一些喊口号、不动脑子的没有能力的管理者无处遁形。心理挑战指的是实施全面预算后，各单位或部门的局部利益必须服从企业的整体利益，这是一种权利的再分配过程，它会冲击部分管理者的既得权益。正是这些能力和心理上的挑战，使得全面预算的实施必然遭遇种种阻碍。因此，全面预算管理一定是“一把手工程”，必须获得企业顶层管理者的认可和支持，在实施的过程中也同样要求各级单位和部门的一把手亲自抓落实。这是成功开展全面预算工作的首要前置条件，没有这个条件全面预算管理很难达到预期效果。

即便各个层次的管理者都能接受全面预算的导入，在实施过程中依然可能存在方法、经验等方面的不足，不是不想做是实在不会做、做不下去，因而半途而废。所以，在实施全面预算之前，企业管理层应当进行全面预算管理的培训学习，以便提高管理层对全面预算管理的正确统一认识，形成共识，这些共识主要集中在以下几个方面。

1. 实施全面预算是大势所趋、势在必行

随着中国经济不断发展，对企业主体经营管理的法制化、合规化、规范化要求也越发严格。其中包括对全面预算管理的明确要求，一是全面预算是企业法人治理结构的重要组成部分，《中华人民共和国公司法》中有法定内容的要求，对预算方案的审批决策是企业最高权力机构董事会的重要职责所在。二是从企业风险管理与内部控制的层面，国家在《企业内部控制基本规范》及配套指引中也将全面预算纳入法定内容中，并单独成章体现在“企业内部控制应用指引第15号——全面预算”指引要求中。也就是说，实施全面预算不是企业可实行可不实行的问题，而是必须实行的问题。即便现实条件不足以实施，也必须想方设法达到条件去实施，全面预算管理是企业最基本的管理机制，势在必行。

2. 推行全面预算利国利民利企业

虽然全面预算从国家层面有明确要求，但这并不是一种单向地只对国家有好处的事情。事实上，推行全面预算管理已经在发达国家的成功企业中取得了非常成功的经验，世界上的优秀企业、强大的企业大多成功推行了全面预算。推行全面预算既可以保障并促进企业经营目标的实现，又可以规范并提高经营决策者、管理者的行为，维护企业股东和全体员工的利益，是一件利国利民利企业的好事。

3. 推行全面预算能极大提高企业内部的协同能力

实施全面预算是从目标、策略、方法、资源等多个维度进行全面的综合平衡，这个实施过程使得企业各业务单位、职能部门的管理者必然要进行面对面的沟通与协调，某个部门发出的需求即是另外一个相关部门的任务目标，这个过程有呼唤也有响应，在不断地磨合和沟通中极大地提高了企业内部的协同能力。因为全面预算管理是“一把手工程”，在各级一把手的重视、支持和参与下，全面预算各级经营管理团队在积极协作的意识上会有极大的提升。

4. 实施全面预算需要专业的方法、专业的团队

全面预算管理是一项技术性很强的管理工作，在实施全面预算的各个环节都需要专业方法的支持，包括预算编制、审批、执行、控制、核算分析、考核奖惩等方方面面。在专业技术上不仅需要会计核算专业，还需要战略管理、流程管理、营销策划、供应链管理等所有经营管理专业技术的综合运用。更重要的是企业还要有能力将这些方方面面的人、事进行综合协调，要有能力掌控全面预算体系的运行。所以实施全面预算不是简单地开开会、做做表就能完成的，它需要专业的方法体系和专业的团队。

10.1.2 树立具有前瞻性的经营计划理念

今天的市场经济环境风云多变，经营风险越来越大，很多运营几十年的老牌企业有可能在短短一两年内就破产消亡了。今天的企业按部就班地运营已经不合时宜了，企业需要更具前瞻性的思考和规划，才能比竞争对手早预判一步早行动一步。树立具有前瞻性的经营计划理念，可从以下三个主要方面入手。

1. 从了解自己到了解对手的转变

很多企业管理者一谈到对自己企业的了解总是非常自信，尤其是在一家企业从业多年的管理者，在这一点上甚至很有成就感，当他们说出“没有谁比我更了解这家公司”的时候真是自豪。但当你问他们对竞争对手的了解时他们却变得支支吾吾、语焉不详。在我们的培训课堂上，很多学员也表示，了解自己不难，了解对手很难。没有了解的渠道通路，也没有好的方法。而我们认为首先要有想去了解的意识。在全面预算管理中，对竞争对手的了解是进行环境预测的基本内容，这不是你想不想去了解，而是必须了解。商业战场上，什么是知彼，就是对竞争对手足够了解，有些企业甚至把了解竞争对手当作自己企业模仿策略的基本手段。

2. 从财务核算到财务预算的转变

近几年业财融合的呼声越来越高，不仅仅是财务人员，企业其他管理者也都逐渐认识到单纯的事后财务核算对于企业经营决策的价值不高，这种事后诸葛亮的工作模式越来越遭到企业经营管理者的诟病。而实施全面预算则是强行要求企业从核算转向预算，尤其是当预算数据真正来源于经营计划时，财务对预测性数据的理解将更加具有经营感，业财融合的状态才能真正体现出来。在这里还想特别强调一点，企业管理者要想在预算过程中提高业财融合能力，需要改变以传统预算的财务历史数据作为基础的方法，真正从经营预测、经营计划开始的预算才是全面预算提倡和推崇的方法。

3. 从财务部门的财务管理到企业的财务管理

过去一提到财务管理，大家会不由自主地认为这就是财务部门的工作。没错，财务管理肯定是财务部门的重要职能，但要想做好财务管理绝不能仅靠财务部门。事实上，企业的一切经营管理行为都与财务管理有着密切的关系，企业所有的经营管理行为从某种意义上讲都是围绕财务目标成功而开展的。所以，我们要树立企业层面的以财务管理为中心的理念，即从研产供销各个环节人人树立财务管理思维、人人参与财务管理工作，一切生产经营活动都要比较投入产出，都要追求经济效益，都要考虑财务成果，使财务管理成为企业全员的、全业务环节的、全过程的管理行为，只有这样，企业的全面预算管理才能真正发挥作用。

10.1.3　全面预算宣导下沉到岗位，实现全员参与

全面预算管理是庞大的体系性管理工作，涉及企业生产经营管理的方方面面，这意味着实施全面预算不可能是一个部门、几个人能完成的。通过前面几章的内容我们已经了解全面预算涉及目标设定、策略选择、方法路径、行动计划等各项

工作，这些工作的实际执行是由全体员工共同承担的，而只有预算的具体执行者才最熟悉情况，对预算的编制水平和完成情况最有发言权。要做到宣导下沉到岗位和实现全员参与，需注意以下两点。

1. 推行全面预算必须以人为本

全面预算的编制、执行、考评的各个环节工作都是由具体的岗位人员完成的，没有人的积极主动参与，预算工作的质量是得不到保证的。所以，推行全面预算管理必须以人为本，要想方设法让全体员工都积极地参与到预算编制、执行、控制和考评的工作中来，为更好地实施全面预算管理献计献策。也只有让全体员工都能在某些环节实质性地参与到预算管理的某项工作中，他们才能重视和接受预算，也只有让员工接受了预算，才能保证他们的工作行为能围绕预算目标而实施，才能为全面预算目标的实现奠定基础。

2. 宣导到底，打通信息传输通道

员工对于预算的参与度取决于他们对预算意义的认知、对预算方法的掌握、对企业目标的理解程度，这需要企业在经营目标、预算方法的宣导培训上下功夫。要确保全体员工对企业的经营意图、经营目标、经营方针都能有渠道去获知，对预算的编制和执行要有方式去学习和了解，只有打通预算过程的信息传输通道，才能保证全体员工有条件、有能力参与到预算工作中来。

事实上，员工参与预算程度越高，可以越有效地减少管理层与基层员工之间因信息不对称而可能引发的消极和负面影响，有利于预算的顺利执行。因此，积极促进员工直接或间接地参与到全面预算管理过程中，是提高预算目标达成率和预算管理水平的重要前提。

10.1.4 培养训练达标的全面预算管理团队

从事管理咨询十几年，见过很多企业想提高管理水平但都在没有相应的专业人才上卡壳，真的是心有余而力不足，这个力不足就是人力资源的不足或者说是人才不足。全面预算管理也同样面临这样的现实问题，我们见过很多企业非常想推行全面预算，但企业的管理水平还处在连怎么做经营计划都不会，财务团队也是停留在传统的会计核算层面，想开展高质量的预测与预算非常困难。培养训练达标的全面预算管理团队，可分别从以下两个维度进行。

1. 培养训练经营人才

全面预算管理过程存在大量的经营预测和经营管理工作，比如预算期经营环境预测与分析、对标战略目标预算期经营目标设定、围绕经营目标制订年度经营计划（经营策略、方法路径、行动计划、资源需求分析等），根据年度经营计划编制业务预算、控制执行预算、对预算执行结果进行分析等。上述这些工作都需要相关人员具备足够的经营管理能力，达到经营人才的标准。但现实中，很多企业的管理者甚至是一些高管都在上述工作能力上显得薄弱。全面预算管理本身就是经营性工作，通过全面预算循序渐进的推动，能够有效地提高企业各层级管理者的经营能力，让他们在学中干、在干中学，逐步实现人人都是经营者的管理目标。

2. 培养训练财务管理人才

全面预算的经营策略、方法和计划最终要以财务数据的形式呈现出来，这要求企业的财务团队有能力将经营语言转化成财务语言，而不是拿自己的财务语言（历史数据）倒逼经营者按照财务核算逻辑自行填列。因为按照财务核算逻辑自行填列的工作方式必然导致财务和经营的脱节，财务人员难以对经营数据的来龙去脉有清晰的认识，也难以判断这些预算数据填列的合理性。

事实上，造就一支业务素质高且具备业财融合能力的财务管理队伍，是成功实施全面预算管理的前提和保证。培养训练财务人员的管理能力，锻炼出一支具备 BP 能力、财经分析能力的管理团队，尤其是对全面预算体系的学习和实施训练，是企业提高全面预算基础能力的主要工作方向。企业要想选拔培养具有经营管理意识的财务专业人员，并在财务管理的广度、深度和力度上加大培训力度，就要让财务管理人员走出会计核算的狭小天地，通过学习训练让自己成为既懂会计核算又懂经营管理的复合型人才。只有这样，才能发挥财会人员在全面预算管理中的主力军作用，不让全面预算流于形式，取得经营实效。

10.1.5　构建业财融合下的财务管理体系

全面预算的执行一定是在业务的实际发生中履行的，光有财务管理人才没有构建配套的财务管理体系依然无法实现全面预算的高效执行。因为全面预算的执行过程是企业资金流转的过程，预算收入是否按预算时间收回，成本费用是否按预算的时间、额度、用途进行支付，都是在业务发生过程中通过财务管理实时与预算对标验证进行控制。也就是说，实施全面预算管理，要将企业的资金流转放到关键位置，围绕资金流动这条主线进行管理就是抓住了实施全面预算管理的关键点。

但是，目前我们很多企业尤其是中小民营企业的财务部门，不仅在部门设置上没有区分出财务管理和会计核算，而且在职责范围上还是以会计核算职能和工作流程为核心的职能划分，这使得很多财务人员没有足够的财务管理意识和实践机会，加之财务管理工作远比会计核算工作灵活，是一种高智商、高协调能力要求的工作，这对于很多会计核算人员来说都是巨大的挑战。加上他们习惯的工作内容刚性，基础工作量非常大，需要常年加班加点，致使很多企业出现会计核算团队与财务管理团队相互排挤。而中国企业大部分财务负责人也是偏会计核算出身的，因而造成很多中国企业的财务部门重核算轻管理，让财务职责沦为记账、算账、报账的操作性工作。

随着市场经济的不断深化，市场竞争日益加剧，企业只能通过市场竞争获得经营收入资金，或自己找渠道自己承担风险地筹集资金，如此资金就成为企业的生死线，围绕资金流动的财务管理也就成为财务职能的重要内容。今天，会计与财务职能分离，建立相对独立的财务管理架构已成为趋势和必然，财务职能架构的设计应符合全面预算管理的要求。

10.1.6　建立与全面预算充分挂钩的绩效激励体系

俗话说没有监督就没有执行。很多企业的管理者都有过预算执行的痛苦经历，费了很大的力气做出来预算，在执行要求上也三令五申，但预算目标达不成也没个说法，直接把预算做成了形式，不做心慌，做了也没啥用。这其实是预算缺乏闭环管理的典型表现，对于预算执行的结果缺乏评估和考核，削弱甚至是抹杀了预算的权威性。企业实行全面预算管理的重要落地点就是将预算执行结果与责任人的奖惩挂钩，只有这样才能步入全面预算的正确轨道。因为不与奖惩挂钩的预算没有什么约束力，不过是一纸空文的摆设，相关人员不会真正重视预算，也不可能把预算当成自己的工作使命，更不可能把预算当成责任而全力以赴。

要改变这种状况必须建立责、权、利相一致的预算激励与约束机制，明确企业上下各个层级、各个岗位的责权，通过预算目标的分解将预算责任落实到人。设计预算目标考核制度，从预算目标中提炼考核指标，将预算执行结果通过奖惩制度与个人利益挂钩。实践证明，只有建立闭环的预算管理体系，对预算执行情况进行考评，并对考评结果进行奖惩兑现，才能真正树立全面预算管理的权威，才能让全体员工真正重视预算，从而发挥全面预算管理的功效。

其实笔者一直有一个观点，绩效考核指标的提炼应当来自经营目标，至少是大部分来自经营管理目标，而传统的绩效考核指标习惯于从岗位职责中提炼考核指标，这种指标提炼方式很容易造成员工的绩效达成但企业的经营目标没有达成的问题，因为员工的绩效指标关注的是具体的事务性工作，而非围绕经营目标的行为活动。企业将全面预算与绩效考评结合，既可以避免传统绩效考核的弊端，又可以积极促进预算目标的达成，实现全面预算管理的功效。

10.2　实施全面预算管理的基础工作

全面预算管理的基础工作是指为实现经营管理目标、发挥全面预算管理职能所必须开展的一系列支持性工作，包括提供必要、准确、翔实的资料信息，制定预算管理的共同准则，实施全面预算的方法手段，开展全面预算的前提条件等。这些基础工作的质量将直接决定全面预算从编制到执行以及考评的全过程实施水平，逻辑上也将直接影响企业各项经营管理活动的成效和水平。

全面预算管理的基础工作渗透在全面预算实施的全过程中，比如预算编制过程中需要的各类定额指标、成本/价格数据、与企业内外环境相关的各种信息资料，如果没有这些基础数据和资料，或者不能保证这些信息资料的准确性、及时性，预算的编制将无法有效进行，即便编制出来也是不可靠的预算，大概率会因预算与实际情况严重不符而无法执行；在预算执行过程中，需要实时检测计量记录、结算与核算业务活动和管理行为，如果缺乏有效的检测计量记录工具、结算与核算方法落后低效，预算的执行过程很难被有效监控；在预算分析评估与奖惩阶段，涉及大量的反馈资料和信息传递，如果相关信息失真、反馈失灵，整个预算管理将半途而废、有始无终。可见，全面预算管理的整个实施过程都需要高质量的基础工作作为依据和支持。

随着现代技术的蓬勃发展，企业信息化、数字化、智能化水平越来越高，这些基础工作的效率和准确度将得到很大的提升。但有一点需要强调，再高的科技手段也需要保持信息的源头正确，否则只能是更快更多地输出错误的信息，对经营管理危害更大。所以说，扎扎实实地做好各项基础工作，是实施全面预算管理的充分必要条件。

10.2.1 业务发生与管理行为的原始记录

当企业发生经济业务或开展管理活动时，为了记载和反映业务活动与管理行为的原始状态，企业会设计一系列的记录表单作为核算、监控和考核的基本依据，这些表单的内容设计得越精细、完整就越能提供足够翔实的业务数据与信息。涉及全面预算管理的原始记录表单包括但不限于以下内容。

- 反映有关采购业务情况的原始记录表单，如“采购审批单”“发货单”“质量检验单”等。
- 反映有关进销存业务的原始记录，如“入库单”“出库单”“盘点表”等。
- 反映有关产品生产情况的原始记录，如“生产工单”“产品质量检验单”“工时单”等。
- 反映有关产品销售情况的原始记录，如“产品销售订单”“客户登记表”“销售开票通知单”等。
- 反映有关人力资源管理情况的原始记录，如“考勤表”“入职登记表”“转正通知单”“培训计划表”等。

企业的原始记录远比我们举的这些例子多，不管什么样的原始记录都要保证其全面性、真实性和及时性要求，即只要发生业务和管理行为就应当被记录；必须真实反映业务的实际情况，不得弄虚作假、编造记录；业务发生即时记录并及时传递，不得拖延、积压和事后填补。

原始记录是企业基础工作，实际操作中涉及的岗位众多且集中在业务和管理活动的操作岗位端，对于原始记录的管理要将专业管理和岗位管理结合，不但要在设计上体现专业性，在操作上也要与岗位职责挂钩，做到每个原始记录都能找到责任人。

10.2.2　标准定额的类型与管理要求

定额管理是比较传统而经典的管理方法，即便不实施全面预算，很多企业也开展定额管理工作。而从全面预算管理角度看，定额管理的基础好将极大地提高全面预算预测、计划、编制、执行监控、考评的质量。因为定额是在充分考虑企业现实条件和组织特点的基础上，围绕任务目标的实现对人、财、物的配置、利用和消耗等方面所确定的标准。这些标准只要在实际操作中被严格执行并达标，企业目标任务的实现就有了基本保证。所以说，定额管理是全面预算管理的基础工作，是推动预算目标实现的有力方法。

1. 标准定额的种类

在企业经营管理中定额的种类非常多，涉及全面预算管理的定额主要有以下几种。

（1）劳动定额（人效）。

人效管理越来越被企业重视，它是企业人力资源投入产出的重要标准。生产制造型企业主要的劳动定额包括工时定额、劳动生产率定额，服务及贸易型企业更多地实施人均销售定额、服务定额等标准。劳动定额在同行间的对比分析中格外有效，做同样的业务、同样的业绩规模，有的企业 100 个人就能完成，有的企业得好几倍的人员规模，人效差异直接反映出不同企业的运营管理水平差异。

在实施全面预算管理过程中，从预算编制阶段就开始对人效目标进行规划，围绕人效目标，各业务单位、职能部门都会在劳动定额方面确定相应的分解目标。

（2）生产 / 设备定额。

对于生产制造型企业，生产 / 设备方面的定额反映了该企业生产能力和设备利用能力的水平，主要的定额标准有：产量定额、设备利用率定额、台时定额等。尤其是产能饱和或不足的企业，生产 / 设备定额管理格外重要，提高生产 / 设备定额对资本性投资的减少、销售有货率的提高会产生直接影响。

（3）物资消耗定额。

全面预算目标的实现需要相应的资源支持，其中物料资源是企业生产经营目标实现的重要保障。但物资是有限的，所以在预算中一定要进行物料消耗的定额管理，这也是企业降本增效的重要控制领域。主要的定额标准有：原材料消耗定额、工具领用定额、物资储备定额等。

（4）资金使用定额。

无论是物料资源、固定资产资源还是人力资源，背后的支撑资源归根结底都是财务资源的资金支持。如何将有限的资金用到有效的地方本就是全面预算规划的重要内容，在资金规划之前要对资金使用确定基础的定额标准，包括储备资金定额、生产资金定额、项目资金定额等。

（5）费用消耗定额。

除了产品的生产制造成本消耗之外，企业的运营管理行为也在消耗着各种资源，为了控制运营管理费用处于合理水平，每年预算时都要制定相应的费用消耗定额，这方面的定额涉及企业管理的方方面面，定额方法可粗可细，每个企业根据自己的实际能力和需求确定费用消耗定额的颗粒度。粗一点的定额方式可以归类到各单位或部门的管理费用、销售费用，再细一点可以拆解到人工费用、办公费用、接待费用等，更细一点可以针对具体的管理行为确定相应的费用定额。

2. 定额管理的管理要求

定额管理涉及面广，不同领域的定额标准设定需要不同的专业能力，同时又要将各个领域的定额纳入企业的统一管理中进行综合平衡，这就需要在以下几个方面做好定额管理的配套支持工作。

（1）制度保障。

定额管理涵盖制定、执行、分析、考核、修订等多个环节，每个环节都可能涉及不同的单位或部门。是确定一个牵头部门把企业所有的定额管理全盘管理起来，赋予较大的权责，还是相关专业部门各领一摊分别负责，每个企业的情况不同选择也不同。但基本要求都是各项定额的管理（制定、执行监督、优化修订）必须落到具体的部门和责任人，做到权责分明。

（2）先进性管理。

制定定额的目的是引导和控制相关岗位人员的工作效能，定额标准过低，那做不做定额意义都不大。而且定额应当具有超越当前水平的先进性标准。只有先进性的定额标准才能引领相关岗位人员赶超先进，提升整体能力水平。定额也是一种目标，是一种更加具体、专业、精细的目标。

（3）抓贯彻执行。

定额制定与达到定额之间还有一项非常重要的工作是定额执行。没有执行的定额是纸上谈兵，要抓好执行就要严格做好执行管理的各项工作，包括对各种定额执行情况的监督检查、记录统计、考核分析等。而且还要把定额执行结果与相关部门和岗位人员的利益挂钩，以提高员工对定额的重视程度和执行力度。

（4）动态调整。

虽说定额标准应当具有先进性，但已经被达成的定额在被达成的那一刻已经失去了先进性，有的企业自己认为的先进和同行竞争对手相比未必是先进，再有曾经的先进随着环境的变化（技术环境、竞争环境）也会变得不再先进。另外，定额标准可能因为企业某种能力的丧失或特殊情况的发生而需要下调，比如机器老化、新员工占比增大等。因此，为了保持定额的先进性、合理性，企业必须对定额标准进行动态管理，随着内外环境的变化或提高或降低，以保持定额与现实情况相适应。一般情况下，建议企业对定额标准进行定期修订、优化调整，和全面预算结合起来。我们可以在每年开展年度预算的同时对定额进行相对全面的评估与修订，当然如果遇到特殊情况，对于个别突然波动较大的定额就要随时修订。

10.2.3　高质量的计量记录工作

全面预算管理有一个基本的管理逻辑，是预测与实际的对比，对比分析能发挥预算的引导、指挥、考评的管理功能。而对比分析的前提就是对实际发生的业务、行为进行准确、及时的计量和记录，为对比分析提供基础依据。

1. 计量工作

计量工作是对企业生产经营管理活动中需要被计量的结果进行数量和质量方面的计数与测定。这些计量结果将为全面预算管理过程中评估经营活动结果以及精细化的会计核算提供依据。而且企业很多会计核算和经营统计工作的准确性就取决于计量工作的精准性水平。如果没有准确的计量，则不可能提供准确的基础数据和信息，也无法据此开展管理、核算与考核工作。除此之外，企业在生产经营活动中所需物资的质量、数量、规格、型号是否合规并满足使用标准，关系到企业的产品质量、安全生产以及成本效益等重大问题，这些都需要计量工作进行确认和判别。因此，计量工作不仅仅是全面预算管理的基础性工作，也是企业开展各项经营管理活动的基础工作。

提高计量工作的水平需要抓好以下三个方面的工作。

（1）完善计量制度，配备专业达标的计量人员。

计量工作具有较强的专业化要求，从使用计量器具、应用计量方法到执行计量程序都应当有明确的制度规定和标准操作规程（SOP）的约束，这需要企业制定完善的计量配套制度和SOP规定，涉及的内容包括计量标准、计量范围、计量手段、计量人员、计量程序和计量责任制度等。不同规模的企业对计量工作的要求会有所差异，有些企业会设置专门的计量部门，有些企业则只在某些部门内设置计量岗位。但不管是计量部门还是计量岗位，都要配备专业达标的计量人员，负责管理计量器具、开展计量工作。

（2）充实计量器具，严格计量范围。

计量工作中大量工作现场需要配备符合标准的计量器具，比如一些生产制造型企业，生产现场需要计量的内容非常多，包括水、电、气、油的消耗计量；生产工人的产出计量；设备运行计量等。而计量器具的优化可以大大提高计量的精度和效率，现代企业精细化管理的基础其实就是计量精细化。很多企业在精细化成本核算转型过程中，最大的障碍有时也是计量手段跟不上，无法精准计量。所以，充实先进的计量器具，对计量范围进行更加严格的细分，为实现精细化管理打好坚实的基础。

（3）做好计量器具的检查、维修与更新。

只要是物质实体就存在老化、损毁、丢失、过时等一系列风险，这些风险存在于计量工作的全过程。所以，计量工具使用前要严格检查，不合格或有损坏的不可使用。计量器具的保存既要安全防丢失又要科学防损毁，同时还要做好定期的检测、检修、校正，保证器具在使用时的准确度。另外，计量器具的技术也在不断发展，企业应当定期进行评估，在投入产出经济性核算的前提下进行必要的更新换代，提高计量器具的使用效果。

2. 记录工作

记录工作在全面预算管理的全过程随时可能发生，在预算编制前的预测阶段，需要企业有能力对内外部现实状况进行准确的记录，提供充实的预测数据和信息基础，包括行业环境信息的记录、竞争对手情况的记录、客户需求变化的记录、内部资源的记录信息等。在预算编制完成进入执行阶段，更需要全过程记录跟进才能获得预算执行情况的准确信息，才能为预算分析提供所需的基础数据和信息。到预算评估与考核阶段，更需要记录的支持才能分部门分岗位进行精准考核与奖惩兑现。

提高记录工作的水平需要抓好以下三个方面的工作。

（1）记录内容完整不缺失。

记录工作的工作范围和工作深度与不同的管理要求和全面预算的工作精度有关，即便不考虑全面预算的需求，记录工作也是企业必备的基础工作之一。不管是为什么而做的记录工作，都有一个共同的要求，那就是满足记录目标的完整性，完整性要求是针对记录结果的应用场景而言的。比如说记录是为了核算生产成本，要求料、工核算至每一个品规的产品，归集到每一道工序的每一个工位，这就对日常的记录工作提出了相关的精度要求，要满足这样的核算要求必须保证不同品规和不同工位的料、工消耗的完整记录，任何一个品规或一个工位归集记录的缺失都无法满足核算要求。所以在安排记录工作时，要明确和清晰理解记录应用的场景要求，做好记录前的计划准备，才能保证记录的完整性。

（2）自动化记录能力的提升。

过去一谈到记录大家会想到某个工作人员拿着纸笔的记录形象，这种记录方式早已过时，即便是 Excel 的记录方式也算是手工记录的低效模式。今天的记录工作要求达到较高的自动化程度，在管理成本中有一句话：“最贵的成本是人工成本”，尤其像记录这种重复性强、工作量大的工作改为自动化方式是必然趋势，只有提高记录的自动化水平才能提高记录工作的精度、深度、广度和时效度。而记录的自动化水平与企业的信息化水平紧密相关，实际情况是，记录方式是纳入信息化规划范围内的，包括记录表单设计、记录数据来源与颗粒度、记录程序等。

（3）记录人员尽职尽责。

就算企业的记录自动化程度非常高，也很难完全避开人的操作，所以企业应对负责记录工作的岗位人员提出明确的记录职责要求，包括记录操作、记录复核、记录检查、记录整理汇总、记录分析等方面的责任。同时对负有记录责任的岗位人员要开展必要的培训和制度学习，确保相关岗位人员对记录工作都能做到尽职尽责。

10.2.4 先进的标准化工作

标准化、规范化管理是现代企业发展的基本要求，标准化工作也是企业重要的基础工作之一。在全面预算管理中，标准化工作水平的高低也将直接影响全面预算编制与执行的效果。全面预算编制的前提是在现有管理水平基础上的目标预测，现有水平怎么判定？其实现有水平就是由企业规范化、标准化管理的程度决定的，标准化水平高预算目标的起点就高。而预算的高效执行也有赖于企业标准化的程度，标准化水平高的企业预算评价的难度低，获取预算执行结果相对快捷、准确和完整。从经营管理的角度讲，标准化程度高有利于建立良好的生产经营秩序，对产品品质的保障、工作效率的提高、经济效益的增长都有良好的支持作用，标准化管理工作无论是否推行全面预算都应当积极推行和应用。

企业标准化工作主要分为技术标准化和管理标准化两大类。

1. 技术标准化

技术标准是企业生产经营过程中对质量、规格、结构以及各种检验检测方法等技术事项做出的统一规定，是技术应用于生产经营活动的实施和评价标准。技术标准会随着技术发展不断演进，但技术标准无论什么时候都是企业开展生产经营活动的重要行为准则。尤其是生产制造型企业，技术标准对其产生的影响和约束力非常大，有些优秀的企业甚至会在技术标准上投入巨大的人财物力量，使自己的技术标准处于行业的最高水平，以获取技术竞争优势。

技术标准根据不同的性质和作用范围可以划分为：国际标准、国家标准、区域标准、行业标准、地方标准和企业标准。优秀的企业能做到企业标准高于地方和国家标准，甚至是行业标准的制定者。

2. 管理标准化

管理标准是企业为了高效组织生产经营活动，发挥各职能部门管理职能，对各种重复性强的管理行为和活动所做的统一规定。管理标准的内容包括各种流程、制度、SOP、办法等，是企业组织生产经营活动的管理依据。推行管理标准化，有利于实现各项管理职能的数据化、条理化和规范化，对管理的全过程都能起到良好的促进和支持作用。比如提高管理活动实施操作流程的标准化水平，对管理活动监督检查、管理成果的考核评价等，都有极大的支持作用。从管理学发展的过程看，管理标准化早已成为促进企业精细化、规模化发展的成功管理模式。

标准化工作质量的关键节点：

- 标准制定的合理性、先进性与可操作性。
- 标准执行的配套机制的建立，包括标准操作规程、标准操作考核等机制。
- 标准的动态优化。一成不变的标准不具有持久的先进性和合理性，伴随内外环境与战略目标的变化进行动态调整是标准化工作的常态。

10.2.5　自动化、智能化发展的信息工作

信息工作包括信息的收集、处理、判断、传递、储存等工作。信息是企业运营管理过程中进行预测、决策、分析、核算和控制所必需的基础依据，包括各种业务和管理的原始记录、各种内外情报、各类管理和技术档案等。全面预算管理需要扎实的信息管理工作作为基础，加强对信息的管理、有效利用信息开展经营管理活动，是推行全面预算管理的客观要求。

1. 信息工作的质量要求

（1）信息的准确性要求。

信息的准确性首先建立在如实反映现实情况的基础上，真实提供经营管理活动的相关数据资料是信息准确性的基本要求。真实准确的信息是进行有效管控、正确决策的保证，企业运营的预测、决策、控制、指挥的有效性在很大程度上也取决于信息的准确性。

（2）信息的及时性要求。

企业开展经营管理活动的每时每刻都在产生各类信息，且随着活动的变化而不断变化。只有及时收集、整理和提供经营决策所需要的即时信息，才能使决策者随时了解和掌握经济活动的变化和发展趋势，才能根据及时有效的信息做出正确的判断和决策。否则，过时的信息对于现实的决策是没有多大的使用价值的，甚至会产生反作用，使决策者因使用了过时信息而做出错误的判断和决策，对企业经营管理造成伤害和损失。

（3）信息的适用性要求。

随着信息技术的不断发展，企业可以获得的信息呈几何倍增态势，实际的情况可能是企业获得的信息是过多而不是过少，在这些可获得的信息中真正能为企业所用的是那些符合企业实际需求的相关信息。而企业不同的业务单位、职能部门对信息的范围、内容和详细程度的要求还存在着差异，所以信息的适用性还要求企业进一步针对不同使用主体对信息进行分类获取。一般情况下，高层管理者需要的信息更加综合、广泛且更抽象，中基层管理者则需要专业性更强、精度更高和更具体的信息。

（4）信息的经济性要求。

信息管理工作本身也是需要花费成本的，有些信息的获取和整理需要较大的人力物力投入，但其价值未必很高，在权衡投入产出的基础上，企业可能会以较少的信息作为判断和决策的依据。这个权衡过程存在一定的风险，但总的原则是以尽可能少的成本消耗，取得尽可能多的高价值信息。

2. 信息管理自动化、智能化

随着信息管理准确性、及时性的要求越来越高，企业在信息管理上应当不断地提升效率，对信息管理的自动化、智能化能力提升的要求也日趋提高。所谓信息管理自动化、智能化，就是在人与计算机技术设备和信息管理对象之间构建人机系统，核心是管理信息系统。信息管理自动化采用多台计算机和智能终端构成计算机局部网络，运用系统工程的方法，实现最优控制与最优管理的目标。大量信息的快速处理和重复性的脑力劳动由计算机来完成，处理结果的分析、判断、决策等由人来完成，形成人、机结合的科学管理系统。

随着大数据产业化的发展，企业在信息管理工作中针对外部信息也可以采用信息外采的方式快速获取。同时，随着智能技术的发展，未来的信息管理工作无论是在收集整理方面还是在分析判断方面都将更加便捷、快速和精准，因为智能技术让我们在开展信息管理工作之前就已经进行了某种程度的预判和智能选择。

10.2.6 价格管理工作

价格管理虽是企业运营管理的基础性工作，但其工作质量和水平的高低差异会对企业的经营成果产生直接的重大影响。比如一个对采购价格预测、控制优秀的企业在预算中对成本的预测会更加准确，资源匹配的执行效果会更优，企业达成预算目标的可能性会更大。

价格管理的范围非常广泛，包括各种原材料、半成品、备品备件、设备、办公用品、劳务、服务、燃料动力、商品等。价格管理包括价格预测、制定、执行和管控的全过程，既涵盖外部结算价格的管理也包括内部结算价格的管理。尤其在划分独立核算经营体的企业，内部价格管理成为战略业务单元（SBU）独立核算最重要的基础工作。外部结算价格的管理受制于市场波动和内部具体情况，如采购价格和销售价格的议价能力。内部结算价格管理的目的主要是优化内部管理和责任考核，内部价格管理的水平体现在内部合理性和公平性上。

全面预算管理的成果最终都要体现在财务成果上，其中与各项成本费用相关的计划价格的制定直接受价格预测的影响，而预算的执行控制效果也离不开对预算期计划价格的执行控制。接下来将介绍计划价格管理的相关内容。

1. 计划价格在全面预算管理中的作用

计划价格的制定前提是准确的价格预测，所以在计划价格制定前必须开展相关的预测工作，尤其是主要材料、重大设备物品的价格预测，经过高质量预测后制定的计划价格能为全面预算管理提供支持。

- 计划价格是企业进行对内对外商品买卖的价值尺度。小企业的计划价格会成为采购成本和销售收入的直接预算基础。大型企业的计划价格还是各业务单位、各分子公司与集团总部之间的成本分摊的标准。
- 计划价格是预算实际执行情况中成本核算与成本预算对比分析的主要依据。
- 计划价格是内部责任主体经营考核的基础依据。
- 计划价格是采购成本控制的评价依据。
- 计划价格是产品 / 商品销售价格制定的重要依据。

2. 计划价格的范围种类

- 与物资成本消耗相关的计划价格，包括：原材料、包装物、辅料动力、燃料、备品备件、低值易耗品等。
- 与企业内部单位或部门进行物资转移、劳务输入输出相关的计划价格。

- 有关产成品的销售计划价格。

3. 计划价格的制定依据

- 外购材料计划价格的制定特别受市场价格预测的影响，企业对市场价格波动的预测准确性将直接影响外购材料实际成本的结果。不同的企业还会根据实际情况，在市场价格预测的基础上加上必要的运输、仓储、安装等费用。
- 自制半成品、劳务消耗的计划价格多按照定额成本制定。
- 产成品计划价格按照定额成本加上合理的内部利润制定。

4. 计划价格的制定原则

- 计划价格要设置差异率控制线，不同的企业差异率的要求不同，一般情况不应超过 5%。
- 计划价格的制定要达成内部共识，简单粗暴的自上而下的计划价格制定不利于企业的精细化管理。

5. 计划价格的修订

经过科学预测的计划价格能够保持与外部市场价格的波动一致，只要计划价格与市场波动价格之间的差异不超过企业的预期承受度（一般是 10%），计划价格就应当保持稳定性并被严格执行。但如果计划价格与外部价格（实际价格）之间的差异超出极限标准，则应当及时进行调整修订，避免因价格差异过大而造成核算失真，预算目标不合理。

6. 计划价格的责任主体

计划价格的制定应当有牵头部门，大部分企业会选择由财务部门牵头，也有的企业会选择由专门的计划部门牵头。牵头部门的责任包括计划价格的制定与修订及价格执行的监控。但需要特别注意的是牵头部门只负责牵头组织，在具体工作过程中各相关业务单位和职能部门必须做好配合。相关部门的配合责任如下。

- 财务部门或计划部门负责编制《价格计划手册》。
- 采购部门负责预测预算期物资采购的市场价格及波动趋势，并实时提供现行市场价格。

- 生产、技术部门负责协助牵头部门测算劳务、半成品、产成品的实际成本。
- 人力资源部门负责测算所有劳务价格。
- 销售部门负责预测预算期产品市场价格及波动趋势，实时提供现行产品市场价格。

7. 计划价格手册的编制

大型企业的计划价格纷繁复杂，需要编制规范的《计划价格手册》，供经营管理各项活动开展时进行参照。大型企业的《计划价格手册》编制过程需要注意以下两个问题。

- 保证定额的正确可靠，防止因定额不准、不实造成计划价格不准，影响实际的成本核算及预算对比分析的质量。
- 内部价格要体现内部合理性和公平性，避免内部不同单位和部门之间苦乐不均，影响相互关系和工作积极性。

《计划价格手册》的项目应尽可能精细，包括价格主体的名称、编号、规格型号、计量单位、计划单价等。要特别注意编号与企业财务核算及其他信息化系统中相同主体的编号一致性。

Chapter11

第 11 章

预算启动：构筑有效的全面预算组织保障

11.1　预算组织架构设计

全面预算管理的全员性要求决定了预算管理过程需要全体员工共同努力才能发挥出其应有的价值和作用。而要让全体员工都重视和投入到全面预算管理过程中，企业需要构建一道保护屏障，即组织保障。本质上全面预算管理属于企业经营管理的范畴，应当通过正式的组织系统进行实际运作，而不应该是几个人甚至是老板一个人的决策，一言堂的预算决策必然缺乏科学性、系统性和严谨性，决策失败和错误的风险极大。当今的企业越来越追求科学管理，对于预算全面、闭环管理的要求也越来越高，因此对预算管理组织保障体系的设计要求也越来越高。

11.1.1　全面预算管理组织机构

全面预算管理组织结构设计应当根据不同规模、不同行业、不同特点的企业实际情况进行量身定制，照搬照抄其他企业的预算管理组织结构方案一定会造成执行过程中的一系列不适应问题，比如结构设计得过于复杂造成执行效率低下，业务和管理部门人员怨声载道；结构设计过于简单，发生预算执行冲突或需要解决执行中的特定问题时，没有部门和岗位负责，出现相互扯皮推诿的情况。

所以，对于是否设立全面预算管理组织机构，企业可以根据自己的实际情况决定，但不管设不设置预算管理委员会都应当对预算管理过程中需要什么样的组织支持有所了解。下面本书给大家呈现一个适合大型企业的全面预算管理组织结构图，如图 11-1 所示，大家可以根据自己企业的实际情况进行删减或增加。

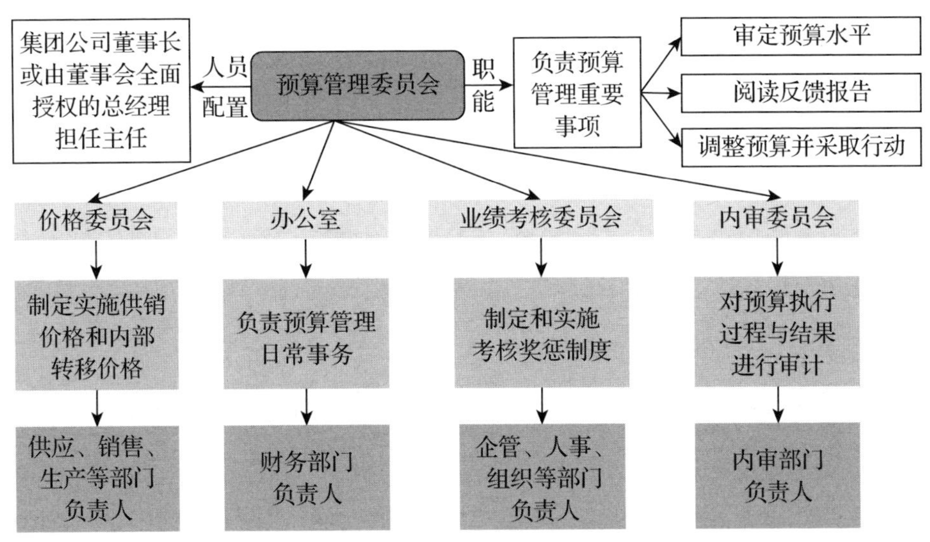

图 11-1　全面预算管理组织结构图

在该全面预算管理组织结构图中，核心主体是预算管理委员会，只要选择实施全面预算管理，企业都应该建立这一专门为全面预算管理而设置的机构。

1. 预算管理委员会的设置

预算管理委员会一般包括公司董事长、总经理、副总在内的领导班子成员，委员会主任由总经理担任，委员会副主任由总经理办公室成员或财务总监担任，委员由各职能部门、业务单位负责人担任。有的企业预算管理委员会还会设置秘书岗位，由委员会主任安排其具体工作。一般情况下，预算管理委员会的人员设置都是兼职身份，且应具备权威性、代表性和效率性特征，保证预算管理委员会组织的高效、精干。

- 权威性：指成员对各自部门的工作安排具有控制权，能对其制定的预算在执行上具有领导权威性，能够保证预算的切实执行。
- 代表性：指成员能够相对全面地代表本部门或单位的意愿和利益，并能将其体现在预算中。
- 效率性：指成员应具有高效的工作能力，以保证委员会的工作效率。

2. 预算管理的日常管理机构

预算管理委员会应设立日常管理的职能组织机构——预算管理办公室，可以从总经办主任或财务总监中选择一人担任预算管理办公室主任一职，负责预算管理的日常工作，主要是对各级预算执行机构进行协调和信息反馈。预算管理办公室是预算活动的直接组织协调机构，包括起草预算管理制度和实施细则、预算编制、预算审签、组织执行、执行过程监督与执行汇报、预算考核、制度修订与执行纠偏等。

3. 预算管理专业委员会的设置

在预算管理委员会下，根据企业实际经营管理情况可以设置一些专业委员会，在遇到一些专业性强、影响重大的事件时，可以由专业委员会提供相关的方案建议和专业支持工作。比如价格委员会负责价格决策与标准的确定（供销价格、内部转移价格）、业绩考核委员会负责业绩考核与奖惩机制的制定（业绩评审、奖惩制度制定与实施）、内审委员会负责预算成果评估（预算执行结果审计）。

11.1.2 预算管理主体

除了上述预算管理委员会的组织设计之外，大型企业还应当设置一些预算专职机构，包括预算编制机构、预算监控与协调机构、预算反馈组织及其他机构。具体设置哪些专职机构，各个企业应根据自己的实际情况选择。

1. 预算编制机构

预算编制是预算管理过程中数据量、信息量最大的工作环节，需要非常强大的逻辑关联协调，包括预算期目标与战略目标的关联、企业经营方针和经营策略与业务单位和职能部门的策略关联、上下左右资源需求协同关联等。同时还要选择符合企业特点和经营管理要求的预算编制方法，根据不同方法的组合规划相关信息和数据的传递路径与口径。

预算编制机构一般情况下是由财务部门兼任的，该机构需要完成以下两大核心工作。

（1）预算基础资料的供给。

全面预算编制涉及企业研产供销方方面面的内容，所需的基础资料非常多，而且不同资料的提供部门也不同，既有历史资料还有针对未来的预测资料。对于各业务单位或职能部门职责范围内的资料收集和供给，都属于各部门分内工作，预算编制机构只要责成它们按时按要求完成即可。但在实际编制预算的过程中，各项业务预算之间关系密切、相互制约，预算编制机构应当对资料信息之间的逻辑关系进行分析和判断，及时发现基础资料的问题，以保证整个预算内容体系存在合理的逻辑意义。所以，预算编制机构要对各预算资料的供给部门进行必要的协调。

（2）预算编制的组织实施。

预算编制的实质性工作是由各业务单位和职能部门分别完成的，业务预算和财务预算的初稿都是由各部门自己完成的，预算编制机构并不会替这些部门去编制。但当各个部门完成了自己的编制任务后，则需要预算编制机构进行整体预算的整合汇总，注意这里的汇总不是简单地加减统计，而是需要预算编制机构将各部门预算与企业目标和资源需求逻辑进行对应拟合，这个过程可能需要多次反复才能编制形成企业完整的预算。预算编制机构负责对各项预算进行汇总、协调和综合平衡，不仅工作量大，专业要求也很高，所以预算编制机构一般是由财务部门兼任的，而且要设置专岗责任人，对业务预算和财务预算进行分析印证，以保证预算编制的速度和质量。

2. 预算监控与协调机构

在预算管理过程中还有一个保证预算执行效果的重要环节——预算执行的监控。有效的监控并非靠某个独立的机构去全权实施，事实上有效的监控是自我监控与相互监控相结合的结果，是各业务单位、职能部门之间纵横交错的监控网，所以说预算监控机构不是某个独立或专门的机构，而是企业各业务单位、职能部门在全局利益的驱动下，自觉承担责任的组织模式。

与预算监控职能相似的还有预算协调职能，实际场景中预算协调可以体现在预算全过程的任何环节，且预算协调不仅仅是跨部门协调，还包括部门内部的行为协调。所以，预算协调工作也不是由专门设置的独立机构承担的，而是各业务单位、职能部门应自觉承担的责任。

3. 预算反馈组织

预算反馈实际上是预算全过程的报告体系，它是预算管理的逆向信息流动过程，是预算执行情况的自下而上的层层汇集和向上汇报的过程。预算反馈组织与企业的预算执行组织属于同一个组织系统，只不过它的运作机理是逆向运行。有什么样的预算执行组织就会有与之相应的预算反馈组织，它不是专门设立的独立机构，而是一种所有业务单位和职能部门都应当履行的机构职能。

11.1.3 全面预算责任网络的设计

全面预算涉及面非常广，相应的管理协调工作也是纷繁复杂，如果大家把预算管理的责任集中在一个部门甚至是某个人身上，显然违背了全面预算管理的本质要求。全面预算管理本质上是企业整体经营管理的体系性工具，要想让全面预算实现其应有的价值，企业各业务单位、职能部门必须做到分工协作、职责明确，并做到充分沟通、密切配合，这需要企业建立责任网络体系。

尤其是大型集团企业更需要以企业集团的组织架构为基础，本着高效、经济、权责分明的原则建立企业特有的预算责任网络体系。该网络体系是由各预算责任主体组成的相互关联、相互协同的组织网络，其中包括由成本中心、利润中心、投资中心组成的责任主体组合。确定责任主体是全面预算管理的一项基础工作，与企业的组织结构相对应，企业组织架构类型决定了全面预算责任网络的布局。

该网络布局有以下两种典型的模式。

1. 纵向预算责任网络

纵向预算责任网络是在纵向组织架构模式（直线职能制）的基础上对应建立的，任何一个企业都存在纵向权责关系，预算目标也是自上而下分解成为每个层级部门业务预算的目标。集团总部通常是投资中心，对企业的收入、成本、利润全面负责，所属各二级单位、职能部门或是利润中心或是成本中心。层次越低的主体自主权越小，需要定期将本主体的利润达成情况或成本发生情况向上级主体汇报，层层向上直到汇报至集团全面预算管理机构。

2. 横向预算责任网络

随着业务的复杂度越来越高，有些大型企业会逐渐优化和改变自己的组织架构模式，比如从直线职能制向事业部制发展。横向预算责任网络就是在这种横向组织架构模式的基础上配套建立的预算责任网络。其特点是各事业部具有一定的决策权，甚至有可能成为投资中心，同时每个事业部下设自己的成本或利润中心，这种模式下的预算责任网络既具有事业部内部的纵向责任汇报形式，又具有事业部之间的横向责任协同关系，共同受企业集团战略目标和方针的引导。

11.2　全面预算组织各类机构的职能设计

全面预算组织体系也是一种权力制衡的组合，每个机构都有其特有的职能要求，而且与企业治理层存在关联关系，预算管理委员会向企业董事会汇报预算方案，得到董事会批准后将其重新返回到预算组织体系并借此进行执行控制。

11.2.1　全面预算管理委员会职能职责

全面预算管理委员会是预算的综合管理机构，是企业内部全面预算管理的最高权力机构，其主要职能是：审定预算管理制度；提出企业预算管理发展方向及优化方案；提出年度经营目标并报董事会；确定年度预算编制的重大前提条件；审查企业年度预算草案并上报董事会；听取预算执行情况和预算管理工作进展情况汇报并上报董事会；批准各业务单位、职能部门的预算调整方案；董事会交办的其他预算管理事项。

全面预算管理委员会的主要职责：

①组织拟定企业预算管理办法及相关制度、流程，研究确定年度预算基本假定，确定预算目标制定与分解办法，确定预算执行监控方法，报总经理或董事长批准。

②组织召开预算评审会，对全面预算管理办公室提交的各业务单位、职能部门预算草案和企业整体预算草案进行评审，并就必要的修改与调整提出建议。

③审议全面预算管理办公室提交的企业全面预算草案，各业务单位、职能部门年度预算草案和调整草案，经总经理审批后上报董事会批准。

④审议全面预算管理办公室提交的企业季度滚动全面预算草案和各部门季度滚动预算草案。

⑤审查、分析预算执行分析报告，提出改善措施。

⑥在总经理或董事长授权下协调、裁定企业预算编制，解决执行过程中各部门发生的重大冲突。

⑦审议与全面预算执行情况挂钩的考核及奖惩方案。

11.2.2 全面预算管理办公室职能职责

全面预算管理办公室是企业全面预算管理的日常管理机构，办公室主任一职可以由财务负责人担任，其他成员可依据工作需要适当做增减调整。

全面预算管理办公室主要职能：起草预算管理相关制度和实施办法；组织预算的编制工作，并根据企业批准的预算组织各责任单位予以执行；协调和处理各预算责任单位在预算编制及执行中的矛盾；跟踪、监督预算的执行过程；定期向全面预算管理委员会报告预算的执行情况；进行预算考核；对预算执行中出现的问题和偏差及时组织修订和调整，确保企业总预算的实现。

全面预算管理办公室主要职责：

①具体负责拟定和修改企业预算管理办法及相关制度、年度预算基本假设、预算目标（包括总目标和目标分解）、预算编制方针、预算编制程序、全面预算编制手册（编制说明、编制表格）、预算执行监控方法等，报全面预算管理委员会审议。

②根据年度经营计划，将全面预算管理委员会提出的全面预算总目标进行分解下达。

③组织各业务单位、职能部门编制预算或调整预算，对分公司、部门编制的预算草案或预算调整方案进行初步审查、协调和平衡，汇总后编制企业整体预算草案或预算调整方案，上报全面预算管理委员会审议。

④向企业各业务单位、职能部门下达经批准的全面预算方案，监督各业务单

位、职能部门的预算执行情况，定期进行预算执行情况的分析评价和反馈。

⑤组织预算管理的培训工作，向预算编制、执行单位或部门提供技术支持，提出改进预算管理工作的意见。

⑥遇到特殊情况，向全面预算管理委员会提出预算修正建议，或接受并初步审查各部门提出的预算调整申请。

⑦监督全面预算执行情况，并组织对全面预算执行结果进行分析评价和反馈，在规定的权责范围内处理相关问题，向全面预算管理委员会提交本预算年度全面预算管理工作的分析报告。

⑧协助全面预算管理委员会协调、处理预算执行过程中出现的一些问题。

11.2.3　全面预算管理专业委员会职能职责

设置全面预算专业委员会并不是企业通行的做法，只有规模较大或经营管理比较复杂的企业会选择在全面预算管理委员会下设置各类专业委员会，其成员也主要来自相关专业部门的专业管理人员。主要职能是在其专业范围内制定相关的专业制度，如价格确定与调整制度、预算考核奖惩制度等；通过专业方法实施预算过程中需要的专业活动，如内部转移价格的制定、预算执行结果绩效考核、预算结果奖惩实施、预算执行审计等。

全面预算各专业委员会的职能工作均要在预算管理委员会的授权下开展，主要职责是制订专业方案、实施专业行为、进行专业分析。

11.3　预算启动方式设计

全面预算属于企业重大经营活动，原则上要求每年开展预算前都要进行启动的前期准备工作，目的是保证预算能够顺利实施，为预算工作的开展提供保障。

11.3.1　预算启动的范围

预算启动不单是预算组织机构的工作，同时涉及企业所有的业务单位和职能部门。预算各组织机构责任人和业务单位、职能部门负责人均要按照预算启动会议规定的时间，将各单位、部门提交的下年度初步预测报告与相关资料收集完备，对企业年度财务预测进行财务数据分析和建议，提交总经办会议（企业集体决策组织）商议以确定企业年度目标与方案。预算管理委员会应在各单位或部门组建预算小组，并责成财务部门或专门的预算部门进行年度预算编制工作的培训，并下发全套预算表格和编制说明。

11.3.2　预算启动的内容

预算启动的目的是让企业各业务单位、职能部门了解预算期的经营目标，为实现目标、执行预算做好准备。在这个过程中，预算管理委员会负责统筹安排，包括组织分解年度经营目标、落实各部门预算编制工作、规定各部门正式开始编制预算的日期等，当然具体的工作还需要进一步下沉到相关部门责任人。

预算启动的主要内容如下。

1. 确定预算启动时间及制定预算的期间

预算启动第一项内容是确定预算启动时间和预算制定的工作期间。不但要让各业务单位、职能部门负责人都清楚地了解预算期的工作内容和工作要求，还要明确各项工作的时限条件，确保预算工作不拖延。

2. 确定预算启动的控制目标

①确保预算启动之前各预算编制部门能在充分理解企业预算期战略目标的基础上，就年度财务和经营目标以及各项分解指标达成共识，并致力于通过年度预算的编制达成企业年度战略目标。

②确保年度预算工作要求和预算表格能及时下达到各预算编制部门，并保证关于年度预算工作的指导性要求能够自上而下得到有效传达。

③确保企业各预算编制部门在年度预算工作中的职责得到合理的划分和深度落实。

3. 确定预算启动的主要控制点。

①年度预算目标值的讨论确定。

②预算编制完成后的文件签批。

③年度经营计划与预算目标的宣导。

④预算编制要求与方法的培训。

⑤预算文件的制备、下发、归档。

4. 确定预算会议规则

每个企业的组织架构和管理风格各有差异，预算会议规则的制定也会有所不同。一般来说，预算会议规则是经过预算管理委员会讨论确定的，规则涉及的内容包括：

①规定什么时间各部门提交初步预测报告。

②确定参加预算启动会议的人员结构。

③规定参会纪律，包括请假审批规则、会议现场纪律等。

④确定会议议程及发言时间。

11.3.3　预算启动会的基本流程

预算启动会是企业非常重要的会议，该会议能否成功召开将直接影响年度预算的质量和效率，要开好预算启动会就要抓住以下这些关键控制环节。

1. 预算启动会议前的准备

每年预算会议启动前，预算管理委员会或预算工作小组都应做好相关的准备工作，以保证预算启动的顺利完成。这些准备工作涉及各个部门、各个预算组织，内容繁多、时效要求高，非常考验企业部门协同的能力，一个环节拖后腿可能造成整个预算启动延迟。

预算启动会议前各部门的准备工作主要包括以下内容。

①财务部：上年财务报表和预算结果分析报告；预算目标预测方案；投融资草案；主要产品成本预算；固定资产更新需求预测；应收账款回收预测等。

②市场部：预算期市场预测、客户需求变化预测；已签订单报告；营销行动方案；营销费用预测等。

③生产供应部：预算期生产能力预测；预算期采购供应能力预测；供应商变动预测；生产成本变动预测；劳动生产率预测；库存情况；产品质量提升预测。

④技术研发部：技术改进与工艺优化方案；技术发展规划；新产品开发方案；研发项目费用预估与人员配置预估等。

⑤人力资源部：人员需求与素质要求；员工结构变化预测；业绩考评与薪酬方案；人效提升方案等。

2. 确定预算启动工作的权责分工

预算启动的顺利进行需要跨部门的通力配合，因而对于预算启动的工作分工应当进行明确的划分，并赋予相应的权责。

预算启动工作主要的权责内容如下。

①行政协调权责：主要是沟通协调预算启动的时间安排，负责确定会议参会人员、会议场地等行政事务性工作，一般由企业负责会议安排的部门或总裁办承担，各个企业的情况不同职责分工也会不同。

②会议资料的综合协调权责：预算启动需要准备质量过硬的一系列资料，包括上年预算总结报告、预算期预测报告（分部门、分专业）、资源分析报告等。要确保这些资料的高质量，从资料清单、专业要求、专业培训、过程指导到整合分析的全过程，都需要有专业能力较强的专业部门进行综合协调，既要保证资料的及时性，更要保证资料的质量过关。一般该职责由企业的预算牵头部门承担，或由财务部门、预算部门、综合管理部门承担，谁负责预算谁就承担该项职责。

③经营目标讨论决策权责：该权责是预算启动会的核心权责，也是启动会的工作目标，即通过各部门的相关预测，企业管理层要对预算期的经营目标进行讨论并达成目标共识。这个过程会存在对各种问题的争论或是在目标设定上出现重大分歧，所以需要有能力和权威的人员引导讨论，并在关键时刻进行目标决策。该权责一般由企业的一把手承担。

④专业分析与预算表分发收集权责：这是预算启动过程中的专业职责，是预算启动后的专业承接部分。需要有专业能力的部门根据预算启动确定的经营目标设计预算目标分解表以及配套的成本费用预算表，并负责将这些表格的填写方法向相关部门进行宣导培训，还要进行经营目标与各部门预测的专业验证，对预测的准确度进行评估，为预算绩效指标的提炼准备基础资料。这项职责专业要求高，一般由企业财务部门承担。

3. 确定预算启动流程

各个企业的预算启动流程不尽相同，企业可以根据自身的规模、业务复杂度以及管理特点进行设计。一般情况下，预算启动都会经历几个核心环节。

（1）确定预算启动会议的时间并通知相关单位和部门责任人。

企业预算牵头部门或全面预算管理委员会确定预算启动会议初步时间，通知总裁办或总裁秘书向总经理或董事长确认预算启动会议的召开时间，并提前通知到相关单位和部门责任人。

（2）准备预算启动会议相关资料。

企业负责会议安排的部门向各业务单位、职能部门负责人发出通知，要求其准备预算启动会议的相关资料，并分发会议召开所需资料清单。同时准备会议、安排会议议程。

（3）各业务单位、职能部门提报初步预测报告。

预算启动会议前各业务单位、职能部门负责人应该根据企业战略规划目标，结合市场预测、历年经营情况、目前经营能力（销售能力、研发能力、生产供应能力、人力资源、资金能力等）情况进行初步预测，形成预测报告，并在启动会议上进行汇报。

（4）召开启动扩大会议，确定企业年度经营目标。

启动会议结束后预算牵头部门应当起草会议纪要，综合整理各部门预测报告，并进行各部门预测目标值之间的比较分析。综合资料分析完毕，应当再召开一次扩大会议，给业务单位、职能部门负责人阐述预测依据，由预算牵头部门进行综合分析汇报，总经理或董事长协调确定企业年度经营目标值。至此，预算牵头部门就可以正式进行预算期各类预算表格的设计，并根据会议确定的经营目标值与各部门负责人提交的预测报告再次进行对比分析，验证企业经营目标值的逻辑合理性。

Chapter12

第 12 章

高效使用：推行零基预算

全面预算编制方法多样，正确选择预算编制方法对于预算编制质量有直接的影响。从大类上分，预算编制方法分为传统静态预算编制方法和现代动态预算编制方法，这两种方法各有利弊，静态预算编制方法普遍较为简单、易于操作，实施成本低、效率高，但精确性和质量不高。动态预算编制方法相对复杂，操作难度大、成本高，但精准性和质量高。

静态预算编制方法包括：固定预算、增量预算、定期预算。

动态预算编制方法包括：弹性预算、零基预算、滚动预算。

因这些预算编制方法在很多相关书籍里都有介绍，根据多年开展全面预算咨询项目的经验，本书重点选择零基预算的编制方法进行分享，因为零基预算是践行全面预算核心思想的最佳实践，而在实际操作中它也是管理者遭遇实施困难较多的方法，但掌握了零基预算实际上就抓住了全面预算的核心工作逻辑。

12.1 零基预算与增量预算的差异

本节主要介绍增量预算法和零基预算法的基本理念以及两者的对比分析。在谈零基预算之前必须要先聊聊增量预算，因为零基预算编制方法就是针对增量预算编制方法的弊端演进而来的。

12.1.1 增量预算法的概念

增量预算法是以基期水平为基础，预测分析预算期业务量增减变动及相关影响因素变动后，通过增减基期数据编制预算的方法。这是一种非常传统的静态预算编制方法。

增量预算滚动实施时也基本上是从上一期的预算推演出来的，每一个预算期开始时，都采用上一期的预算作为参考点，而且只有那些要求增加预算的申请才会得到审查。

1. 增量预算的优点

增量预算从基期实际水平出发，对预算期的经营活动进行变动量预测，然后按比例测算收入和支出指标。因为增量预算编制方法的核心工作都在财务，财务是掌握历史数据最全的部门，各部门的增减预测也会汇集到财务，再由财务完成整体预算的编制，所以其最大的优点就是实施操作简便，工作量小，沟通难度小。

2. 增量预算的缺点

增量预算存在一个非常大的逻辑漏洞，其所有的预算数据都基于历史基期数据，意味着它是以假定历史数据无瑕疵为前提的。但这显然是不合理的，历史数据是历史经营活动的结果，存在着大量的问题和可优化空间，以它为基数等于掩盖了所有的历史问题，主要体现为以下几个方面。

（1）预算理念保守而僵化。

因为将历史数据作为基期，也就意味着这种方法认为预算期的内外环境条件与历史环境一样，无论预算期可能出现重大机会还是重大风险，都不会对历史的基期数据产生影响，只会在基期数据的基础上做一些调整。这种调整必然是保守的，因为它不调整基期数据的结构，只是体现在数量上的增减。这样的调整也同样是僵化的，它不预先分析基期数据在预算期是否存在合理性，先全盘接受再调整数量，这样的编制方法很难保证对基期数据做深度检视和合理调整。

（2）预算编制过程和预算结果消极。

在增量预算法下，预算编制工作基本上由财务部门统筹安排，这便会让各部门养成“等、靠、要”的惰性思维，即等安排、靠财务、要预算，既滋长了预算分配中的平均主义和简单主义，又不利于调动大家开展增收节支的积极性。

增量预算最容易掩盖低效率和浪费，在典型的增量预算中，原有的开支项一般很难砍掉，即使其中的一些支出已经完全没有必要了。因为增量预算的前提是把上年历史数据作为基数，所以没有哪个部门愿意精简当期的预算消耗，节省了又不奖励还会影响下年预算的基数，当然不会有人愿意主动节省预算。

（3）增量预算缺乏结构性和系统性。

增量预算的基数来自财务，财务的数据来自实际业务核算的结果，至于这些结果是否与经营计划相符，或者这些数据背后的运营管理逻辑是什么，财务既不关心也不需要知道。而在全面预算管理理念下，预算的每个数据都应当是围绕目标，通过策略规划和行动计划转化而来的，增量预算的数据来源明显无法满足全面预算的管理要求。

缺乏结构性是指增量预算的数据结构与经营管理现实场景脱节，只有会计科目的结构逻辑，没有研供产销的价值链结构，也没有目标、策略、行动路径与行动计划的逻辑结构，更没有工作分解、资源需求与财务转化的结构。

缺乏系统性是指增量预算的数据完全是财务核算结构下的数据整合，缺乏更多维的数据关系，比如收入体系、成本体系、费用体系、目标体系、策略体系、计划体系、资源体系等多体系的融合。

12.1.2 零基预算法的基本理论

零基预算由美国得克萨斯仪器公司的彼得·派尔于1970年首度提出。经过多年的实践，零基预算方法的应用逐渐成熟，也被更多的企业所接受。零基预算是一种决策的理性回归，是对传统增量预算的革新。

零基预算不受以往预算的影响，一切从“零”开始，对预算期的所有预算重新逐笔评审，根据现实的重要性确定预算的优先顺序。零基预算注重现在，注重新的发展方向，在编制预算的过程中剔除历史过往的非合理与非必要的支出，使每个支出项目与当前资金使用需要相匹配，以提升资金的使用效率。零基预算的出现是对传统增量预算的替代，它注重预算编制对预算执行、预算平衡、预算监督和预算效果的影响。

1. 战略导向的预算理念

零基预算要求预算过程从预算期的目标出发，而预算期的目标必须与战略目标方向一致并存在阶段性推进关系。在零基预算编制过程中，哪些预算项目优先、哪些项目增加、哪些项目削减与历史数据无关，而是与项目是否属于战略性工作、是否对预算目标起到推动作用有关。传统的增量预算对战略目标的关注度非常不够，甚至是缺失的，而零基预算恰恰克服了这一弊端。在零基预算要求下，每个管理者都需要深度思考内外环境变化对战略目标的影响，以及实现目标的策略和行动方法，并将其对各项资源的诉求与行动方法拆解出来的工作计划进行紧密关联。如此就保证了资金使用与战略目标、预算目标的关联性，将资金的效能发挥到最大，达到事半功倍的效果。

2. 预算收支的全面评估理念

零基预算要求对预算收支的内容进行详细的分解和说明，即每一笔收支都要说明从哪里收、因什么产品和服务而收、为什么支、以怎样的行动方式支出。同时企业的预算管理部门也要对各业务单位和职能部门的预算进行全面的评估，这种评估不仅要求评估预算项目本身的合理性，还要将预算提案的佐证信息全部提报以便进行预算决策。这些全面信息包括：预算收支的目标、达成目标的行动描述、开展行动的工作计划以及所需的资源需求等。

3. 优先性排序选择理念

零基预算的评审过程特别强调支出优先性这一核心策略，因而会将各业务单位和职能部门的支出预算计划进行整体分析和通盘平衡，从战略目标和预算目标出发进行优先级评定，如此可以有效地协助企业将有限的资源分配到效益最大、战略性最强的项目上。

优先性排序选择理念要求以战略优先为主，结合重要性优先、关键绩效行为优先等理念，确定各预算项目轻重缓急的排序，并同时将优先项目分解落实到每个执行部门和岗位。

4. 风险控制理念

零基预算受战略目标的引导，因此能够从宏观和全局的视角对预算结构和预算项目进行分析判断，也因此能够及时识别系统性风险。零基预算的数据来自业务活动的计划，而业务活动计划来自经营策略规划，经营策略是围绕预算目标开展的，而经营目标的确定又经过了预算期内外环境的分析和预测。因此，零基预算能够及早发现内外环境风险、资源风险、竞争风险，并灵活应对快速做出预算反馈。

12.1.3 零基预算与增量预算的对比

零基预算与增量预算最核心的差异是对“基数”的不同假定和参考方式。传统的增量预算一般将上年历史数据设定为“基数”，同时考虑预算期的增减因素，以此确定预算期业务活动的收支水平。两者的差异主要体现在以下四个方面。

1. 基本假定不同

（1）增量预算认为预算事项具有连贯性，故将历史数据作为预算基数，其基本假定如下。

①基期的各项经济活动是企业所必需的。

②基期的各项业务收支都是合理的。

③预算期内根据业务增减变动来增加和减少预算指标是合理的。

（2）零基预算认为预算项目应从预算目标出发，应适应预算期的环境假定分析预测，其基本假定如下。

①过去的历史与预算期的未来并不强相关。

②过去的历史数据存在一定的不合理性。

③预算编制应当根据预算期业务活动的工作计划的资源需求进行确定，没有实质的工作计划内容就不应该有预算，哪怕历史支出存在该项预算。

2. 特征不同

如果说增量预算的最大特征是以历史数据作为基数，那么零基预算的最大特征就是没有基数，一切从零开始。

3. 编制基础不同

增量预算的编制基础是历史（上期）经营结果，本预算期的预算是在上期预算执行结果的基础上进行增减调整的结果。零基预算的编制基础是零，本预算期的预算数据是根据预算期的经营活动所需的资源分配确定的。

4. 编制分析的侧重点不同

虽然增量预算方法要求编制预算时要在基数的基础上进行增减调整，但在实际场景中绝大部分企业关注的只是预算期的新增业务活动，对于上期延续下来的业务活动基本上不做分析研究，更不会判断在预算期是否还有优化和调整的可能，除非企业在这方面进行强制性的要求，各单位或部门才会被动地去思考精简的可能。

而零基预算的基本思想是从零开始，它更关注预算期各项业务活动规划的合理性，包括是否与战略目标方向一致，预算期业务管理活动是否与策略规划相一致。关注每个预算项目资源需求的合理性分析，会更加精细地研究同一工作不同方法是否会有不同的资源匹配，同一目标是否可以规划不同的工作内容以减少资源的消耗。也就是说，零基预算更注重资金使用与业务活动重要程度的匹配度，更讲求投入产出效能最大化。

12.2　零基预算方法的应用要点

零基预算的编制过程也是企业针对预算期经营目标进行策略规划和行动计划的过程，是企业资源与业务匹配的过程。零基预算编制过程不考虑历史过往的资金收支，只立足于预算期的业务活动本身的必要性和合理性，坚持无行为无预算的原则。

12.2.1　零基预算编制过程对历史数据的应用定位

虽然零基预算编制不考虑基数因素，但不代表历史数据在零基预算过程中完全没有意义。实际上，历史数据在零基预算过程中具有非常现实的参考作用，尤其是在历史数据拆解成更加精细颗粒度的信息时其作用更大。

1. 策略与行动规划的参考作用

零基预算编制过程中，需要围绕预算目标制定经营策略，包括产品策略、市场策略、推广策略等。在制定这些策略时，相关的运营管理者需要对历史经营过程进行更深入的分析，比如在进行产品策略规划时，可能需要对该产品上期的市场表现进行分析，包括该产品在不同区域、不同平台、不同客户、不同渠道上的业绩表现，甚至要根据不同维度对该产品的反馈信息进行更加详细的原因分析。这些精细化的历史数据分析能够帮助管理者在预算期进行策略规划时，有更加翔实的现实运营逻辑信息作为参考，能够根据更加细节的真实情况识别机会和风险。

2. 预算期特定策略选择的辅助测试作用

在零基预算编制过程中，有可能会发生特定业务事项多种策略选择的情况，这些特定业务一般都具有重要性特征，比如针对某个新业务的推广策略选择。管理者在进行多个策略选择时，可能会将这些不同的策略放置到历史数据结构中进行测试，模拟不同策略的运行结果会有什么不同。

我们曾经做过一个咨询项目，某个企业准备进行 BU 独立核算的业务模式改革，但在做预算之前希望能先测试一下两个 BU 运营政策是否能跑得通，哪个更合理，于是我们就拿前两年的实际业务数据进行了模拟测试，然后选择了其中一个政策作为预算期 BU 的预算执行的考核依据。

3. 预算结果对比分析作用

除了在预算编制过程中可以用到历史数据，采用零基预算方法的企业，到预算执行结果分析的时候依然可以用到历史数据。一般情况下，零基预算执行结果分析除了将预测结果与预算值进行对比分析外，也可以选择与零基预算逻辑相同的历史数据进行对比分析，比如某个持续销售的主要产品的业绩分析，包括趋势分析、区域分析、客户结构分析，都会用到历史相关的同类数据，并以此作为对比参照依据。

12.2.2 零基预算适用范围的判断

虽然我们比较推崇零基预算，但并不是所有的企业都适合推行零基预算，在没有足够的条件基础和充分的准备情况下强行推行零基预算弊大于利。

1. 不适合应用零基预算的企业

（1）战略不清晰、经营计划能力弱的企业。

零基预算的核心思想是预算编制从业务出发，越是业务目标清晰、经营策略明确的企业越适合应用零基预算。但对于那些战略目标不清晰，也从来没有系统性地做过经营计划的企业，推动零基预算会非常困难。因为零基预算的编制基础是企业的经营计划，而企业对怎么做经营计划缺乏经验和能力，零基预算就失去了编制的依据。所以当有些企业管理者问我怎么开展零基预算时，我都会反问他们："你们企业会做体系性的经营计划吗？"大家不要觉得我这个问题很幼稚，实际上真的有很多企业是不会做经营计划的。而我们所做的全面预算咨询项目，消耗精力和时间最多的内容就是帮助企业掌握制订经营计划的技能。

（2）信息化基础薄弱的企业。

从某种层面讲，零基预算的数据逻辑要远远复杂于增量预算，它需要将不同维度的信息进行整合，并要建立多种逻辑关系的数据链，比如以产品为核心的研供产销数据链、以材料为核心的全成本数据链、以项目为核心的全生命周期数据链，还有很多交叉数据链，比如产品、市场、客户、渠道交叉数据链，人员、资金、活动交叉数据链。如果推行零基预算却不愿意在预算分析上做到精细化，还是沿用传统的静态预算方法的财务结果进行对比分析，那么零基预算的作用会大打折扣。而要做到精细的预算分析，企业需要建立非常强大的信息化系统，能够根据业务分析的各种场景需求，进行不同数据链的任意组合调取和分析。所以说，如果有些企业现在还在采用手工账方式，就不建议引入全面预算了。

（3）缺乏预算管理能力的企业。

推行零基预算不仅是在编制环节有所突破，它还应该是一个完整的管理过程。既然采用了零基预算编制方法，那么在后面的预算执行、预算监督、预算分析、预算考评过程中也需要将零基预算的理念和思想贯彻到底。但如果企业的预算管理能力不足，主要是缺乏具有预算管理能力的人才，零基预算的实施就会出现虎头蛇尾、前后割裂的问题。

现实的情况是，大部分企业的财务管理人员的业财融合能力还都处在一个学习成长的过程，他们中的大部分人员承担不起全面预算牵头管理的责任。而零基预算的全过程管理对业务熟悉程度和管理经验要求非常高，所以，如果企业没有对预算进行全面管理的能力就很难把零基预算推行到位。

2. 适合推行零基预算的企业

（1）竞争压力增大，需要更高水平的预算方法。

如果企业的经营环境简单、所选赛道竞争压力不大，甚至具有相当程度的先发优势，这样的企业经营难度不大、回报率高，在没有足够刺激的情况下，企业很难主动选择难度更大、管理要求更高的方法开展工作。

当竞争压力增大且竞争对手在管理手段上不断优化创新时，就会对企业产生某种倒逼态势，刺激企业选择比现在难度更大但管理效果更好的方法替代原有方法，零基预算的使用也可能是在这种倒逼情形下的被迫选择。

（2）力求提高管理团队经营管理能力的企业。

无论是全面预算管理还是零基预算方法，都有一个共同的特点，就是对企业管理层经营管理能力水平的高要求。反过来讲，企业也会因为推行全面预算管理或使用零基预算方法而加快现有管理团队成长的速度，在新的管理方法应用的过程中边干边成长。

在我们所做的全面预算咨询项目中，不少企业的高层选择做这个项目的部分原因就是来自这方面的诉求。而实际上我们也确实在提高管理者运营管理能力的经营计划环节消耗了大量的时间和精力。

（3）企业核心管理层对零基预算的必要性达成共识的企业。

零基预算的实施需要很强的管理推动力，但如果企业核心管理层并不都认为企业需要引入零基预算替代之前的预算方法，甚至有人强烈反对，无论他们反对的理由是什么、是否合理，只要这种反对的声音在企业内部具有足够大的影响力，就必然会对新的方法推行产生负面作用。所以企业要在推行零基预算之前做好核心团队的共识工作，只有具备此类共识的企业才更适合推行零基预算。

3. 最适合使用零基预算的项目

导入零基预算也可以从局部尝试开始，不一定一上来就要做大面积的替换。其实最适合使用零基预算的项目是费用预算，尤其是营销费用的预算，可以将费用预算与市场规划的内容进行融合，根据市场规划中的产品策略、渠道策略、推广策略、客户策略对应评审相应的营销计划的一致性，再从营销计划的实施资源匹配的角度进行零基预算的编制。这个过程能把零基预算的价值充分发挥出来，让相关的管理者从目标到策略到计划到资源到资金一路进行逻辑关联的推演，当预算编制完成时，营销活动的计划实施也就有了基本的保证，保证了策略围绕目标，行动来自策略，计划来自行动，资源匹配计划，资金获取资源。

12.3　零基预算编制程序

零基预算方法的实施最符合全面预算理念，只要能熟练应用零基预算其实就掌握了全面预算管理中有关预算编制的核心技术。

12.3.1　从预算目标的确定开启零基预算

确定预算目标是开启零基预算的前置工作，有关预算目标体系的建立可以参见本书第 6 章的内容。在这个环节要提醒的是，如果想要提高零基预算的编制水平，需要在预算目标的确定环节提高质量。既要保证预算目标设定的准确性和合理性，同时还要对目标进行穿透分解。原则上，零基预算下沉到什么细节程度，预算目标就应该穿透到什么程度。零基预算的理念是承担预算的各业务单位和部门的管理者，以零为基础，围绕自己的预算目标规划、确定实现目标所要开展的工作有哪些，这些工作分类整合后成为预算开支项目。不从预算目标始发的零基预算其实就已经不能称为零基预算了。

12.3.2　确定实现目标的策略和行动路径

前面已经多次提到，全面预算管理拥有特定的逻辑程序，这个逻辑程序同样适用于零基预算。即管理者应当围绕目标的实现进行策略研究和行动路径规划，尤其是处在业务单位主体和部门主体这个层面，原则上必须进行策略和行动路径的规划，有关策略规划的部分大家可以参考本书第 4 章的内容。

在实施零基预算过程中，不是所有的预算编制人员都需要进行目标策略和行动路径的规划，一般基层的预算编制人员不需要进行策略和行动路径规划，他们的主要任务是理解上级单位和部门确定的策略和路径，并根据上级单位和部门提出的策略和行动路径进行具体行动的确定和工作包拆解。有关工作包的确定和拆解方法可以参看本书第 8 章的内容。

12.3.3 进行工作计划与资源需求的匹配

根据本书第 8 章的内容所述，当企业完成了策略和行动路径规划工作后，便需要开始做更加详细的工作计划，这些计划属于策略的实施计划。而每项工作计划的开展都需要消耗相应的资源，无论是人力消耗，还是设备设施、物资消耗，抑或是直接的资金消耗，最终都会在财务核算上以资金支出的方式呈现。所以，零基预算从某种层面上讲，是抛开历史数据的影响，一切从工作计划出发，只要是计划范围内的工作就应当匹配相应的资源以支持该项工作的顺利开展。

但企业的资源总归是有限的，预算工作涉及方方面面的业务和管理，如何将有限的资源匹配到合理的工作计划上，哪些工作分配的资源多一些，哪些少一些，既要保证整体计划的实施又要兼顾局部需求的平衡关系，则是该环节工作的核心要求。这一环节的工作成果便是全面预算中的业务预算编制结果。

12.3.4 资源需求转化成财务数据

当资源匹配方案完成后，财务部门要对所有的资源进行财务性整理和加工，使资源信息能够转化成财务逻辑的信息，并进行预算报表的编制，这一部分的详细内容大家可以参照本书第 9 章。

这一环节的工作难点是，财务部门的专业人员如何准确理解业务预算的资源匹配逻辑，比如营销部门预算工作计划中有一项活动推广内容，营销部门为该项工作提出了人员、物资还有差旅费等多种资源需求。财务人员要把这些资源转化成符合会计准则核算要求的信息，这对他们来说是有挑战性的，这种挑战一方面来自技术，但更多来自心态。因为财务人员长期从事会计专业工作，已经习惯于业务部门听从财务部门的专业要求，业务部门按照财务设定好的会计科目进行数据填写，而不是财务部门去把业务部门的信息转化成可用的信息。这个过程需要财务人员做好心态和思维的转变，否则很有可能在这个环节，财务人员会再次回到原有的工作习惯状态，强行要求业务人员把业务预算数据按照会计科目要求进行填列，这对业务人员来讲是难以逾越的鸿沟。当大家都不愿意承担转化工作的时候，零基预算的实施就会在这个环节被割断。

12.3.5　业务导向的预算执行差异分析

无论采用什么样的预算编制方法，企业都会要求财务部门开展预算执行差异分析。在零基预算法下，这项工作的方式是有特别要求的，但很多企业的财务部门很难做到按要求实施，从而造成零基预算在闭环环节的质量问题。业务导向的预算执行差异分析工作主要包括以下几个方面。

1. 预算执行结果的业务统计

按照零基预算的逻辑编制了预算，如果不能按照相同的逻辑进行预算执行结果的核算，那么零基预算的实施依然会半途而废。因为零基预算是从经营计划的资源匹配中推算出来的，当按照经营计划开始执行预算后，企业应当能够统计出与预算逻辑相同的执行结果信息。尤其是在基层目标和细节目标的执行层面，更需要统计信息而非会计的核算信息，因为会计核算是依据会计准则进行业务处理，并不需要太精细的数据依然可以完成会计报表的编制。除非会计核算的明细科目可以做到与预算数据一样的颗粒度，但这对财务来说是有难度的，如果企业信息化程度不够很难做到。

2. 财务核算数据与业务统计数据的稽核

如果企业的会计核算无法按照零基预算的精细程度进行，则需要将会计核算的结果与业务实际统计数据进行稽核。比如财务会计核算的营销费用结果只能细分到不同的业务单位、费用项目，但很难继续细分到不同店铺、不同细分品类、不同的推广活动等，这时需要将会计核算结果与业务口径统计的数据结果进行稽核，尽量将会计核算的结果拆解到最小单位。

3. 预算执行经营性对比分析

当企业进入预算执行阶段后，财务部门必须定期开展预算与实际的对比分析。零基预算方法下的对比分析要求必须与经营计划的策略、方法、计划进行关联。要做到这一点，实际核算的数据与预算的数据口径必须保持一致，这样才具有可比性。财务核算与业务核算口径能够保持一致当然最好，如果做不到就需要按照前面所讲的，进行财务核算数据与业务统计数据的稽核，只要与业务预算口径保持一致，数据就具备了可比性。

12.3.6 预算执行差异原因分析

当财务完成了经营核算结果与预算数据的对比分析后，对于已经呈现出来的差异应当进一步分析其背后的原因，无论是有利差异还是不利差异都需要找出原因。这一环节的分析应当回溯到经营计划和业务预算，分析这些差异的产生是因为没有按照经营计划的策略执行，或内外环境发生了预算时未预料到的变化，还是行动没有按照计划内容实施，抑或应当匹配的资源没有匹配到位？所有这些方向的分析都必须回溯到经营计划和业务预算的相关内容上，这也是零基预算最重要的闭环收尾环节工作。

Chapter13

第 13 章

实时监控：多层次多维度预算监控体系

要实现全面预算管理的有效执行，除了建立预算执行责任网络体系外，还应当建立完善的监控体系，没有监控就没有执行。搭建高质量的监控体系对企业预算的执行将起到非常重要的推进作用。而且监控体系的建设应当是多层次多维度的，不能简单地将预算监控任务强压到财务部门，单纯地依靠资金控制的方式控制预算执行风险。

13.1 预算监控体系模型设计

不同企业构建的预算监控体系在细节上可能有一定的差别，但从整体架构上应当具备一些相同的逻辑。本书给大家介绍一个全面预算监控体系基本模型，如图 13-1 所示，大家可以作为参考并在这个模型的基础上结合企业的实际情况进行更细致的拆解设计。

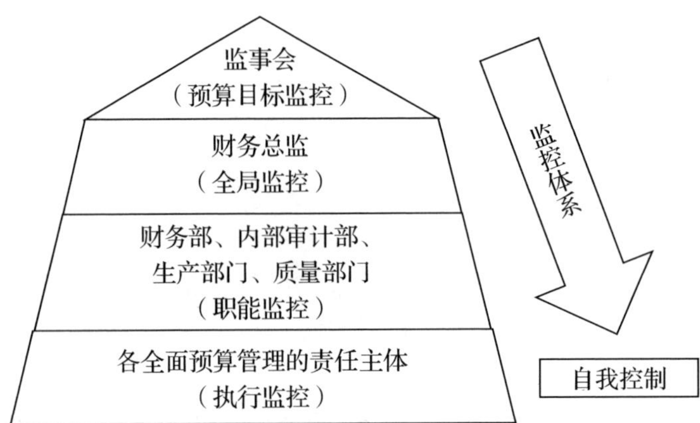

图 13-1　全面预算监控体系基本模型

该模型的核心逻辑是：预算监控是分层次的，每一个层次的监控都有各自的目的和要求。只有将监控任务的功能进行合理的拆解，才能真正确保监控的及时性、完整性和有效性。单纯依靠财务部门的监控可以说是一种心理安慰式的监控，看似有监控实则根本无法做到完整有效的监控，因为财务人员对业务的理解是有限的，专业也是有限的，权力更是有限的，他们没有能力做全面监控。

13.1.1　预算监控体系建设的原则

1. 谁执行谁监控的原则

预算监控的基础监控是执行层的监控，如果执行主体自己没有预算监控的意识，完全依赖其他职能部门对其预算执行情况进行监控，这种监控模式必然会造成监控不全面、不深入、不及时的结果。因为职能部门的监控人员不可能每时每刻守在一线盯着执行主体工作，而且他们对于执行主体的工作并不熟悉，就算守在跟前都未必能发现问题。另外，缺失了执行主体的自我监控，会让执行者失去对预算执行的主动性和敬畏感，甚至会引发执行者为了应付职能监督而采取一些蒙混、造假行为。所以，在预算执行监控环节最重要的监控力量来自预算的执行层，即谁执行谁监控，只有这样才能保证预算的实时监控。

2. 谁管理谁监控的原则

很多企业的管理者认为预算监控的责任是财务部门的，一旦出现预算执行不力的情况就会将监督不力的责任安到财务人员头上。实际上财务人员在预算执行环节能够发挥的监控作用非常有限，他们只能在各业务单位、职能部门发生资金收支业务时起到一定程度的监控作用，因此财务对业务运营的控制也是非常有限的。

全面预算的核心是对经营计划的推动，企业不可能靠一个部门完成全面经营计划的监控。所以，全面预算管理的监控原则是谁管理谁监控，即将业务运营和经营管理的监控责任按照不同职能管理的权责分布进行划分，企业所有承担管理职能的部门都应当在自己的职责范围内实施预算执行的相关监控，比如质量管理部门对质量目标的全面监控，市场部对销售预算执行的策略监控，生产部对各车间生产计划的执行监控等。

3. 全面监控的原则

预算监控的目标是确保各业务单位和职能部门的运营管理活动都能围绕预算目标开展，工作过程符合经营计划的策略方向，工作成果都能促进预算目标的实现。而预算的执行分布在企业的各个业务板块、管理层次上，同一条管理线路分布着不同管理职能和工作任务的预算执行主体，比如在生产预算目标执行中，存在操作任务、车间管理任务、生产计划制订任务、产销协同任务等，这些任务的执行的监控责任主体会存在管理层次的差异，为保证预算的全面监控，企业必须在不同管理层次上设置不同的监控机制，以满足全面监控的原则要求。

13.1.2　预算监控体系的架构逻辑

图 13-1 中的全面预算监控体系基本模型的架构逻辑反映了预算监控需要分层分责，从层次上分为四层监控。

1. 四层监控定位

自下而上分为基层执行监控、中层职能监控、高层全局监控以及治理层预算目标监控。

（1）基层执行监控：通过执行过程的实时监控，及时发现预算执行过程中出现的各种问题，包括策略偏移问题、环境变化问题、资源断裂问题、协同问题等。对于这些问题，如果拖到结果造成后再进行原因分析则为时已晚，而对这些问题最有可能早期察觉的主体是实际的预算执行主体，而预算执行主体大部分处在企业的基层管理层级。

（2）中层职能监控：这里所说的中层不是单指中层管理者，而是指所有处在企业职能管理层面的职能监控部门，它们代表企业对所有业务运行和管理活动承担职能管理的责任。不同的职能部门分别承担不同的预算职能监控责任，包括预算执行策略一致性监控、预算资源分配监控、预算收支执行监控、业务预算计划监控等。中层职能监控就是按照企业职能分工由相关职能部门分别承担相应的专业化、针对性的管理层监控。

（3）高层全局监控：高层监控的第一责任人是总经理，但实际执行主体一般是企业的财务总监。因为这个层次的监控是对预算整体结果的监控，而预算结果最终都体现在财务成果指标上。要分析财务成果背后的成因，也需要财务总监通过专业技术进行数据分析。所以从某种意义上说，财务总监是高层全局监控的代言人。

（4）治理层预算目标监控：在企业合规运营要求不断提高的环境下，企业按照公司法要求不断完善治理结构已成为必须完成的基本任务。董事会作为企业最重要的决策和管理机构应当对预算执行承担必要的监控责任，但董事会不适合对预算执行进行过于细节的执行控制。所以治理层监控应当定位在对预算目标的监控上，一般由向监事会负责的企业内部审计部门具体实施，只要预算目标达成就不需要进行过于详细的预算审计。

2. 四层监控的关系

上述四层监控之间存在相互补充、彼此呼应的关系。全面预算执行涉及的内容非常多，包括经营计划策略与行动的实施，这一方面的执行覆盖了企业所有的业务和管理活动；资源调配的计划执行，涉及企业所有的人财物的流动。这些执行内容的监控需要全面的业务信息流动和不同的专业配合，更需要上下左右执行主体间的协同，因此不可能靠某个部门去实施。

四层监控让不同职能部门、不同层次的管理者分别承担不同的监控责任，基层执行管理者监控过程，治理层和高层监控目标结果，职能层监控策略和经营计划行动实施。这四层监控分门别类对全面预算执行情况形成了完整的体系监控，它们通过专业互补、职能互补、责任互补，各司其职地形成彼此间的配合和补充，实现了预算监控上下左右的呼应态势。

13.2　预算责任主体的自我监控实施

在上述四层监控体系中最基础、监控工作量最大的是责任主体的自我监控，在实际操作中这一层次的监控与企业的预算责任划分息息相关，它是预算管理责任网络的核心组成要件。

13.2.1　预算责任主体的划分原则与形式

企业经营决策、经营执行的责任大小不一，本着责、权、利相一致原则，预算责任的划分道理一样。划分的基本原则有两个：一是责任主体应当具备履行责任的行为能力；二是责任主体能对责任履行后果承担责任。

符合要求的预算责任主体应当具备以下特征。

- 有与其管理职能相适应的决策权。
- 有与决策权相对应的明确责任。
- 有与责任相配套的考核奖惩机制。
- 责任目标与企业整体目标协调一致。

在企业里，一般按照责任主体控制的区域和范围对其进行划分，通常以如下不同责任中心性质进行划分、定义。

1. 成本中心

成本中心是指只对成本或费用负责的责任主体。成本中心的范围最广，只要有成本、费用发生的地方，就可以建立成本中心，从而在企业形成逐级控制、层层负责的成本中心体系。大多数只负责产品生产的生产部门、劳务提供部门或负责日常管理的职能部门都属于成本中心。

成本中心具有只考虑成本费用、只对可控成本承担责任、只对责任成本进行考核和控制的特点。其中，可控成本具备三个条件，即可以预计、可以计量和可以控制。

2. 收入中心

典型的收入中心通常是企业的销售部门或销售公司，它们的主要活动是从企业内部生产环节取得产成品并负责将其销售给客户收回货款。但销售部门是不是单纯的收入中心还有一个重要的判断标准，就是它是否具有定价权，如果有定价权则要对利润负责，就会变成利润中心，如果没有定价权则只需对实际的销售量和销售结构负责，就属于单纯的收入中心。

收入中心原则上只对产品或服务的销售收入负责，但随着企业对边际贡献要求的提高，收入中心的责任考核越来越重视投入产出的责任考核。这种考核不仅是对其营销费用与销售收入的衡量，有些企业甚至会要求对不同类型的产品进行边际利润的考核。随着越来越多的企业实施独立经营的 BU 核算主体，很多企业的销售部门逐渐演变成了利润中心。所以现在单纯作为收入中心的销售部门或销售单位在逐渐减少。

3. 利润中心

利润取决于成本和收入两大要素的控制结果，所以利润中心既要对成本负责又要对收入负责，但没有责任也没有权力决定该中心资产投资活动。利润中心包含两种类型：一种是自然的利润中心，它直接向企业外部出售产品，在市场上进行购销业务。另一种是人为的利润中心，它主要在企业内部按照内部转移价格出售产品或提供服务。

利润中心往往处于企业较高的层次，一般指有产品或劳务生产经营决策权的部门或单位，能通过生产经营决策，对本单位主体的盈利施加影响，为企业增加经济效益，如分厂、分公司或具有独立经营权的各集团部门等。利润中心的权力和责任都大于成本中心和单纯的收入中心。

利润中心具有独立性和获利性。

（1）独立性。

利润中心对外虽无法人资格，但对内却是独立的经营个体，在产品售价、采购来源、人员管理及费用消耗等方面，均享有高度的自主性。

（2）获利性。

每一个利润中心都能核算出具一张独立的损益表，并以其盈亏金额来评估经营绩效。所以每一个利润中心都有一定收入与支出。不属于对外营业的部门，需要设定内部交易和服务的收入，以便计算其利润。

今天越来越多的企业所有者更愿意使用利润中心的模式进行放权，通过利润共享、责任共担的机制激励内部员工共同创业，提高企业归属感和责任心。

4. 投资中心

投资中心是既要对成本、利润负责，又要对投资效果负责的责任中心，它是比利润中心层次更高的责任中心。它是以主体盈利能力对最高管理层或总部负责的内部运营单位主体。该主体的下级管理者具有利润中心所描述的全部职责，同时它对营运资本和实物资产具有责任与权力，并以其所使用的有形资产和财务资产的水平作为业绩计量标准的中心，如大型集团所属的子公司、分公司、事业部等。

投资中心是最高层次的责任中心，它拥有最大的决策权，也承担最大的责任。投资中心必然是利润中心，但利润中心并不都是投资中心。利润中心没有投资决策权，而且在考核利润时也不考虑所占用的资产。

投资中心不仅要对成本、收入和利润负责，还要对利润与投资之间的比例关系、投资效果、资本支出决策、存货安全、应收账款政策、坏账回收和物资采购等负责。

13.2.2　预算责任主体的权责划分

在全面预算管理中划分责任中心，可以将企业的整体经济责任目标和具体的预算责任目标按照组织架构的上下层级关系和左右协同管理原则进行分解，通过不同责任中心的不同预算目标的实现促成企业整体目标的实现。划分责任中心对预算的编制、执行、监督和考核等环节的实施都有助益。这种成体系的连锁责任网络，能够最大限度地促使每个责任中心为保证其主体责任目标与企业整体经营目标的方向一致而协同运转，从而保证企业整体目标的实现。

当企业完成了责任中心的划分、明确了责任类型后，需要对不同的责任主体进行目标确定以及信息归集路径的明确，以便对责任主体的预算结果信息数据进行集中和分析。

如表 13-1 所示，表中的预算责任目标指标只是给大家的一个举例范式，实际场景中的目标指标不会是这种单一模式，而是几个不同考核方向的指标组合模式。还需要注意的是，各责任主体只对其可控的经济责任指标承担责任，所以在确定预算目标指标时必须以可控性作为指标的确定原则。

表 13-1　企业责任中心权责表模板

预算责任单位	责任中心性质	预算责任人	预算责任目标	备注说明
集团总部	一级投资中心	集团总裁	集团 ROI	
×× 事业部	二级投资中心	事业部总经理	事业部 ROI	
事业部下属企业	利润中心	下属企业经理	利润额 / 率	
下属企业销售部	二级收入中心	销售部经理	销售收入	
集团销售部	一级销售中心	销售部经理	销售收入	
事业部车间	成本中心	车间主任	生产成本	
集团采购部	一级成本中心	采购部部长	采购成本	
事业部采购部	二级成本中心	采购部部长	采购成本	
⋮	⋮	⋮	⋮	

实际操作中一般也会将责任主体承担的责任目标分为主要责任指标和其他责任指标两大类，主要责任指标必须保证完成，其他责任指标是为了保证主要责任指标的完成而必须完成的责任指标。

企业按照责任结构将总体目标层层分解成体系性的预算目标，并落实到每个责任中心，作为其开展经营管理活动、评价经营管理成果的基本标准和主要依据。这同时也是企业进行责任主体自我监控的主要对标标准，各责任主体通过实时跟踪、对比分析实际执行情况与责任预算目标的差距，及时发现问题并解决问题，在预算执行的过程中进行最直接、最及时的预算调节与控制。

13.2.3　预算责任主体预算目标的自我监控

本着谁执行谁监控的原则，每个预算责任主体都应当在预算执行过程中对自己的预算执行情况进行第一时间的监督与分析，旨在预算执行中及时发现问题、解决问题，并在执行过程中不断进行信息反馈，从而使预算管理真正落到业务实处。

1. 预算责任主体自我监控的内容

既然预算责任主体的自我监控是在预算执行过程中的实时监控，那么它监控的内容肯定不会是单一地针对目标指标实现结果。自我监控的核心内容更应该侧重于执行过程的经营管理策略、行动路径、行动计划的一致性监控，同时还要关注预算目标的环境假定条件的变化情况，最后才是预算执行结果的监控。从某种意义上讲，只要策略、行动路径和行动计划执行到位，执行结果就有基本保障。但也不排除因为环境变化而造成即便高效执行了策略和计划，也无法达成目标的情况，抑或远远超出目标。所以才要求责任主体要同时关注环境假定条件的变化，看预算执行结果偏差是否是因为环境变化过大引起的。还有一种情况是，环境条件并未明显变化，但预算编制过程的策略规划和行动路径规划存在失误，因而造成整个经营计划的编制失误，这种情况更需要预算责任主体在执行过程中及时发现，以便进行及早的纠偏和规划调整。

预算责任主体自我监控包括以下具体内容。

（1）预算目标的执行结果监控。

（2）预算环境条件指标波动监控。

（3）预算执行策略一致性监控。

（4）预算行动路径一致性监控。

（5）经营计划执行进度监控。

2. 预算责任主体自我监控的方式

按照不同责任中心的组织结构，责任中心负责人会把上述监控内容安排到相应的责任岗位。监控方式会比较灵活多样，包括定期（月 / 季 / 年）对标经营计划（目标、策略、行动路径、行动计划）和环境假设目标的对比监控；不定期重大事项实时监控；突发事件对预算执行影响监控等。

3. 预算责任主体自我监控的评估

如果不进行责任主体自我监控的评估，就很难保证每个责任主体都能做到有效监控，所以需要从企业层面对不同责任主体的自我监控情况进行评估。主要的评估方式是结合企业的定期经营成果分析，要求各责任主体必须对自己承担的预算责任目标的实现情况进行分析汇报。这其实就是将各责任主体的自我监控过程进行体系化和规范化，并从企业层面对自我监控的质量进行评价，对那些自我监控工作不扎实、质量不高的业务单位和部门提出批评、指正及优化整改要求。通过持续开展这样的工作，达到全面提高预算责任主体自我监控能力和水平的目的。

13.3 预算执行的专业职能监控

前面已经说过企业对预算执行的职能性监控不能只依赖财务一个部门，预算的职能监控责任应被分解到各个职能部门，包括财务、人力、质量、企管、市场、生产、供应链等所有承担职能管理的部门。

13.3.1 预算执行的专业职能监控内容

预算的执行过程，不但要求预算责任主体进行自我监控，更需要相关职能部门进行针对性的专业职能监控。这既能弥补预算责任主体对于部分监控工作的专业性不足，又可以实现在重点预算执行工作过程中对不相容岗位的分离，起到风险防范的作用。因此我们可以看到，预算执行的专业职能监控内容，不仅包含对于预算执行结果与预算目标的数量匹配要求，还包含对执行过程的合理监控。

1. 财务职能监控的内容

在全面预算管理职能监控环节，最重要的职能监控的确还是财务监控，一方面是因为财务目标是经营计划实施的成果表现，另一方面是因为资金是预算执行的最为核心的资源，控制好资金预算收支从某种程度上讲是控制预算执行的最后一道监控线。但大部分企业的财务在进行预算监控时监控内容相对还是比较单一，缺乏体系性监控，不是从资金收支出发就是单纯的对经济目标进行实际与预算对比分析，而且分析的颗粒度还比较粗，并不能起到引导业务管理部门进行深度原因分析和调整优化决策的作用。

全面预算管理中的财务职能监控的主要内容如下。

（1）预算经济目标的执行情况监控。

因为财务部门承担着企业业务核算与经营成果财务报告的责任，全面预算管理中有关经营计划的执行结果最终也是体现在财务经济指标的结果上。所以，财务部门责无旁贷地承担了有关经济目标指标达成情况的分析监控责任。最常用的总体经济目标指标为收入指标、成本费用指标、利润指标，包括绝对总额指标和相对比例指标，有些企业也会执行一些增长率指标。总之，在经营计划中凡是涉及财务经济指标的内容都属于财务预算监控的范围。

（2）预算资金收支监控。

虽然不是所有的企业都会做全面预算，但大部分的企业都会做资金预算，因为资金收支的预测是保证企业预算期维持正常生产经营的基本依据，没有了资金收支的平衡，必然无法实现预算期的正常经营活动。尤其是资金较为紧张的企业，每年的资金预算都是企业重中之重的控制要点。而财务部门则是资金预算的直接管控部门，所以对于预算资金收支的监控也会成为财务职能监控的主要内容。

2. 其他专业职能监控的内容

相比于财务职能预算执行监控工作，其他职能对于预算执行的监控意识和监控内容往往还不够明确和完善。总的来说，对于其他专业职能的预算执行监控的工作内容，主要聚焦在非预算责任主体对于工作中涉及本职能专业方向的预算执行监控。

比如，业务部门反映岗位人员不足，因而提出人力资源需求。若要保证人员需求的合理性，需要企业具有相关岗位标准和编制标准，并由专业职能部门进行执行监控。包括已有岗位人员是否符合岗位要求、岗位工作量是否已饱和、人员流失率等方面的监控工作，可由人力资源职能部门牵头和主导。

13.3.2　预算执行的专业职能监控方式

预算执行的专业职能监控方式，要结合具体的监控内容和企业自身条件进行确定。以下三种监控方式使用较为普遍。

1. 流程监控方式

流程监控作为预算执行的监控方式，在企业预算管理中较为普遍。比如，“付款申请流程”中的财务审核，是对资金支出的执行监控；“销售合同申请流程”中的营销管理部门审核，是对销售合同条款的销售政策匹配性监控。

对于流程监控方式，需要具备明确的流程审核标准和监控职责，以保证预算执行监控质量。

2. 预警监控方式

对于某些不适合采用流程监控方式或某些适合采用滚动预算方式的预算执行

场景，可采取预警监控方式，即设置预算执行的“预警水位线”，职能部门可随时抽查相关预算执行情况。比如某些零星低值易耗品的采购执行监控（可由运营管理部门监控平均采购价格），以及对标大类产品的市场价格波动监控，超出预警范围则调整采购方案或施加更加严格的管控措施。

3. 抽查监控方式

抽查监控方式也是职能监督的常用方式，比如，财务部门主导的定期盘点，风险管理部门定期进行的各部门工作巡检等。此方式适合具有较完善的预算执行自我监控且监控内容并非重点薄弱环节的企业。同时，抽查监控方式也可作为其他预算执行监控方式的补充，以增加预算执行的监控维度和风险防范手段。

实际工作中，专业职能的预算执行监控方式并非一成不变。随着管理重心的变化或者管理精细化程度的加深，预算监控方式也可能随之调整。比如，有些创业初期企业的付款申请只需部门负责人审批，随着企业规模壮大和业务复杂度提高，付款风险随之提高，企业则会制定更严格的付款申请流程，付款流程中相关专业职能部门会进行针对性的流程审核。所以预算执行的专业职能评估，需要与时俱进并匹配企业预算管理需求。

13.4　财务总监顶层监控方法

如前所说如果财务总监是企业高层全局监控的代言人，那么财务总监的监控就是为总经理的全局管理而进行的对整体目标达成的跟进和推动。

因财务总监顶层监控内容不包含对常规性业务运营的执行监控，所以相应预算监控主要以报表监控、会议监控、参与重大业务决策等方式进行。

1. 报表监控

由于财务总监的预算监控以目标达成为导向，所以查阅企业的经营与预算报表是较为便捷和常用的预算监控方法。前提是企业要能构建起科学、合理、动态更新的经营与预算报告体系。这样财务总监便可以根据经营管理需要进行报表查阅，并对目标达成差异点进行针对性的问题解决和方案调整成果跟进。

2. 会议监控

财务总监可以通过周期性的经营分析和预算分析会议，对预算目标的达成情况进行监控。尤其在预算会议期间，通常可以对预算目标与实际执行的差异点进行深入分析和问题挖掘，找出应对策略，制订调整计划，以促进预算目标的达成。

3. 参与重大业务决策

即便财务总监不专门对单个具体常规业务进行预算监控，但对于重大事项决策、大额资金使用、重要项目安排等业务的预算监控，财务总监还是要亲自参与的，意在提高重大业务的经营成功率和风险管理力度，同时降低因个别业务失控而使整体预算目标未能达成的风险。

Chapter14

第 14 章

柔性调控：有据可依的预算调整机制

无论企业的预算质量做得多么好，对未来预测都不可能完全精准，实际运营与预算模拟环境一模一样。前面我们说过，预算目标是有条件地确定的，假定条件的预判也是预算的组成部分，比如销售价格预测、采购价格预测、市场供求关系预测、政策环境预测等。但当实际环境条件与假定预判条件发生偏差，特别是重大偏差时，预算调整则会成为全面预算管理中不可或缺的必要性举措。实际上，预算假定条件的变化是绝对的，不变才是小概率事件，所以我们需要对假定条件设置变化容忍范围，只要变化在容忍范围内，预算执行正常进行。

但我们也发现很多企业的管理者尤其是财务管理者，似乎对预算有一种执念，认为只要确定了预算就应当严格执行，对超预算极其敏感，致使执行控制中经常发生财务与业务的强烈冲突。本书认为企业做预算的目的是更好地经营，是对未来经营环境的预判、应对环境的策略规划，这种应对的核心是针对环境变化的灵活应对。当企业面临实际的机会、困难、危机时，重要的是抓住机会和解决问题，而不是为了控制预算的达成，无视环境的变化，僵化地执行预算。如果不能对这一点有足够的认知，很有可能在实际管理中出现本末倒置的情况，对经营活动不仅没有起到推动作用反而起到相反的作用。所以，在全面预算管理中预算调整不仅必要，而且非常合理，预算的可调整性恰恰是全面预算的一大特色。

14.1　预算调整的驱动因素分析

除了实际环境条件与预算假定条件发生重大偏差时需要调整预算外，企业还可能基于以下原因对预算目标进行调整，这些原因都会成为预算调整的驱动因素。

14.1.1　国家政策和规定发生重大变化

每个国家都会制定自己的经济政策以及实施规定，这些政策和规定既包括整体环境的规定，如金融政策、货币政策、税收政策，也包括一些对特定行业具有重大影响的产业政策、产品进出口政策、外汇政策等。政策变化对企业的影响具有较强的行业差异，同一政策对某些行业是利好但对另外一些行业可能是重大不利因素，比如环保政策紧缩，政策收紧对绿色行业有利但对能源消耗型传统制造业却很不利，政策放松则呈现反向利弊影响。所以，当国家政策发生重大变化，已经确定会对预算执行产生影响时，企业进行预算调整就是顺理成章的事情。

14.1.2　企业重大组织变革

无论什么样的组织调整均会对现实的业务产生或大或小的影响，在预算执行期间，重大的组织变化通常会对预算执行产生较大影响。

重大组织变革包括以下几种情况。

1. 主要领导发生重大变化

这种情况在收购、兼并或大股东变化时对预算的影响较大。如果是总经理发生变化，因企业的预算多是控制在股东层面，新来的总经理即使有新的运营管理举措也会在既定的预算框架下开展。但大股东发生变化，则可能发生重大业务调整，相应地也可能对预算进行结构和总量的调整。

2. 决策层对经营做出重大调整

现在企业经营的变化速度越来越快，年度预算之初还没有开展的业务，可能因为某个商业契机，在预算执行过程中突然就诞生了，甚至很快产生市场反应，企业决策层很有可能进行针对性的业务调整，增加一个事业部或新成立一个业务单位。这些新业务主体的诞生，对预算结构和规模会产生影响，因而引发预算的调整。同样，某个业务出现断崖式衰退且存在持续性，决策层也有可能中途叫停这类业务。还有一种情况，企业因为某种原因在年中对业务进行结构性调整，不重要的业务变重要、重要的业务变不重要，只要业务发生重大调整，预算就要相应调整，这也是企业经营管理应当具备的基本应变能力。

3. 组织结构重大变革

企业组织结构的局部调整随时都有可能发生，对预算执行的影响不会太大。但重大的组织结构变革就另当别论了，比如从直线职能制变成矩阵制，从平行关系的独立法人运营转变成集团化模式。这些组织形态的重大变化都会对预算的责任主体、结构乃至结果产生重大影响，在这种情况下企业有必要对预算进行结构性或整体性调整，并根据新的组织模式重新确定预算考核对象和考核标准。

14.1.3 国内外市场环境发生重大变化

在市场经济环境下，全面预算的起点和终点都是围绕销售预测和销售结果展开的。而销售行为是外向性行为，它的成效很大程度上受制于市场环境。所以在编制预算之前，企业会对业务相关的国内外市场环境进行分析预判，年度销售目标也是基于这样的预判设定的。但当实际的市场环境发生重大变化时，就意味着销售预算的基础已经偏移了，此时，企业必定会根据实际的市场环境情况进行营销策略和产品结构、销售价格的调整。这些调整也必然会影响预算的结果，所以企业应当同时调整预算以适应新的市场环境。

14.1.4 突发事件及不可抗力事件的发生

天有不测风云，每个企业都希望自己的经营是在一种稳定可预测、可控制的环境中运行。但这只能是一种美好的愿望，实际情况是企业随时都有可能遭遇突发事件和不可抗力事件。这些事件有些是针对特定企业而言的，比如自己一直非常稳定且份额很大的客户突然倒闭。还有些突发事件具有普遍性影响，会对大部分企业产生方向相同、程度不同的影响，比如新冠疫情。

14.2　预算调整的原则

虽然预算调整具有必要性，但在实际调整时应当非常审慎，非必要不调整。因为预算的过度频繁调整，会对预算管理的权威性构成威胁，让有些员工认为预算就是个摆设，做不做都一样，反正说变就变。长此以往，员工则不会对预算工作产生敬畏，更不会以严肃、认真的态度去对待预算工作。因此，预算调整应当遵循以下原则。

1. 非例外不调整原则

企业的所有人员都应当对预算的严肃性具有共识，除非发生例外，否则预算不应当随意调整，应当严格执行。那么什么是例外呢？每个企业对例外的标准设定不尽相同，但原则上都是那些在预算编制时没有预料到的、非正常的、不符合常规的重大差异情况。要科学地遵循例外原则，企业应当在编制预算之前首先进行预算环境假定的预判和波动范围标准的设定，这就为执行例外管理要求提供了对标标准，便于企业管理者区分和界定例外事件。

2. 战略目标一致性原则

全面预算的核心思想是让年度经营与企业战略方向一致，并成为长期目标的阶段性组成。不管预算期出现什么样的环境变化，只要企业的战略没有发生调整，长期目标也没有改变，那么企业的年度预算必须保持战略方向的一致性，有些预算目标可能会有程度不同的调整以适应环境变化，但大方向和整体目标是不能改变的。

3. 调整结果最优化原则

当企业认为有必要对预算进行调整时，我们应当明确调整的目的是适应新的环境和条件的变化，如果不调整按照原来的预算执行，执行结果比调整后要差。

并且新的预算安排在经济上也是最优的，是一种新的结构性调整安排，而非简单粗暴的一刀切的调整模式。预算调整是在某一现实情况下的最优选择，是在充分论证和各种方案探讨后的理性选择的结果。

4. 谨慎性原则

预算调整是对异常情况的应对反应，所以预算调整绝对不能成为一种想调就调、随随便便的常规动作。本着谨慎性的原则，预算调整应当在规范的程序、制度下进行，并且要通过严谨分析、充分论证及审慎决策。

14.3 预算调整控制要点

虽然预算调整是必要的，但基于预算调整的特殊性，企业在实施预算调整时应当完善控制体系，保证预算调整的合理与安全，保证对实际运营有着最佳的调整效果。为此，企业应当在以下几个方面做好控制，以达到预算调整的目的。

14.3.1 预算调整范围的控制

预算调整范围的大小、结构并没有统一的标准，实际上它会因调整原因、调整目的的不同而存在差异。

1. 预算调整范围大小控制

预算调整范围的调整可以分为大范围调整和小范围调整，大范围调整又有整体调整和局部调整之分。

大范围调整意味着预算编制时的规划和策略都可能无法实施，预算目标也大概率无法实现，此时如果不进行整体或局部的大范围调整可能会出现更加不利的局面。对于大范围调整的控制主要体现在调整决策和调整力度的控制上，因大范围调整对企业运营和所有人员的工作都会产生较大影响，所以必须经过明确且严谨的决策过程，不能一个人或几个人不经过严谨的分析讨论就拍脑门子决定。在调整力度的控制上要注意力度的结构性安排，不能一刀切。

而小范围调整的控制则要注意，首先是明确小范围调整的理由是否充分，否则其他未调整的部门会提出异议。其次是小范围调整的力度控制问题，虽然范围小但不一定力度小。核心还是要保证调整效果达到调整目的，逻辑上小范围小力度的调整是没有意义的，一定是出现了什么特别原因使得这个小范围预算必须进行力度较大的调整才是合理的。

2. 预算调整范围结构控制

预算调整范围的大小确定后，具体调整什么内容则是另一个需要控制的问题。而且只要不是单一内容的调整就存在内容的结构性问题，哪些项目纳入调整范围，哪些不纳入，这需要企业管理者进行充分的研究分析，比如采用因素分析法、连环替代法等方法确定调整哪些内容执行结果最优。

14.3.2　预算调整程序的控制

预算调整和预算编制一样，都是全面预算管理的重要环节，某种意义上讲预算调整应该比预算编制更需要深入的分析、严谨的程序控制，只有建立严格、规范的调整程序和相应的制度，才能避免实际场景中大家随意调整预算的不严谨、不严肃行为，才能保证预算的权威性。

预算调整的程序有三大步：申请、审议和批准，但每个步骤的实施则需要更加详细和明确的管控。

1. 申请

根据预算调整范围、内容和程度的不同，企业应当明确规定预算调整申请权利人的岗位与职务，即什么样的预算调整内容、额度由什么样的级别的人员提出申请，总体原则是谁执行谁提出申请。

预算调整申请的内容主要有以下几个方面。

（1）目前预算执行情况和进度。说明目前预算执行的实际结果是怎样的。

（2）预算调整的原因和理由。陈述为什么需要调整预算，以及不调整可能带来的后果。

（3）具体调整方案。详细说明怎么调整，包括调整什么、调整多少、调整后的结果预判，以及是否需要对预算执行计划进行调整等。

（4）预算调整前后的相关指标的对比分析。一个预算指标的调整很有可能引发多个其他预算指标的变化，在进行预算调整申请时，一定要对企业最关注的预算指标进行调整前后的对比分析，尤其是对预算总目标的影响必须进行分析说明。

（5）预算调整后的行动措施。有些预算调整的执行需要进行必要的策略补充和行动路径设计，以保证调整后的预算依然能够控制并有效执行。

2. 审议

企业组织结构特点不同，或是否设置预算管理委员会以及预算管理委员会组织结构的差异，使企业在预算审议的方式和权责设定方面差异很大。有的企业需要经过层次较高、程序复杂的审议过程，分为专业评审和委员会综合评审。而有的企业可能会非常简单，老板同意就行。但本书依然认为，哪怕是小企业，也应当进行一定程度的专业性和经营性审议，以减少后面的批准决策环节的风险。

3. 批准

预算调整方案经过审议后就应当进入批准环节，这个环节应当纳入企业其他类型决策的批准机制中。企业有很多经营管理决策事项，也有根据决策事项性质的不同制定的不同的决策权限。预算方面的决策属于企业重大决策，在比较规范的企业预算类决策是需要经过董事会批准的。但在实际场景中，预算调整的批准权限根据内容和调整程度的不同而有所不同。

（1）如果不涉及销售收入、利润等预算总目标的调整，只是进行一些结构性的调整，比如调减 A 产品线的收入目标，但会将差额调增到 B 产品线。这样的调整事项，由总经理批准（经营层决策）即可。也有企业会把这类预算调整的批准权限设置到预算管理委员会做集体决策。

（2）如果涉及销售收入、利润等总体目标的调整，以及重大资本性投资支出等调整事项，一般需要公司董事会的审批通过，甚至需要报经股东大会或者全体合伙人的批准。

如果是规模较大的企业，预算批准的权限可能会进一步下沉，尤其是采用弹性预算和滚动预算的企业，预算调整的权限可能会分权到事业部负责人。小型企业尤其是民营企业这个环节的控制相对简单，可能老板一个人批准就可以调整了。

14.3.3 预算调整的日常控制

预算调整的控制除了程序控制外，还有一些常规性的工作细节需要管理控制。

1. 预算调整频率的控制

预算调整频率没有什么统一的标准，各个企业会有自己的频率特点以及相关的规定，定期预算调整的频率一般在 2 ～ 4 次不等。

2. 预算调整时间的控制

对于具体的调整时间每个企业也有不同的规定，有的企业可能会规定一个季度一调，有的企业会定在一些特定的月份，这可能与企业所在的行业有关，比如有的企业存在淡旺季等特点。

3. 预算调整额度的控制

预算调整在内容和额度上应有审批权限的控制，在实际的操作中，有的企业会设置一定的调整限额，对于不同级别的审批权限，其预算调整会相应设置不同的限额，一旦超出限额，即便是调整程序都通过了，财务也会按照限额规定不予通过。

Chapter15

第 15 章

数据同步：信息化全程支持

全面预算管理体系的高质量运行，不仅需要企业各部门共同参与和同频协作，还要求大量信息传递和数据交换的工作能够快速、准确、可靠地完成。企业规模越大、组织越复杂、预算管理精细化程度越高，通过人工手段高质量完成相关工作的难度也就越大，就更需要通过信息化的支持来完成。

信息化工具可以高效完成大量的预算执行约束、数据统计和数据分析工作。预算科目不同于会计科目，在形成管理报表和数据分析的过程中，需要大量的核算和统计分析，工作量不亚于会计核算工作，因此全面预算对信息化的需求更加迫切。

实现全面预算管理信息化，可以提高预算管理效率，优化预算管理质量。信息系统可使预算执行标准化，提高数据收集分析的准确性和可靠性，减少因手工误差或认知偏差产生的执行和分析偏差问题，从而提高全面预算管理的效率和质量。

实现全面预算管理信息化的过程，是将全面预算管理方案进行落地实施和系统固化的过程。企业在进行全面预算管理信息系统的选型和信息化实施方案甄别时，会涉及许多信息技术和企业数字化转型应用等方面的知识和信息。而对于多数企业管理者而言，普遍存在 IT 方面的技术和理念认知短板。

鉴于以上情形，本章将侧重站在企业管理者的实际应用视角，指导企业应当如何设计适合自己企业的全面预算信息化架构，如何选择和甄别全面预算管理信息化的实施路线和实施方案，避免信息化建设过程中的常见误区和风险。

15.1　全面预算信息化架构与信息系统

企业要实现全面预算管理的信息化运行，就需要对全面预算管理体系进行信息系统的方案设计与实施运行。而方案设计的重中之重，是要明确企业全面预算管理的信息化架构。就像盖房子要先设计图纸一样，要先想清楚企业未来全面预算管理信息系统的规划，希望实现哪些功能，甚至如何与企业其他信息系统实现衔接与融合。全面预算信息化架构就像是企业进行全面预算信息化、建设“四梁八柱”的规划蓝图。

全面预算信息化架构，属于企业管理信息化架构的一部分。所以设计全面预算信息化架构，必然要考虑其与整体的企业管理信息化架构的一致性与融合性。而不论是企业管理信息化架构，还是全面预算信息化架构，在理论界和企业界均没有明确的定义。企业管理信息技术还在不断发展迭代，企业进行信息化建设需要量体裁衣，不能简单地生搬硬套。本节将从多个维度介绍全面预算信息化架构的具体内容以及各类全面预算信息系统的主要特点。

15.1.1　企业 IT 架构视角下的全面预算信息化架构

不论哪种企业管理体系的系统固化，均涉及软件、硬件、网络、数据等方面的架构搭建，都属于企业 IT 架构的范畴。图 15-1 站在企业 IT 架构的宏观角度，简要示意全面预算信息化架构的内容特点。

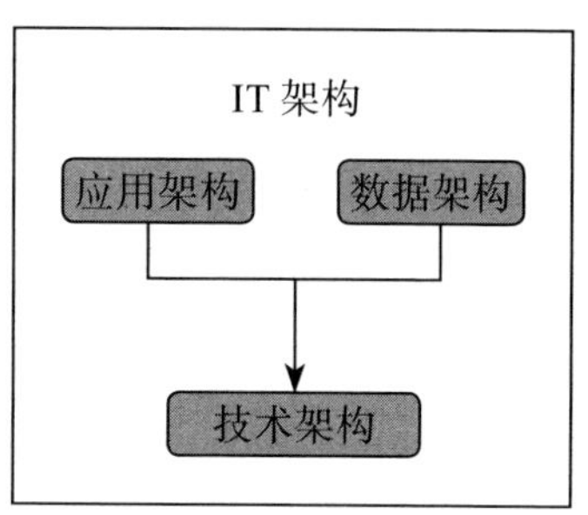

图 15-1　IT 架构示意图

企业的 IT 架构，通常可分为应用架构、数据架构和技术架构。其中，应用架构是指为达成某些功能而进行的应用系统的规划布局。作为企业管理者，我们可以将应用架构简单地理解为日常使用的企业管理软件或系统。数据架构指在企业经营过程中对各应用系统和设备生成或导入 / 录入的数据进行管理的规划架构，包括数据的定义、采集、处理、传递、翻译、分析、分类、存储等行为的规则。技术架构包括技术服务和技术组件，主要指支持 IT 建设的基础设施，包括硬件、软件和网络，以及连接各类应用的技术开发程序等内容。

1. 应用架构

对于全面预算信息化架构而言，应用架构是管理者日常可直观看到并使用的应用程序，包括预算编制、预算执行控制、预算分析等程序模块及相关可视化操作界面。该环节将在下一节中重点介绍。

2. 技术架构

全面预算信息化的技术架构包括全面预算管理系统的硬件、网络和数据库等内容。在企业实操层面上，主要考虑两方面的内容，一方面是系统配置模式的选择（C/S㊀或 B/S㊁），另一方面是租用还是自建物理设备。

（1）不同系统配置模式的差异。

C/S 架构下的全面预算管理系统，采用的是客户机与服务器的组合架构。使用该系统前，需事先在使用端的电脑和服务器上均进行全面预算管理系统的软件安装。使用时需要先登录电脑上的应用程序，才能进入全面预算管理系统并执行操作任务。该类架构下的全面预算管理系统一般适用于内部使用局域网的企业。这也是传统的信息系统配置方式，优点是保密性相对较强。

B/S 架构下的全面预算管理系统，采用的是浏览器和服务器的组合架构。不需要提前在使用端电脑上进行软件安装，用户便可直接通过浏览器来登录工作界面。B/S 架构的管理信息系统同时适用于企业内部局域网和外部广域网。这样企业既可以根据需求重点保护部分设备的保密信息，又可以使企业不受区域限制地进行多区域甚至全球化管理。在操作便捷性和发展趋势上，B/S 架构更具竞争和发展优势，也是目前主流的系统配置模式。

㊀ C/S 全称 client/server，即“客户端 / 服务器”。

㊁ B/S 全称 browser/server，即“浏览器 / 服务器”。

（2）租用和自建物理设备的差异。

对于全面预算管理信息化建设而言，租用和自建物理设备的差异，主要体现在系统运行的服务器和数据库方面。

租用物理设备借助云计算等技术，信息系统的运行和相关数据的存储均在云服务器上进行，企业需要定期缴纳第三方云服务器的使用费用。

自建物理设备是指企业自建机房，自行购买服务器来运行系统和存储数据。这种方式下企业的系统购置成本往往只需一次性投入（服务器超过使用寿命后需视情况进行更新或升级），但后期需要相关人员进行机房和服务器的硬件运维。

对于全面预算管理系统的物理设备是租用还是自建，企业可根据实际需要以及自身整体 IT 布局进行选择。

需要注意的是，这里介绍的租用和自建指的主要是机房和服务器。对于全面预算管理系统软件，也有定期租用和一次性购买两种模式，具体模式取决于系统提供方的产品类型。对于使用方定期租用的预算系统，系统提供方通常将全面预算管理系统软件及系统数据库安装并存放在云服务器中。而对于一次性购买的预算系统，相关物理设备采用租用还是自建方式，一般可由企业自主选择。

3. 数据架构

全面预算信息化的数据架构，涉及与预算方案相关的预算科目、预算审核流程、预算执行控制、预算数据统计分析等数据运行逻辑规则，需要在信息化建设初期进行方向性确认。同时，还需要特别关注全面预算管理系统与企业其他管理系统的数据架构的一致性和可兼容性。这是后期进行企业系统集成和多系统间数据传递的基础保障，也往往是企业在进行信息化架构设计时，容易忽视的内容。

以上是基于全面预算管理系统，对应用结构、技术架构和数据架构进行的简要介绍。当然，各类信息系统均涉及这三种架构，而且从实际应用的角度讲，每种架构往往要考虑不同信息系统间的融合与共生。比如，自建机房中的服务器，往往可以承载多个信息系统，各信息系统的技术架构就可能需要兼容、相近甚至有共同的设计方案；对于数据来源于 ERP 的全面预算管理系统，则需要在数据架构上，与 ERP 间传输的数据保持标准的一致性和接口的连接性。

15.1.2 常见的全面预算信息化应用架构

全面预算信息化中的应用架构，是企业日常使用和关注的重点，也是通常所说狭义的全面预算信息化架构。全面预算信息化应用架构的设计，要与企业的业务场景相匹配，遵循全面预算管理实际运行方案，满足全面预算管理体系要求。

需要特别注意的是，全面预算信息化应用架构即便要满足预算管理体系功能诉求，但受限于IT技术实现特点以及系统执行场景与线下预算管理方式存在差异等因素，全面预算信息化应用架构的功能模块结构框架和我们通常说的全面预算管理体系框架并不能完全相同。

本小节将介绍当前企业应用中常见的全面预算信息化应用架构的内容。如图15-2所示，在综合各类全面预算管理系统产品内容后，归纳出了较为完整的全面预算信息化应用架构。图中暗色部分为多数预算系统均存在的系统功能模块。本小节将对各系统进行逐一介绍，建议读者阅读时结合本书第1～14章对应的预算管理内容，便于更加深刻地理解全面预算管理的信息化实现方式。

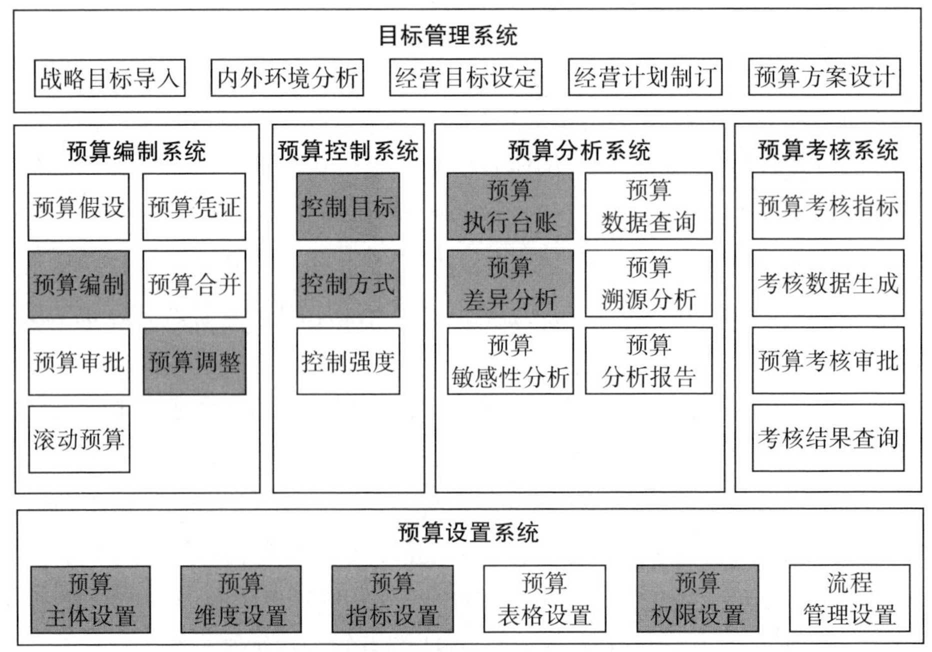

图15-2 全面预算信息化应用架构示意图

1. 预算设置系统

预算设置系统，主要是进行预算管理主数据和宏观规则的设置，包括预算主体设置、预算维度设置、预算指标设置、预算表格设置、预算权限设置、流程管理设置等预算体系的设置内容。企业通常会在周期性预算编制内容的系统录入前，依据预算管理方案，通过预算设置系统，对全面预算管理系统进行整体配置。

不同全面预算管理系统中的预算设置系统，在功能的设置范围和精细化可配置程度上会存在一定差异。所以在进行系统购置选择时，预算设置系统也是需要重点调研和考察的内容。下面对预算设置系统中较为常见的设置功能，分别进行简要介绍。

（1）预算主体设置：包括预算管理涉及的企业主体范围，以及各主体间的层级关系。比如，全面预算管理系统应用于集团化公司，就需要设置预算管理信息化落地涉及的企业范围和预算管理的层级关系。

（2）预算维度设置：包括预算管理涉及的期间、科目、币种、供应商、客户等主数据类型的新增、变更等规则的设置。其中，对于供应商、客户等信息，需要与企业其他信息系统中的信息同步更新，可以采用数据人工导入或录入，也可以打通系统进行数据自动写入。预算维度的具体设置内容，取决于企业的预算管理幅度、深度和精细度。

（3）预算指标设置：包括预算科目、分析指标、考核指标，以及相关指标分解的内容设置。需要注意的是，该模块设置的内容，仅是相关指标的维度名称与统计逻辑，具体指标数量的设置工作将在预算编制系统中进行。

（4）预算表格设置：根据预算管理范围和管理特点，结合预算指标设置的内容和逻辑，搭建预算表格体系，包括报表分类定义、表样设计、维度要素匹配和单元格公式定义等。这个管理表格的设计范围，贯穿从经营计划、业务预算、财务预算到管理报表的各个管理环节。

（5）预算权限设置：包括全面预算管理的岗位权限分布，涉及预算主体内参与全面预算管理的不同岗位的责任分工和数据权限划分。该环节的设置工作，有利于人员变动下的预算系统执行权限的快速切换。同时，用内控思想进行系统权限的科学设置，有利于经营和预算信息的安全保护，降低泄密风险。

（6）流程管理设置：包括预算报表汇总编报、预算编制申报和审批等环节的预算管理流程设置。结合管理权限设置的内容基础，流程管理设置尤其有助于提高规模企业预算管理的及时率、准确率和规范性。

2. 目标管理系统

目标管理系统的功能内容，涵盖全面预算管理多项核心前置工作，包括战略目标导入、内外环境分析、经营目标设定、经营计划制订、预算方案设计等内容，涉及预算主体各层级的目标制定和变更管理。其中经营目标设定与经营计划制订具有横向和纵向的逻辑关联性。横向存在经营目标—经营计划递进式关联，纵向存在企业—部门—岗位的合并分解关联。

预算方案设计，包括业务预算目标和财务预算目标等内容。有些预算管理系统可设定多个预算方案版本，诸如保守目标、进取目标等。此功能模块支持预算版本的保存、载入和变更，可供各版本模拟测试和数据对比，以便企业选择适合的预算方案版本。

虽然目标管理对于全面预算管理十分重要，但由于目标管理的使用频率较低，故许多预算系统并不包含该系统模块。即便有些专业型预算管理系统包含目标管理系统模块，相关目标数据也多以手动录入方式呈现。用途主要体现在预算编制调整和预算分析时，系统可自动依据预算管理逻辑，从目标管理系统直接抓取相关数据，在一定程度上减少预算管理者的数据录入工作量。

3. 预算编制系统

预算编制系统是预算管理系统的重要工作内容模块，也是数据录入的主要系统，主要用于规划、编制和审核预算方案，以及管理预算信息。预算编制和预算调整工作均在此系统模块实现。该系统包括预算假设、预算凭证、预算编制、预算合并、预算审批、预算调整、滚动预算等方面的功能设置和内容管理。

预算假设，包括汇率、税率等内容的设置。比如每年对汇率进行设置，主要便于进出口贸易和跨国企业进行跨币种预算管理。

预算凭证，是基于预算科目设置的凭证格式。通过模拟凭证记账规则，来强化业务预算与财务预算之间的钩稽关系。

预算编制，包括从业务计划到业务预算，再到财务预算的编制录入。许多预算管理系统只有财务预算的编制功能，业务计划到业务预算的编制工作是通过系统外的其他工具或人工实现。

预算合并，主要是针对集团企业或虚拟组织设定的预算管控，可生成预算合并数据，便于预算的集成与统筹管理。

预算审批，是指基于预算权限和流程设定，支持各级预算编制和预算调整的审批功能。通过审批后，相应预算方案则可自动生成。

预算调整，用于预算方案的调整，一般包括整体预算数据调整和单项预算数据调整两种功能模式。预算管理系统普遍具备这一调整功能。

有些预算管理系统存在单独的滚动预算功能模块。由于系统开发逻辑的便捷性，此功能在部分系统上呈现时，体现为对后期阶段性目标的调整，而非定期进行周期性的全新预算编制，但可达到类似的效果。滚动预算在通用型预算管理系统上的功能开发，也体现了在当前快变环境下，滚动预算在企业的使用越发普及。

4. 预算控制系统

预算控制系统用于管理实际支出和收入，监控实际执行情况，确保从执行过程上按照预算编制方案进行有效约束。该系统从功能内容上，包括控制目标、控制方式和控制强度。这些控制功能是建立在预算编制系统设置的基础上的预算控制方案设置。

控制目标，即系统控制约束的主体，包括部门、区域、项目等。

控制方式，包括事中的流程控制和事后的预警控制两种方式。无论哪种控制方式，都是针对预算编制与实际发生的数据差异进行管控。控制逻辑包括当期控制、累计控制、全年控制。其中，当期控制为当期预算与发生数据的对比；累计控制为从期初累计到当期的预算与发生数据的对比；全年控制为从期初累计到当期的发生数据与全面预算数据的对比。

控制强度，包括刚性控制和柔性控制。柔性控制是弹性预算的具体应用，可设定相应的偏离幅度。

5. 预算分析系统

该系统用于预算执行数据的统计与分析，根据管理需求生成各类预算管理报表，为评估预算方案的可行性和效果提供决策支持。主要功能包括预算执行台账、预算数据查询、预算差异分析、预算溯源分析、预算敏感性分析、预算分析报告等。

其中，预算执行台账和预算数据查询这两项功能，是针对预算执行结果的呈现。预算差异分析、预算溯源分析和预算敏感性分析，是针对预算执行数据特征而开发的分析功能，预算差异分析的使用尤为普遍。预算分析报告的功能，是预算分析的界面化、集成化呈现。很多具有预算报告功能的预算管理系统，其相应的分析报告逻辑可通过已有系统功能的组合设置来自由构建，便于企业自主进行预算分析管理工作。

6. 预算考核系统

该系统是以预算管理系统前述的内容设置为基础，将预算目标与执行数据附着在企业、部门、岗位上，提供预算考核管理功能的系统，包括预算考核指标、考核数据生成、预算考核审批、考核结果查询等功能内容。很多预算考核系统功能是在预算分析系统功能基础上，进一步开发而来的。

需要说明的是，以上全面预算信息化应用架构的各个系统内容，为当前市面和企业应用中常见的功能系统，并不代表一家企业的全面预算信息化应用架构需要包含上述所有功能模块。企业可以根据需要进行框架模型的拆解（比如预算分析系统可以拆解为预算报表系统和预算评估系统）和新增（比如根据企业重点管理需要，新增费控管理系统）。

上述这些架构组件，通常会集成在一个整体的信息化平台上，形成全面预算管理系统。

在以上常见的模型架构中，对于全面预算信息化的功能完整性要求来说，至少四个系统是必备的架构内容，包括预算设置系统、预算编制系统、预算控制系统、预算分析系统。而对于目标管理系统的功能内容，有些合并在预算编制或预算控制系统之中，有些则只作为系统外的预算编制或控制的设置依据。许多非专业性的全面预算管理系统中，也没有预算考核系统的功能内容，若想实现相关功能，通常还需要导出预算数据结合预算管理报表和预算管理目标进行预算指标数据的线下手工汇总和整理。

15.1.3 当前各类全面预算管理信息系统的主要特点

规划并设计全面预算信息化架构的目的，是保证全面预算信息管理系统的完整性，应用信息手段有效提高全面预算的管理效率与质量。但全面预算信息化的应用架构，并不是企业可以随意设计的，企业通常只能购买市面上已有的预算管理系统，并在此基础上进行个性化设置或扩展定制开发，进而得到能够满足企业需求的全面预算信息化架构和最终系统。所以，在进行全面预算信息化架构设计的时候，除了考虑业务发展的功能需求外，还要了解当前各类全面预算管理系统的类型及其特点，为更加科学、合理地规划设计可落地的全面预算信息化架构提供参考依据。

当前市面上的全面预算管理信息系统从形成过程的角度看，主要可以分为三种类型，分别是集成型预算管理系统、专业型预算管理系统和扩展开发型预算管理系统。

1. 集成型预算管理系统

所谓集成型预算管理系统，是指与其他系统集成在一起的预算管理系统。这类预算管理系统，通常与企业已使用的其他信息系统属于同一产品，而预算管理系统为该产品的其中一个模块。例如 SAP、金蝶、用友等厂商不同系列和版本的 ERP 软件，很多都有相关的预算管理模块，企业在购买相应的预算管理模块后，可以相对更容易地与该软件其他已运行的系统模块进行数据传输和系统融合。

这类集成型预算管理系统的优势，主要是可以更好地与企业原有信息系统进行融合。由于与该系统产品的其他模块已具备了数据传输与融合的技术与功能基础，所以可以在一定程度上降低系统集成和接口打通所需的成本。

集成型预算管理系统也存在一些不足。

首先，预算管理系统作为管理信息系统的一个模块，功能和应用场景的丰富度往往不如专业型的预算管理系统，并且会受制于原有系统的一些功能和数据基础。比如，有些预算管理产品的数据是从 ERP 中自动抓取的，而 ERP 中的很多数据模型虽与财务核算的逻辑相通，但大多没有单独的预算科目设置功能。这时往往只能满足财务预算的需求条件，很难实现企业期望达到的全面预算管理方案的功能诉求。

其次，这类集成型预算管理系统的开发初衷是扩展自身系统的预算管理功能，所以很少提前开发与其他常见品牌的企业管理信息系统的接口或插件。一旦需要淘汰更新集成型系统中的其他模块或软件，就需要考虑已使用的预算管理系统的取舍问题。因为如果预算管理系统继续使用，那么新系统与集成在原有软件中的预算管理系统的接口开发难度和开发成本很可能会大幅提高，这会将企业置于两难的境地。

所以，适合集成型预算管理系统的企业通常具备如下特征：第一，企业已有信息系统所属厂商具有同系列或相应模块的预算管理系统；第二，从性价比的角度考虑，该预算管理系统的功能可满足未来一段时间企业的主要预算管理的信息化落地需求，未能满足的部分可通过线下等半自动方式来弥补，以满足全面预算管理体系的执行需求。

2. 专业型预算管理系统

专业型预算管理系统开发的初始设计就是独立且专业的全面预算管理信息系统。一线的专业型预算管理系统普遍具备相应的预算科目设置功能，通常一次数据的录入或采集可以形成会计与预算两条统计路径，既保证了预算管理方案设计的独立性，又保证了数据来源的一致性。

这类预算管理信息系统由于专门解决全面预算管理体系的信息化落地问题，所以会涵盖全面预算管理体系的各个环节，适用的维度要素和应用场景也更加丰富。有些系统厂商为了解决不同场景的全面预算管理需求，甚至开发了多个行业版本类型的全面预算管理信息系统，以满足各类企业全面预算管理方案落地的执行功能需求。

这类预算管理系统大多预先开发了与其他主流管理系统（尤其是 ERP）的接口和插件，为系统在企业落地实施提供系统集成的技术基础。同时也可根据客户需要，在预算管理系统通用功能的基础上进行补充性定制开发，进一步匹配企业特定预算管理场景应用的功能需求。

这类专业型预算管理系统由于管理精细化程度较高，在项目需求调研、系统方案设计、系统实施配置、上线培训等环节的工作量较大，要求企业具备一定的全面预算管理体系的认知基础和应用水平。相比集成型预算管理系统，专业型预算管理系统的功能更强大，实施配置和系统集成的时间更长，所以企业投入的成本往往也更大。

需要注意的是，这类专业型预算管理系统的开发厂商在规模和抗风险能力上，总体不如通用型信息系统厂商（比如金蝶、用友、浪潮）。而软件系统的升级迭代和优化服务，依赖于厂商持续的产品优化和售后服务。所以企业在选择这类预算管理系统时，还要考虑系统开发厂商未来进行系统集成、版本优化和迭代开发的实力和潜力，以使预算管理系统具有更长久的生命力。

故选择专业型预算管理系统的企业，通常需具备一定的全面预算体系化管理基础，且对于全面预算管理的精细化程度要求较高。

3. 扩展开发型预算管理系统

扩展开发型预算管理系统，是指结合企业已有信息系统基础，从全面预算管理的具体功能需求出发，在原有其他类型系统上进行软件扩展开发或者完全定制开发系统，为企业量身定制具有全面预算管理功能的信息系统。例如，在 OA 或 BPM 系统基础上扩展开发预算控制系统，在 ERP 基础上扩展开发预算编制和预算分析功能的系统。

这种扩展开发型预算管理系统的优点是可以根据企业的应用场景和特定需求进行定制化开发，使得系统更匹配企业的预算管理需求。同时，只需开发企业需要的使用功能，系统操作界面可以设计得较为简洁，以降低预算执行的操作难度。

这类扩展或定制开发的预算系统，也存在劣势。

第一，开发周期长。预算管理系统的预算管理功能一般需要进行大范围甚至全新开发。与购买现成的预算管理系统进行配置实施或补充性开发相比，扩展开发型预算管理系统还需要经历概念设计、系统开发、验证测试等系统开发工作。根据企业预算管理信息化需求，系统开发所需时间短则数月，长则超过一年。对于这种具有一定周期性的预算管理体系来说，开发后的系统若不能满足届时的预算管理方案需求，则需继续进行系统开发或改进，进而对使用造成一定影响。

第二，功能复杂程度受限。正因为扩展开发的周期较长，所以开发的功能不可能面面俱到，通常只会去开发满足当前及近期一段时间的预算方案功能需求。同时，对于一些 IT 逻辑复杂、技术要求高、开发耗时较长、使用频率不高的功能需求，受限于资源和能力制约，往往不得不进行取舍。这就使得预算管理系统功能的复杂度和丰富度，普遍低于市面上已有的成熟的预算管理信息系统。当全面预算体系方案迭代引起系统功能需求发生较大变化时，扩展开发型预算系统功能单一的缺点会更加突出。

第三，项目成本高。从管理信息系统厂商的产品成本构成的角度看，IT 系统开发与优化的成本占比较高。所以，预算管理系统厂商在销售和交付产品时，主要承担运营和项目实施费用，软件复制的边际成本很低，所以软件系统销售越多，摊薄的综合成本就越低。相比之下，扩展开发型预算管理系统由于只运用在特定企业，就需要这家企业承担所有的开发成本，因此带来预算管理系统项目的总体成本较高。

选择扩展开发型预算管理系统的企业，通常是由于业务模式或管理需求比较特殊，市面上成型的预算管理信息系统与企业功能需求差异较大；或者企业运营模式较稳定，且预算管理的功能需求并不复杂；或者企业信息化基础较好，甚至企业内部有系统开发团队，这些企业则倾向于扩展开发相应的预算管理功能。

当然，市面上还有一些具备部分预算管理功能的信息化产品类型，比如费控系统、资金管理系统等。由于这些系统并未涵盖全面预算管理的全部核心功能模块，所以这里就不具体介绍了。

确切地说，以上对当前三种企业全面预算管理系统类型优劣势和适用企业特征进行的介绍，仅代表当前的状况和特点。随着数字技术和系统功能的快速迭代，以及企业数字化转型的蓬勃发展，系统功能的开发积累和相关技术能力都在不断提高。不同类型系统的功能特点与分类方式，在未来都有可能发生较大变化。这里阐述当前的发展情况和底层逻辑，大家在进行全面预算管理信息系统的产品选择时，还要结合届时系统更新和技术革新的情况进行综合评估。

15.1.4 全面预算管理信息系统与其他信息系统的衔接与融合

全面预算管理系统作为战略落地的系统工具，往往会与企业中的许多其他管理系统产生数据传递和协同管理，比如全面预算管理系统的使用，往往需要导入 ERP 系统中的业务数据和人力资源管理系统的岗位信息等。所以全面预算信息化架构设计，要考虑与其他信息系统的融合与协同。

由于企业间存在行业特点、业务类型、盈利模式、管理侧重、发展阶段等方面的差异，所以无论从理论上还是在企业应用实践上，目前都很难形成统一和标准的企业管理信息化应用架构。为了便于大家更加直观地理解企业管理信息化应用架构，本书将较为常见的信息系统按照不同管理功能类型进行了划分和归类，可分为决策控制、管理控制、任务控制、连接控制和执行控制，如图 15-3 所示。

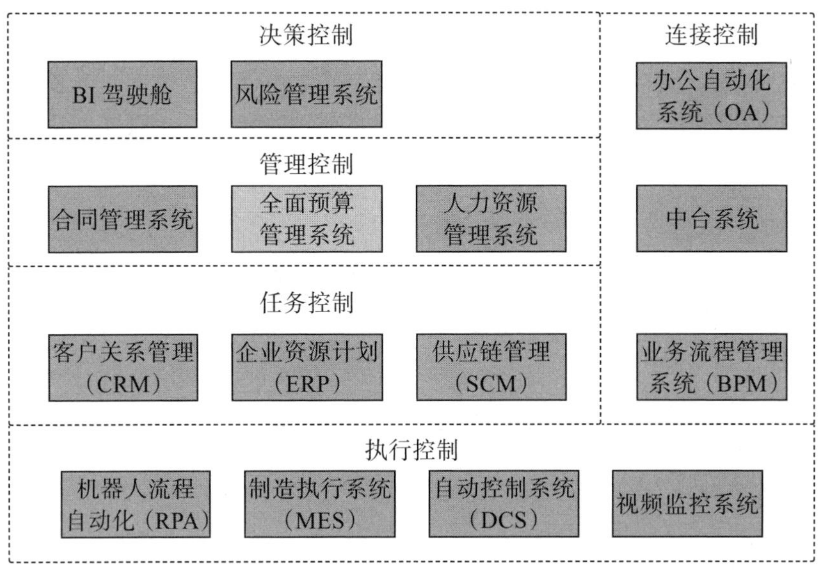

图 15-3　企业管理信息化应用架构示意图

- 任务控制是系统外部数据和企业价值创造的主要来源。
- 执行控制负责承接任务控制的部分业务内容，并通过物联网、传感器、应用程序等媒介将执行结果向任务控制反馈。
- 管理控制主要基于企业管理体系方案，对任务控制的内容进行数据收集和管理控制。
- 决策控制主要基于管理控制和任务控制的数据整合，结合企业战略和业务规划，建立起可供决策控制的分析结果。
- 连接控制主要通过流程、数据传输等方式，将各类系统间信息传递的关联关系，进行合规、安全以及满足管理要求的有效连接。

了解了全面预算管理信息系统与其他信息系统可能存在的数据传输与系统连接关系，下面介绍几点关于系统间协同和融合的基本要求。

- 唯一性：系统间功能重叠很难完全避免，但要注意执行路径的唯一性，尤其是业务数据、供应商和客户信息等，尽量避免出现同一数据在不同系统重复输入，以防止重复计算和管理失控。
- 规范性：做到相同类型数据规范的统一；数据整合的前提是数据规范，这样不但利于统一管理，也会给系统间的接口开发打下良好的数据管理基础。
- 及时性：系统间的数据传输分为实时传输和非实时传输两种类型。受传输带宽等因素的影响，所有数据均进行实时同步传输并不现实，但非实时传输也要做到及时准确，以保证系统数据可有效使用。比如预算审批结果的反馈时间不应过长而影响预算编制进度。
- 安全性：系统间连接需要保证信息传递的稳定性与安全性，避免数据丢失、信息泄露的情况发生。

15.2 全面预算信息化实现路径与策略选择

上一节介绍了全面预算信息化架构设计的内容，目的是让大家具备一些关于全面预算信息化技术和产品的基础知识。本节将站在企业的视角，介绍实现全面预算信息化的路径有哪些，如何根据不同企业实际情况选择合适的信息化策略，如何攻克全面预算信息化过程中的难点和障碍等内容。

15.2.1 全面预算管理信息化的实现路径

全面预算管理信息化的实现路径涵盖设计与选型、实施与上线、运维与优化这三个阶段，主要分为确定目标与需求、技术选型、方案设计、开发实施、数据整合、人员培训、上线、运营维护和持续优化等工作步骤。

1. 设计与选型阶段的实现路径

（1）确定目标与需求。

企业在进行全面预算管理信息化建设之前，需要确定希望通过信息化建设实现的目标和需求。比如，需要提高预算管理准确度和实时性等具体的目标；期望实现全面预算管理信息化的具体功能、技术等方面的需求，包括预算数据的采集、处理、控制、审核、存储、分析、报告、系统管理等环节的功能需求。

全面预算信息化的“目标”往往是概括性和结果导向的，“需求”则相对具体和场景化。在确定目标时，通常需要参考和分析具体的需求内容。明确目标后，再基于目标达成，确认全面预算信息化的具体功能和场景应用的需求。比如，对于预算编制方法，如果需要具备弹性预算的功能，则需在预算系统中的预算编制模块对预算弹性的幅度进行量化设置，预算执行时系统可依据预算弹性范围，默认控制用户可填写申报的数据区间。

在确定全面预算管理信息化目标和具体需求的时候，需要结合企业战略和运营管理目标，对企业决策层、管理层和执行层等各层级和各职能期望达成的全面预算管理功能需求和项目成果，进行信息化目标和需求的必要性与可行性综合评估。

明确全面预算管理信息化目标和需求，对后续的预算管理信息化工作，起着至关重要的作用。如果在需求不明确的情况下仓促启动后续项目工作，项目成果很有可能与企业希望达成的预算管理效果存在很大差异，而后续弥补差异的代价将会比起始阶段大得多。结合我们多年的项目经验来看，信息化建设的目标和需求越明确，项目成功的概率和项目成果价值相对也会越大。

（2）技术选型。

明确了全面预算信息化的目标和需求方案，接下来是进行技术选型工作，即选择适合企业的技术方案和技术供应商，包括软件、硬件、网络、数据库等方面。一般来讲，技术选型需要确保实现预算管理的信息收集、数据分析和执行监控等基本功能，同时保证系统的稳定性和兼容性。

当然，技术选型工作涉及较为广泛且专业的 IT 技术。对于企业管理者而言，完全掌握 IT 底层技术既不现实也不必要，重点是懂得如何去选择适合企业的信息系统和项目实施方案，明白如何将全面预算管理的需求、意图导入信息化项目中，使企业获得的信息化项目成果满足企业的实际需求。因此，对于技术方案，可侧重理解全面预算信息化架构的内容；对于技术供应商，可先重点了解当前各类预算系统的特点，进而打下识别供应商的产品认知基础。这部分内容在“15.1 全面预算信息化架构与信息系统”中有详细的介绍，供大家参考借鉴。

（3）方案设计。

如果说确定目标与需求是从企业需求端出发，描述通过信息化实现的预算管理目的和功能需求，那么方案设计则是侧重借助信息化项目，将企业全面预算管理需求呈现在预算管理信息系统应用场景中的信息化方案形成过程。

全面预算信息化方案设计是基于企业全面预算管理信息化目标和具体需求方案，在了解可选或已选系统基本功能的情况下，进行的全面预算信息化整体架构、系统操作界面、预算系统功能等环节的方案设计。其中，整体架构方案包括系统架构、模块设计、系统安全等方面内容；系统操作界面方案是预算系统运行时相关人员通过系统进行的申请、录入、查询、审批、分析、下载等工作所需系统页面的场景化呈现内容，实现用户与系统的交互功能；预算系统功能，通常指预算管理方案在信息系统中可实现的技术功能，这类功能的方案设计内容属于软件开发或系统配置的相关工作。

全面预算信息化方案的内容涉及企业全面预算管理的全生命周期，包括预算目标、经营计划、预算编制、预算执行、预算分析、预算调整、预算评价甚至预算考核等各个模块。即便有些预算管理的系统功能无法涵盖全部环节，但对于预算管理中系统执行与系统外操作之间的执行衔接属于方案设计的必要内容，能确保预算管理信息系统与企业全面预算管理方案保持一致，降低系统上线后预算管理执行不畅的风险。

除了预算管理功能和场景方案设计外，还包括系统正式运行前的系统实施、配置、开发、项目团队人员和职责设置，系统上线后的企业预算管理系统各执行岗位、运维人员和系统管理的权限设置方案设计。

可以说，相比信息化建设前企业已设计完成甚至实际运行的全面预算管理体系，系统上线后的信息化方案通常会更细、更全。这是因为全面预算管理体系中的部分工作要求具有方向指导性，这部分要求如果没有固化到信息系统中，涉及的相应预算管理场景的操作性要求往往不够明确。而信息化建设解决的就是预算管理方案的信息化落地问题，具体工作要求在系统固化的过程中就需要非常明确，只有这样才能实现相应的信息化功能。

所以在信息化方案设计过程中，需要进行大量且详细的需求和方案调研。调研内容涉及预算管理中的各层级、各职能的管理和执行场景化、流程化需求，对所有需求进行整体、科学、系统的整理归纳和分析评估，最终得到企业层面与实施团队共同认可的、可落地的、可实现的全面预算管理信息化方案。

方案设计的过程需要大量人员配合，所以一般情况下需要组成项目团队去组织、推动、执行、验证、分析、评估、归纳、确认整个方案设计工作的过程和结果。

2. 实施与上线阶段的实现路径

（1）开发实施。

在完成全面预算管理信息化方案设计和技术选型供应端采购后，则正式进入项目的开发实施阶段，包括系统设置、软件开发、测试、部署等工作内容。这个阶段的多数工作是由全面预算信息化项目的实施团队来完成的。但通常实施方需要根据项目的开发实施进度，与企业方项目团队进行阶段性的操作步骤说明和系统操作界面演示，以确认实施成果与信息化方案相吻合。同时，企业方可以通过模拟演示，进一步完善并确认系统设计方案。下面对开发实施中的主要工作环节进行简要介绍。

1）系统设置：是进行系统初始化功能选择和方案导入的过程。对于全面预算管理系统，首先需要对预算管理信息化应用架构中的“预算设置系统”进行系统设置（内容详见“15.1.2 常见的全面预算信息化应用架构”）。

2）软件开发：是对系统功能进行的 IT 程序开发。一般有三种情况涉及软件开发工作。

第一，预算系统的二次开发。当系统功能不能满足部分预算管理方案需求时，企业需要定制开发相应的预算管理功能，这种情况下则需进行软件开发。企业选择外购预算管理系统，通常情况下该预算系统可以满足企业的多数预算管理功能需求，企业特定的预算管理需求则需要在预算系统的基础上进行二次开发。

第二，系统集成的接口开发。企业全面预算管理系统是在目标和计划的引领下，对企业经营过程和结果进行控制、监督、分析、评价的工具。所以该系统并非业务运行的底层系统，其系统数据大多来源于企业的其他业务系统。要保证预算系统的高效运行，需要打通与其他系统间的数据传输壁垒，进行系统接口的开发工作。一般情况下，只要不是集成型预算管理系统，或者现有预算管理系统不具有与企业其他系统连接的插件，均存在接口开发的需要。

第三，定制化系统开发。对于扩展开发型预算管理系统，需要进行大量的定制化系统开发工作。

3）测试：在系统设置和开发工作完成后，项目实施方需要进行系统测试，来验证系统是否满足企业预算管理的方案需求。通常包括实施方测试和企业方测试。实施方测试是对技术功能的测试确认，企业方测试则是模拟全面预算管理的全场景过程，进行各个系统模块的多岗位操作使用测试。通过测试来进一步完善和确认系统设置和功能开发的正确性，并对问题点进行修正和完善。在测试阶段，通常尚未进行正式的软件、硬件和网络部署，系统测试的媒介一般是在实施团队的测试服务器中。

4）部署：在完成测试验证，确认系统无误后，实施方将进行系统部署工作，对企业预算管理系统运行的服务器、数据库、网络等进行相应的配置。具体的部署方式与全面预算管理信息化技术架构的选择相关（详见“15.1.1 企业 IT 架构视角下的全面预算信息化架构”中技术架构的内容）。另外，安装在服务器上的预算系统，通常还需复制“系统设置”的工作成果。

（2）数据整合。

数据整合工作，包括数据迁移整合和数据转化整合。数据迁移整合，是将原有的预算数据进行迁移和整合，以保证预算信息的准确性和完整性。数据转化整合，是将不同部门与业务的数据整合和转化为可用于预算管理的数据，同时实现数据的分类、对比和分析等需求。这类数据整合工作，通常在系统启动运行前进行，以确保预算管理的初始数据的准确性。

按照预算管理系统的数据运行逻辑，在系统正式上线运行后采集的数据都可以与预算管理系统数据标准保持一致性。这就需要在系统上线运行前，完成预算管理系统与其他系统的集成和数据标准化的工作。

（3）人员培训。

人员培训是系统上线运行前的重要工作，目的是对使用预算管理系统的相关人员进行培训和指导，让他们熟悉系统操作界面环境，并掌握预算管理系统的使用方法。在实际的预算管理信息化项目中，会对预算管理人员以及应用执行人员分别进行培训，以掌握不同系统模块的不同操作方法。

（4）上线。

在测试和部署工作完成后，技术功能便可以满足系统上线要求了。系统上线是指部署在相应服务器、数据库和网络中的预算管理系统正式启动运行。此时系统已经能够满足全面预算管理信息化运行的功能要求，但为保障在企业中的执行效果，通常都会对应用端的员工进行系统培训。甚至试运行一段时间后，才将企业的全面预算管理工作，正式在系统中执行。

3. 运维与优化阶段的实现路径

（1）运营维护。

在系统上线运行后，就需要开展系统的运营维护工作，以保证预算管理系统的安全稳定运行。账号的维护、系统的安全排查、数据的备份等运营维护工作内容，一般由企业信息化运维人员来完成。但对于账号维护、数据备份等工作规范，预算管理人员可给出专业性的管理需求建议。

（2）持续优化。

随着企业业务模式的不断变化和预算管理精细化程度的逐步提高，企业需要持续对预算管理系统的应用功能进行优化更新，进而不断提高预算管理效率和准确度，加强全面预算管理的数据分析能力，并提供更高效的决策支持。

优化的需求可以来源于三个方面：技术功能的提升、管理升级的需求、外部竞争的压力。技术功能的提升，一般是由现有系统功能的升级迭代，引起的系统升级；管理升级的需求，既有企业内部的预算管理新需求，又有外部客户提出要求而涉及的预算方案优化；外部竞争的压力，通常指企业的直接竞争对手的核心能力提升，迫使企业提高管理的要求标准，进而带来系统功能的优化更新。

预算管理系统的持续优化工作既需要持续性，更需要科学性。对于众多优化更新的需求，出于成本和时间的考虑，企业不可能同时一一满足，需要对优化更新需求进行综合性评估，这就要求企业建立预算管理系统优化更新的运行机制。

以上是对全面预算管理信息化三个阶段实现路径的内容介绍。但企业在实际进行全面预算信息化建设过程中的各个阶段，工作步骤和方式并不是千篇一律的。企业可以根据自身情况和需要，选择合适的全面预算信息化建设的实现方法和达成策略。下面介绍各个阶段企业可进行的策略选择。

15.2.2　全面预算信息化设计与选型阶段的策略选择

1. 设计与选型阶段项目工作排序的策略选择

通过上一节的内容介绍可知，在全面预算信息化的设计与选型阶段主要有三项工作内容，分别是确定目标与需求、技术选型和方案设计。但并不是每个企业都适合完全按照此顺序依次开展工作。下面介绍三种主要的工作排序选择策略及相应的适用情况。

（1）确定目标与需求—技术选型—方案设计。

该策略的工作排序是先确定全面预算管理信息化的达成目标和具体功能需求，然后带着目的在市面上寻找和调研各类技术选型供应商，并筛选、对比、确定适合企业的各项技术选型产品和供应团队。最后根据已选的技术选型产品，基于确定的目标和需求，与选型供应方共同进行详细的预算管理信息化全过程的需求调研与方案设计。

这种排序策略的优点是稳扎稳打，技术选型的合理性较高。缺点是耗时长，尤其在技术选型环节需要耗费大量的时间和成本。

这种策略适合的企业的特征为：有明确的预算管理信息化目标和具体的功能需求方案，但对于各类技术选型供应方的产品功能特点和市场行情不够熟悉，所以需要在充分调研对比后，再正式开始信息化方案的设计。同时要求企业项目团队在供应商介绍各自产品时，具有较强的选型产品的辨别和分析判断能力。

（2）确定目标与需求—方案设计—技术选型。

该策略的工作排序是先确定目标与需求，然后根据信息化目标和功能需求进行信息化方案的初步设计工作，接下来根据已初步设计的预算管理信息化方案，选择匹配信息化方案的各类供应方产品，最后再与选型供应方团队进行项目方案的补充性细化设计。

这种排序策略的优点是项目进度推进较快，项目成功率高；有明确清晰的预算管理信息化方案，可以在第三方项目团队进场后进行更加详细和精细化的落地方案设计和开发实施工作。缺点是对企业方要求极高，一旦企业在方案设计前对初期技术选型的判断失误，项目失败的概率就很高，且企业会消耗大量的经济成本和时间成本。

这种策略适合的企业的特征为：有明确的预算管理信息化目标和具体的功能需求方案，且对各类技术选型产品的功能特征、市场行情、供应商分布具备较为深刻的认知基础。企业可以根据目标和功能需求，直接判断和确认技术选型产品的具体类型。这样设计出的信息化方案具有较强的可行性和深入度。或者企业内部具有专业的 IT 开发团队，且具备独立进行全面预算信息化建设的能力，这类也较为适合此排序策略。

（3）同步进行、互为参考、逐步完善。

该策略是不进行明确的工作排序，三项工作同时推进。随着工作的深入，三项内容互为参考依据，逐步完善。比如，企业根据预算管理信息化大致的目标方向，进行“撒网”式的技术选型调研和对比，与初步判断可行性较高的技术选型方沟通信息化方案设计方向，再根据对比各方的信息化方案框架，进一步参考借鉴和对比，完善自身的信息化目标和功能需求，同时加深技术选型的认知基础和判断依据。按此模式，直到三项工作内容逐步成熟，得出最后预算管理信息化方案设计和技术选型结果。

这种排序策略的优点是项目调研充分，与多个选型供应商都进行需求调研和初步的信息化方案设计，可以为最终的项目决策提供丰富的依据，并且可以快速提高企业对于全面预算管理信息化建设的认知水平。缺点是耗时过长，尤其在技术选型的过程中需要消耗大量时间精力在方案初步设计与广泛的可行性研究和对比工作上，并且由于初期企业的预算管理信息化目标和需求并不清晰明确，对于分析判断和自我认知能力不足的企业，很容易在眼花缭乱的各类产品宣传下迷失方向，最终投入开发与自身实际需求并不相符的项目内容。

这种策略适合的企业的特征为：自身全面预算管理体系运行的基础不强，预算目标和需求方案设计能力不足，但企业有着较大的全面预算管理信息化建设的迫切性和必要性。企业顶层高度重视，并且可以在短时间将较多的人力、物力、财力投入预算管理信息化项目工作中。

值得注意的是，此类企业为了降低由于自身预算管理基础和认知不足可能导致的项目失败的风险，可以选择借力第三方专业团队。比如借助管理咨询团队，引入全面预算管理体系建设的咨询项目，同步甚至先于信息化团队开展全面预算管理体系建设和信息化需求方案的设计工作。这样可以大大提高企业全面预算管理体系和信息化需求方案设计的科学性和合理性。

2. 基于业务多变和成本压力下的系统方案策略选择

全面预算管理信息化建设，需要企业投入较高的人财物成本。对于自身业务多变且成本承受能力有限的企业，在并不追求最佳系统功能的前提下，选择更加稳妥的系统选型方案，显得更加现实。下面介绍三种基于业务多变和成本压力下的系统方案选择策略。

（1）选择具有部分预算管理功能的集成型预算管理系统。

该策略是选择与已有信息系统同源的预算管理系统（一般是集成型预算管理系统），不需要进行接口开发，主要依靠系统通用性功能，几乎不进行二次开发。这样的选择，很可能形成半自动的预算管理信息化模式，要么减少预算管理信息化功能需求，要么人工手动操作部分数据的采集、录入、传输，甚至整合分析工作。比如，企业可以选择只有“预算设置系统”“预算编制系统”“预算控制系统”“预算分析系统”模块架构中部分可配置功能的信息系统；企业可以选择与企业现有系统同源的“费控系统”产品。

该策略的优点是“拿来主义”，按照系统功能快速形成企业预算管理系统；缺点是缺少的功能部分即便可以手动执行，但由于工作量较大或者存在数据处理的技术难度，使得企业需要的某些预算管理功能无法实现。

（2）选择在原有系统基础上进行少量预算功能的“二次开发”。

该策略是根据预算管理目标和需求，评估已有系统对于部分预算功能的扩展性二次开发的可行性和性价比，最后得到“补丁式”的预算管理功能系统。比如在ERP、OA系统的基础上开发付款系统控制及数据采集功能，形成“前期人工导入财务预算计划，后期系统自动约束对应项目的资金申请额度，最后导出现金流数据统计表”形式的部分预算控制功能。

选择此策略的优点是只对企业最重要或使用最频繁的预算管理信息化需求功能投入成本；缺点是功能过于单一，后期预算管理信息化升级改造和扩展开发的成本较高，且开发过程大概率不会进行精细化的IT架构长期规划，会增加后期扩展开发的技术难度。

（3）通过现有系统功能＋人工操作，实施粗线条的预算管理方案。

该策略是不进行系统采购或开发，仅进行“就地取材”，充分利用现有系统的输出内容，辅以Excel、数据库软件、Power BI等免费工具，用人工操作的“半自动”模式，设计出“粗线条、抓重点”的预算管理方案。该模式较为适合初期建设并运行全面预算管理体系的企业。

选择此策略的优点是投入成本低，除了方案设计和测试验证过程的人员投入外，几乎没有其他前期成本消耗。缺点是功能单一且后期人力成本投入较高，因为缺少预算设置、编制和控制系统，除了预算分析可借助部分信息化数据处理功能外，其他均为人工操作，即便设计粗线条的预算管理方案，也需要消耗较多人力进行预算控制和分析工作。

以上是针对存在成本压力和业务多变因素企业的三种预算系统选择配置策略。值得注意的是，从长远看，这样形成的系统只能是预算管理信息化的过渡，可以说这些系统并不具备真正的全面预算管理信息化功能，很多情况下只能实现部分自动化的财务预算功能。对于这类“凑合”的预算管理系统，是否值得企业去实施，需要评估系统功能的价值。对于价值评估的标准，本书认为取决于是否对企业管理升级有帮助，是否可以助力企业的业务运行、经营发展和风险管理。若价值不大甚至可以暂缓启动信息化过程。

我们要认识到，企业的全面预算管理信息化水平是可以逐步提升的，即在系统运行中，逐步增强企业预算管理的执行意识和设计水平。企业在实力提升并积累了一定的预算管理信息化经验后再去更新系统，企业真正实现全面预算管理信息化的项目价值和成功率会大大提高。

15.2.3　全面预算信息化实施与上线阶段的策略选择

在信息化实施与系统上线阶段，企业可以在“人员培训”和“上线”两个工作环节进行策略选择。

1. 人员培训的策略选择

对于全面预算管理系统，不同模块既存在应用场景和执行岗位的差异，同时内在数据传输和分析逻辑又相互关联。所以人员培训既要关注个体使用差异，又需要让预算管理人员熟悉各模块的操作方式和关联关系。可见全面预算管理系统的人员培训，兼具内容的深度和范围的广度。对于培训师的选择，主要有“实施方培训”和“实施方 + 企业方培训”两种策略。

（1）实施方培训。

该策略是在系统上线前，统一由实施方进行预算管理各模块各岗位的操作培训。这类培训通常会进行多次，培训过程中会进行互动答疑，甚至会录制成视频，以供企业方反复观看学习。

选择此策略的优点是培训的专业度和熟练度较高。涉及全面预算管理系统操作环节的各岗位可以结合各类场景向实施方进行操作执行方法的学习和确认，培训的单位产出较高。不足的地方是培训时间相对较短，现场涉及的场景相对单一，项目期间更多的是在熟悉操作，留给企业探索性操作后的互动培训机会较少，使得运营期间进一步培训和答疑的成本增加，同时也影响系统操作的顺畅性。

这种策略适合熟悉全面预算管理运行模式，且预算系统执行操作相对简单的企业。

（2）实施方 + 企业方培训。

该策略是实施方在前期对企业方项目骨干进行培训，而后在上线前实施方与企业方项目骨干一起进行上线前的企业员工培训。企业方项目骨干需要深入参与需求调研、方案设计、系统测试等环节。实施方在项目实施阶段的多个节点（比如各模块设置开发完成时），对企业方的项目骨干成员进行阶段性培训，给予其充分理解和场景化模拟实验的时间，使得实施成果更具企业落地性。系统上线前，实施方对企业人员进行的培训侧重集中性的整体标准化操作演示和问题解答，而企业方项目骨干对企业人员进行的培训侧重过程中对企业预算管理方案各环节在系统中执行的操作细节进行培训。理想状态下，系统上线后的系统操作和培训，企业方可独立完成。

选择此策略的优点是培训充分且深入，提高了预算系统运行的团队承接能力，同时阶段性培训可以促进实施过程的优化完善，更利于系统在企业落地。缺点是培训耗时长，需要投入较多人员，系统未整体实施完成前出现调整可能会迫使培训方案也不断调整，造成较高的培训成本。

这种策略适合预算系统设置较为复杂或可投入较多项目人员的企业。

2. 上线节奏的策略选择

在完成系统设置开发、测试验证、人员培训后，就可以进行系统上线运行了。原则上这时企业的日常预算管理工作需要在预算系统中运行，但很多企业都会担心系统上线后会出现问题，包括员工是否适应、系统能否承载之前人工方式的预算管理等。所以关于系统上线节奏，企业通常有两种策略选择，分别是“双轨上线”和“并轨上线”。

（1）双轨上线策略。

双轨上线策略，是指系统上线后，预算管理的操作和相关流程既在新系统里运行，也在原有预算管理路径中运行，在预算管理系统运行一段时间，可正常承载日常预算管理后，再去掉原有预算管理路径的操作。

选择此策略的优点是，降低了系统运行出现问题影响企业预算管理的风险。缺点是增大了工作量，同时可能会助长企业抵制彻底使用系统的管理风气。

所以即便采用双轨上线的策略，也要尽可能减少双线运行的时间，减少因预算系统运行在企业引起的负面情绪。

（2）并轨上线策略。

并轨上线策略，指的是系统上线后，原有预算管理路径将不再运行。

选择此策略的优点是，预算管理工作只是载体和形式的切换，并明显提高了预算管理工作效率，同时，并轨上线的方式可表明企业预算管理信息化的决心，提高预算系统在企业运行的严肃性和权威性。缺点是，若预算系统运行出现问题而企业无法快速解决，就要切换到原来的预算路径，这样不仅会影响预算管理数据的连续性，也会降低企业推行预算管理信息化的信心，进而增大预算系统落地运行的失败概率。

所以若采用并轨上线策略，需要在上线前加大测试和人员培训的力度，进行各种场景化的模拟验证，制定系统运行问题的应急预案，同时还要选择恰当的上线时点，降低上线运行失败的补救成本。

15.2.4　全面预算信息化运维与优化阶段的策略选择

在系统上线运行后，就进入预算管理信息化的日常运维和优化阶段了。这时的系统运维将成为常态化操作。信息化运维可分为系统运维、硬件运维、网络运维三种。硬件和网络运维人员的选择，普遍受限于技术选型模式。比如，若采用云服务器租用模式，硬件运维通常是由第三方承担的。而对于软件方面的系统运维团队选择，一般情况下企业可以有“第三方运维”和“企业方运维”两种策略。

1. 第三方运维策略

第三方运维，是一种托管运维模式，即大部分的系统运维都交由第三方来进行。企业管理者不能且无须通过系统操作来直接运维预算管理系统。

这种策略的优点是，第三方运维团队对系统操作更熟悉，提高了系统运维的专业化水平，减少了企业运维人员的占用。缺点是系统运维的灵活性较差，运维人员对企业的场景化熟悉度不足，且运维成本相对较高。

此策略通常适用于全面预算管理或者运维工作较为复杂的集团化的预算系统，委托第三方运维，可以提高预算运维执行的独立性与专业性。另外，对于运维工作量较少，且缺少系统运维人员的企业，也适合采用该策略进行系统运维。

2. 企业方运维策略

企业方运维，顾名思义就是企业自己运维。这种策略的优点是灵活快捷、成本可控。缺点是信息保密性差，因运维权限设置过高而引起违反预算管理规则，甚至发生内部舞弊问题的风险增高。

多数企业都会选择此策略进行自主运维。建议要特别注意对于系统运维的风险管理。除进行预算管理权限精细化设置外，还应避免运维岗位人员唯一而导致违反规则或运维人员离职影响系统正常运行的风险。

15.3 全面预算信息化过程难点问题的破题方法

前面两节分别从基础认知扫盲和主观策略选择的角度，介绍了全面预算信息化架构、信息系统以及信息化路径各阶段的实现策略。但对于缺少预算管理信息化实践经验和 IT 基础认知的企业管理者而言，在全面预算信息化的过程中仍可能会遇到一些难点或障碍。本节挑选了一些企业预算管理信息化普遍会遇到的难题，结合企业全面预算管理咨询和信息化建设经验，分享本书的“破题”思路。

15.3.1 选择适合企业的全面预算管理系统

前面向大家介绍了全面预算管理系统的分类差异和应用架构内容，但当面对预算系统供应商琳琅满目的产品展示时，受限于 IT 技术基础认知和信息化项目经验等因素，许多企业管理者依然会不知所措并陷入迷茫。

那么如何才能选择适合企业需要的全面预算管理系统呢？除了“15.2.2 全面预

算信息化设计与选型阶段的策略选择”中介绍的内容外，企业在进行全面预算管理系统选择时，可参考如下选型原则。

1. 业务匹配性原则

全面预算管理是企业战略落地的工具，全面预算管理信息系统是全面预算管理的实施载体工具。所以全面预算管理信息系统的选择，要考虑企业战略和业务需求，应具有业务匹配性。预算系统的业务匹配性，具体表现在以下三个方面。

（1）匹配行业特点和企业业务模式。

不同行业的企业，全面预算管理的逻辑不同，需要考虑系统的应用场景和功能是否能够满足企业预算管理的需要。这也是很多专业型预算管理系统厂商开发不同行业版本的原因。

不同企业的业务模式也存在差异，需要将企业经营场景模拟带入到预算系统的应用场景中，确认其是否满足企业预算管理的功能需求。

（2）匹配企业业务战略和数字化战略。

作为企业战略落地工具的信息化载体，全面预算管理系统需要与企业的业务战略和数字化战略相匹配。

匹配业务战略体现在预算系统需要满足企业未来规划的行业、产品、销售区域、组织结构等业务布局所需要的预算管理功能。比如，企业两年后可能形成集团化管理模式，在国内外建立多家子公司，这就需要预算管理系统具备集团预算管控、跨币种核算等功能。

匹配数字化战略更多地体现在匹配企业数字化战略的未来 IT 规划架构上。如果选择的预算管理系统与未来 IT 整体规划无法衔接和融合，届时既会影响预算管理系统的功能发挥，又会给企业整体信息化建设与系统集成带来难题。

（3）匹配全面预算管理体系方案。

预算管理系统最直接的匹配对象就是企业的全面预算管理体系方案。如果选定的系统功能不能满足预算管理方案，那么落地执行时要么调整原有预算管理方案，要么只能利用部分匹配的功能，从而影响预算管理质量或系统使用效能。

2. 成本可控性原则

全面预算管理信息化建设的成本，是企业普遍关注的问题。值得注意的是，预算管理信息化的成本评估要考虑成本的覆盖范围和时间维度。

成本的覆盖范围，主要是指全面预算信息化建设所涉及的成本。它不仅包括软硬件采购成本和项目实施成本，还包括前期需求调研和方案设计、定制开发、上线后日常运维等方面人力、物力、财力的成本支出。

成本的时间维度，既包括短期的项目设计开发与实施运维成本，又涵盖未来系统优化迭代以及与其他系统融合集成的成本等。

这些都是成本控制需要考虑的因素，因此企业除了对预算管理系统的特点有充分且客观的认知外，还需要对系统 IT 架构的技术逻辑有一定的了解，因为有些系统的底层开发技术基础决定着未来系统升级扩展的方式。

3. 功能可优化性原则

企业的全面预算管理系统的设置并不是一成不变的，随着环境、业务以及管理要求的变化，预算管理系统需要满足企业预算管理方案的调整要求，进行系统设置、功能扩展或定制开发。相对而言，预算管理系统预留的设置功能维度越丰富，与其他主流系统接口的预留插件越多，系统供应商定制开发水平越高，则全面预算管理系统的未来功能可优化性就越强。

4. 易于操作性原则

有些管理者认为，系统功能越复杂，操作过程就一定越烦琐，其实这是一个误解。系统后台功能强大的同时，面向企业系统使用者的操作界面可以设置得更加人性化。企业的全面预算管理系统应力求操作便捷，界面清晰易懂，利于预算管理人员上手操作。这样不但便于系统使用的人员培训，更能提高预算管理效率。

清晰明确的系统操作指南、说明书，甚至系统操作演示视频，也可在一定程度上，提高企业管理者对系统操作的认知和理解。

5. 稳定性与安全性原则

预算管理系统需要确保系统运行稳定，这样才可保证数据的准确性和可信度。出现系统运行稳定性问题，通常是系统未经各类预算管理运行场景的充分测试和验证造成的。一般而言，若选择通用型预算系统，经过越多企业运行和验证过的系统越稳定；若选择定制型预算系统，系统上线运行前进行大量测试和验证，是提高系统稳定性的有力保障。

系统安全性对于企业同样重要，包括多样化的权限设置功能、网络安全保护功能，以及诸如断电等突发事件发生时，可以维持系统安全稳定运行，避免信息和数据的不可逆破坏等方面的功能内容，均是企业在进行系统选择时的安全性考量因素。

以上介绍了系统选择的五项考量原则。通常受限于筛选时间、投入限制及需求特殊性等情况，往往这些因素不可能尽善尽美，需结合企业自身情况进行综合评估，然后选择最合适的预算管理系统。

15.3.2　选择合适的开发实施团队

在进行预算信息化项目的技术选型时，企业往往更关注系统的选择，而忽略开发实施团队的筛选与甄别。而通过对大量预算信息化项目失败案例的分析，我们发现项目开发实施的因素要远大于系统自身缺陷对于项目成败的影响。如果把预算信息化项目比作“烧菜”的话，那么系统则是“食材”，而开发实施团队更像是“厨师”。即便系统的功能再强大，如果实施工作没做好的话，最后上线的系统也很可能不能满足企业预算管理方案的系统落地要求。

在进行预算管理系统的供应商选择时，我们通常会遇到三类服务方：系统厂商、代理商、项目实施公司。下面简要介绍这三类服务方的特点和选择建议。

系统厂商，是指全面预算管理系统的开发方，也是预算管理系统的源头供应方。系统厂商一般会有自己的开发团队、销售团队、方案调研团队、项目实施团队、售后运维团队等。由于熟悉厂商自身系统底层技术的天然优势，所以相比其他两类服务方，系统厂商的开发团队在项目实施阶段的系统扩展开发或定制开发工作方面，往往开发能力更强、开发效率更高。

代理商，通常指系统厂商的产品销售渠道方，它们可以单一销售某家系统厂商的产品，也可以同时销售多家厂商的系统。有些代理商有自己的实施团队，有些是根据项目需求通过与项目实施公司、开发团队合作来承接预算信息化项目。代理商更专注对客户需求的挖掘，满足企业对于预算信息化多种选型产品（包括系统、硬件、网络等）的一体化供应。

项目实施公司，主要依托信息化项目实施经验，承接信息化项目的实施交付工作。优秀的系统实施交付团队需要对相应系统具有非常高的熟悉度和操作熟练度，听得懂企业各职能、各层级管理者的项目诉求，能够将企业需求方的管理要求创造性地结合到系统功能上，实施到预算管理系统中，还要具备应对实施过程中预算管理方案落地与系统功能设置匹配的各类问题的丰富经验。所以通常一个实施团队 / 小组只能承接少数几个系统的项目实施工作。很多项目实施公司同时也是其进行系统落地实施交付的系统产品代理商。所以企业在鉴别合作方实施团队的时候，要确认对方实施团队对于选定的预算管理系统是否具有丰富的实施经验。

无论企业选择这三类服务方中的哪一种，当项目启动后，对方通常都会组建一个完整的项目小组，包括项目经理、方案调研与设计、项目实施、IT 开发、售后运维、商务等项目成员。这个项目小组可能来自一家公司，也可能是多方合作，相关人员的经验、能力和项目时间投入度都可能不确定、不一致。所以企业需要事先确认相关人员对该系统项目的经验和可投入时间，以及该服务方对项目成员的掌控力。

比如，项目实施团队同时在跟几个项目，本项目启动后实施团队每月可投入多少天在该项目上，当出现系统集成或扩展开发需求时，IT 开发人员是否有足够的能力和意愿按照企业要求进行开发，开发的周期和成本是否可控等。这些都是企业需要提前和项目服务方沟通确认的内容。

15.3.3 如何进行全面预算信息化的方案设计

对于全面预算信息化项目，有些企业在系统上线运行后才逐渐发现项目实施期间设置、开发的成果，并没有满足预算管理的实际需求。这种情况在一定程度是全面预算信息化方案设计存在问题造成的。对于企业全面预算信息化项目而言，预算管理方案是基础，信息系统是落地工具，而预算信息化项目方案是将预算管理方案通过系统来落地的“映射方案”。

所以要想设计好预算信息化方案，第一步是要有好的预算管理方案，第二步是将预算管理方案“翻译”成可实施的信息化项目方案。

对于企业来说，好的全面预算管理方案，要满足针对性、先进性、前瞻性和落地性等要求。针对性指的是针对企业预算诉求和预算管理要解决的问题；先进性是要有比现状更高的目标要求，以预算管理促进经营能力的提升；前瞻性是要有一部分为企业未来发展打基础的经营管理行为，有先人一步的谋划并付诸行动；落地性是要确保预算管理方案可以在企业执行，预算目标不能遥不可及或被束之高阁。

将预算管理方案“翻译”成预算信息化方案的过程，需要企业管理者和预算信息化项目团队的双向奔赴，让预算管理诉求和信息化方案融为一体。双方不仅要对自己所负责的内容擅长，还要足够了解对方领域，进行同频对话。

如果企业现有人员与预算信息化项目团队都不能将这两步做好，还可以通过人才引进或者第三方咨询团队来协助企业和信息化项目团队，协助完成预算信息化方案的高质量设计工作。

15.3.4　如何进行数据整合工作

在全面预算管理信息化的实现路径中，进行数据整合是系统上线前重要的基础工作，往往也是最容易被企业忽视的环节。

对于数据基础规范性和标准化较强的企业，全面预算管理信息化项目的数据整合工作会相对明确和清晰，主要进行原有预算管理基础数据导入，预算管理系统与其他相关系统的数据源整合、集成和安全保护，以及预算分析报表的数据传递路径搭建等工作。这部分工作只需要企业管理者制定好预算管理方案和各环节预算管理流程，具体数据整合工作交由项目实施方或系统开发人员牵头完成即可。

但现实的情况是，很多企业的数据基础和数据管理并不规范。比如多个系统同时录入不同的供应商信息且供应商数据标准并不统一，甚至一个系统中的同一个供应商有多条供应商信息，包括全称、简称、曾用名等。数据不规范的现象，反映的不仅是数据管理标准化的问题，而且说明企业的集成管理和流程质量也出现较大问题。要做好这些数据和管理的规范化、标准化工作，需要企业投入时间和人员进行梳理和整改。即便不进行全面预算信息化建设，这些工作也是企业规范管理、防范经营风险的重要基础工作。

不幸的是，很多企业在数据基础并不理想的情况下，就盲目快速地推进全面预算信息系统的实施和上线，因而造成系统设置与开发完成后，长时间等待数据规范与数据整合工作的推进。如果企业推进数据标准化工作不力，就有可能形成预算系统的数据孤岛，无法真正进行上线运行，造成项目失败和企业巨大的投入损失。

理想情况下，企业可以在进行预算管理信息化建设之前，对基础数据的规范进行梳理评估和标准化改善，优化流程和信息化管理。也可以在全面预算信息化项目启动前，由项目实施方对进行全面预算管理信息化的企业的数据基础进行调研和诊断，而后进行针对性数据基础的规范性优化；在项目启动后的方案设计阶段，配合项目进度进行数据梳理，并为预算信息化项目的数据整合工作做准备。这些数据管理的基础工作，需要企业高度重视并投入足够的人员和时间，以确保后期的数据整合和集成工作能够顺利完成。

15.3.5 如何解决全面预算信息化建设的阻力和质疑

实现全面预算管理信息化，对于企业预算管理工作来说，通常意味着执行的严肃性和路径的唯一性，会把所有的管理方案事先在系统中细化和固化，让预算管理更加及时、准确、规范和透明。这样往往会打破企业的管理现状，带来部分人员对预算管理信息化建设的阻力和质疑。

我们在实际预算项目中发现，不论是调研设计阶段、实施上线阶段，还是运维优化阶段，都可能存在许多质疑和反对的声音。例如，预算信息化会造成企业商业泄密、系统操作影响效率、预算系统不够灵活从而影响业务、员工学不会系统操作等负面声音。面对这些质疑和阻力，企业需“分而治之”。比如，通过预算信息化重要性和必要性的理念导入，解决思想和观念问题；通过产品功能介绍和项目培训，解决操作能力的问题；通过不违反原则下的方案灵活设计，满足预算管理中的特殊执行需求；通过预算信息化的机制建立，平衡局部利益和整体利益的冲突问题；通过企业顶层的牵头宣导和各部门的执行确认，将个别基于私欲反抗的负面影响力扼杀在摇篮里。

要想实现以上多维度的阻力化解，建议企业方成立三级项目组织，如图 15-4 所示，分别为项目领导小组、项目实施小组、项目应用小组。

项目领导小组给予项目资源调配和进行项目蓝图顶层决策。项目实施小组作为企业方负责项目全过程的组织和建设小组，是企业方的项目工作主导力量，组织企业内部项目工作，负责与第三方信息化项目团队对接、沟通，进行项目进度跟进和成果确认等工作，需要具有丰富的预算管理经验和技术能力。项目应用小组由参与预算执行的企业各职能或业务单位的人员代表组成，参与项目的调研设计、方案确认、数据准备、测试验证、培训确认等工作。如果项目得不到应用小组足够的参与和支持，则很容易造成项目成果与实际应用“两层皮”的问题。

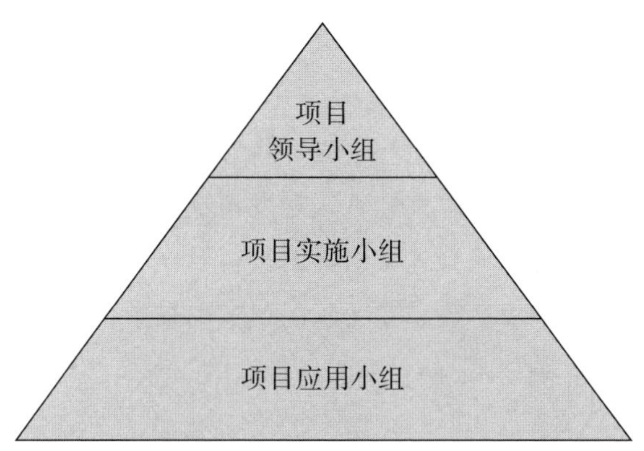

图 15-4　全面预算管理信息化项目组织配置示意图

可以说以上三级项目组织缺一不可。领导小组为项目工作创造环境，实施小组主导完成项目建设，应用小组保障项目顺利落地。各方共同参与项目的方案设计与实施建设，可以在项目过程中有效地解决质疑与阻力，同时形成方案与落地的多重呼应，保证项目成功落地、顺利运行和高效价值呈现。

15.3.6　全面预算管理系统的与时俱进与持续优化

对于预算管理信息化建设，许多企业会在项目建设期间投入较多的人力、物力和财力，但对系统运行后的预算信息化优化工作便不再重视。现实的情况是，即便全面预算信息化方案设计和实施质量很高，随着环境的变化和业务调整，原有的预算管理系统可实现的功能也有可能跟不上实际需求的变化。这就需要对预算管理系统进行与时俱进的持续优化与更新，否则当系统彻底无法满足预算管理需求时，要么坚持遵循系统而使企业预算管理价值降低，要么预算管理运行脱离预算管理系统使得预算信息化建设成果价值归零。

所以，企业要想在上线运行后，保持预算管理系统更加持久的生命力与功能价值，需要在系统运行后进行持续优化，这要求企业建立全面预算管理及其信息化建设评价与优化的闭环管理机制。其中，全面预算管理的闭环管理机制在其他章节有相应介绍，此处不再赘述。

预算信息化建设的评价与优化的内容包括全面预算信息化架构与企业 IT 规划的融合性与一致性，预算系统可实现功能与企业全面预算管理体系的匹配性，预算系统运行效率和数据准确性，预算系统角色设置与预算执行岗位的一致性，预算分析报告逻辑对于预算管理诉求的达成率等内容。

要想做到预算信息化建设的闭环管理和持续优化，需要有相应的管理机制和组织配套。比如预算管理体系调整会直接触发预算管理系统的设置调整流程或工作要求，当系统不能按照预算管理调整方案进行对应功能设置时，则会引发预算管理信息化方案的调整诉求。在企业实际的业务场景中，这种预算管理信息化方案的调整，可以同时出现在企业的预算闭环管理体系和信息化闭环管理体系之中。

第　四　篇

做评估

用事实兑现承诺

Chapter16

第 16 章

对照目标，用结果说话：及时进行经营复盘

16.1 企业经营分析报告体系内容设计

全面预算的目的是推动业务的发展，从全面预算管理的角度看预算执行结果的分析不能仅仅依靠财务核算数据与预算数据对照分析的方式，因为这种方式过于表面化并缺乏经营层面的深度参与，无法达到通过预算结果的经营分析复盘调整优化经营行为，促进预算目标实现的目的。

16.1.1 经营分析报告体系与全面预算的关系

经营分析报告是对企业年度经营计划的分析报告文件，它对标的是企业年初制订的年度经营计划，分析内容主要是围绕年度经营计划中的目标达成情况、策略与计划执行情况进行结果复盘、原因分析和优化调整再计划。

既然叫经营分析报告体系，那就说明经营分析报告不是单一报告，也不是只从企业层面进行经营分析。我们回想一下本书中预算目标和年度经营计划的内容，

无论是预算目标还是年度经营计划都是分层设定并层层分解的，那么经营分析报告体系也应当是分层讨论、层层分析。

经营分析报告与全面预算体系中的预算目标体系、年度经营计划体系有非常紧密的关联关系。年度经营计划是围绕预算目标进行的经营策略、路径方法、工作计划的体系安排，经营计划的目的就是实现预算目标。而经营分析报告是围绕预算目标的达成结果复盘经营过程，包括经营计划中的策略执行情况、使用的经营方法实施情况、工作计划的执行情况等。分析的目的是分析验证：经营计划的执行是否有效，执行的完整性和没有执行部分的原因，经营计划制定的指标如何，是否能够通过经营计划的执行实现预算目标的达成，或者经营计划是否具有可执行操作性。

16.1.2　经营分析报告体系的内容组成

如图 16-1 所示，经营分析报告与经营计划一样具有层次性特点，分别按照企业级、部门级、岗位级划分。

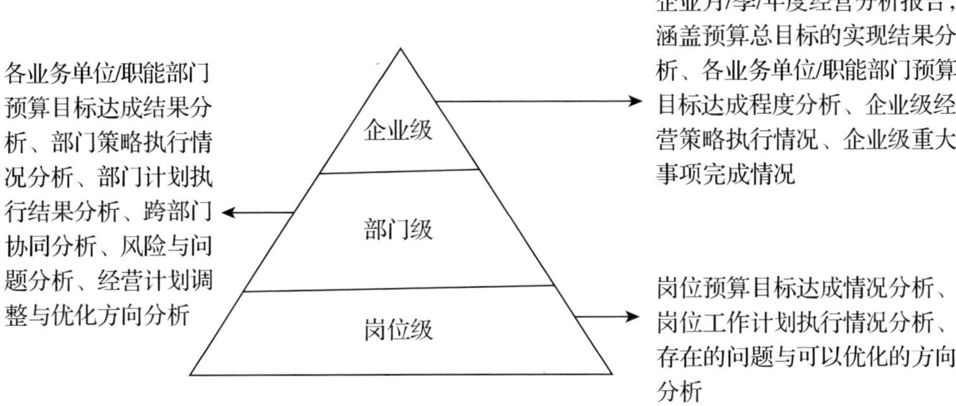

图 16-1　经营分析报告体系结构组成

1. 企业级经营分析报告

企业级经营分析报告要有一定的总分逻辑，即既要分析企业整体的预算目标达成情况和目标达成结构性分析，还要对不同业务单位和职能部门达成预算目标的程度进行对比分析，旨在分析说明企业的经营成果是否实现了预算目标设定的标准，经营成果是来自哪些业务、哪些业务单位，成本费用的结构是怎样的，钱都花到哪些业务、哪些工作与哪些业务单位和部门了。

同时，还要对企业经营成果的实现方式进行分析，包括企业经营策略的执行情况（产品策略、渠道策略、研发策略、财务策略等）、企业年度经营计划中提出的年度重大事项的实施完成情况分析。

2. 部门级（业务单位 / 职能部门）经营分析报告

部门级的经营分析报告是对各业务单位和职能部门经营管理结果与过程的分析复盘，不仅包括与企业级内容相同的各业务单位 / 职能部门预算目标达成结果分析、部门策略执行情况分析、部门计划执行结果分析，还包括经营活动中跨部门协同情况的分析、存在的风险和发生的经营管理问题分析以及下个计划执行阶段的经营计划调整与优化方向分析。

注意部门级的经营分析不仅要呼应和回顾部门年度经营计划的内容，还要分析执行结果对企业整体经营管理成果的影响，以及策略和计划实施过程与企业级策略的一致性。

3. 岗位级经营分析报告

岗位级经营分析报告不是必须要做的，有些企业会将岗位级的分析以口头分析、会议分析的方式实施，并且只在业务单位和职能部门内部开展。个别企业也会要求进行全员经营管理分析复盘，但不太适合生产制造型的企业，因为这类企业的基层员工并不需要做岗位工作计划，也就没必要进行计划复盘分析。

16.2 企业级和部门级经营分析流程

经营分析报告的完成需要经过科学的流程管理，只有经过科学严谨的分析过程才能保证经营分析报告的质量。经营分析流程主要分为企业级经营分析流程和部门级经营分析流程，关于岗位级的经营分析一般是由部门进行内部组织，不必经过流程控制。

1. 企业级经营分析流程

①财务部门将预算目标，尤其是将经济目标的实现结果与相对应的预算目标进行对比，计算确定实际与预算的差异数据。

②根据企业业务特点，由财经分析团队对经营结果进行 BI（商业智能）分析，包括预算目标达成的结构性分析，以及各种对比分析（历史对比、行业对比、竞争对手对比、同层级业务单位对比等）。

③由预算管理牵头部门或经营管理部门进行企业年度 BP 执行情况分析，包括目标、策略、行动路径方法、计划分析。

④召开企业级分析会议，讨论确定下个预算执行阶段的计划调整方案。

⑤决策是否需要调整预算，如果需要调整，就要走预算调整流程。

2. 部门级经营分析流程

①财务部门将各业务单位 / 职能部门预算目标执行结果发送至相关部门。

②各部门根据目标与结果的差异进行原因分析。

③预测相关业务和管理工作在下个预算执行阶段可能发生的重大变化。

④分析上一个执行期策略与计划的执行情况。

⑤对预算执行过程中需要跨部门协同的问题提出需求。

⑥呼应跨部门对本部门提出的协同需求。

⑦对下一个预算执行阶段的目标达成可能性进行预测。

⑧再次预测预算期年度目标达成的可能性。

Chapter17

第 17 章

绩效兑现，用目标说话：做到有激励，做不到要担责

17.1 预算考评是预算责任体系的机制保障

全面预算管理同样遵循管理的闭环逻辑，无论是对预算的制定质量还是预算的执行质量都需要进行有效的评估。在开展预算制定与执行评估的过程中，首先要规范的是预算的责任体系设计，这一部分大家可以参照本书第 11 章有关“全面预算责任网络的设计”的相关内容。本章对责任体系的探讨主要针对在预算考评阶段如何根据预算责任体系开展考评工作，不同责任主体在该环节工作的侧重方向与责任是什么。

17.1.1 责权对等原则下的预算考评

无论什么样的工作只有在责权对等的原则下开展才能充分保证相关责任主体的工作态度和工作成效。预算评估也是如此，但我们见过很多企业在预算评估环节做得非常草率和粗放，只是简单地针对经济目标进行评价，但评价之后如何兑

现没有规则，要么只评不兑，要么兑现规则不与预算编制之初的目标进行呼应，随意变动。这样的做法必然会引发企业内部的不满，会对预算工作的权威性产生巨大的负面冲击。所以，我们在进入后评估阶段时，一定要与预算的组织体系、目标体系、经营计划体系进行有效呼应，基本原则就是责权对等，即谁制定谁负责、谁执行谁负责、谁评估谁负责，以下是责权对等的评估责任具体内容。当企业明确了评估责任后，具体的兑现方式可以列入企业的绩效考核体系，也可在预算体系中增加预算考核机制。

1. 谁制定谁负责

预算的编制过程并不是简单的数据堆砌，需要进行内外环境预测、目标与策略决策、方法选择与计划，预算是这些制定活动的整合结果。当我们通过预算评估发现在预算制定环节存在问题，就应当本着谁制定谁负责的原则，追溯到目标、策略、方法和计划的制定环节，目标确定错误，谁定的目标谁负责；策略方法错误，谁定的策略谁负责；资源配置与计划安排出现问题，谁定的计划谁负责。

2. 谁执行谁负责

预算编制完成进入执行环节，执行的行为与行为责任主体同样复杂，从结果的层面评估，预算目标的责任主体承担执行结果的责任。但单一的结果导向的评价是难以通过执行复盘积累经验教训获得成长的，所以对于执行评价同样要进行行为拆解，分析执行结果是由哪些行为共同发挥作用促成的。每个行为的执行主体本着谁执行谁负责的原则，承担各自的行为责任。将执行评估渗透到执行的全过程，包括对执行结果和执行过程的全面评价。

3. 谁评估谁负责

预算管理的责任分布在各个环节和过程中，在后评估环节虽然主要的管理职能是对前端分析、编制和执行过程进行评估，但评估本身也需要承担相应的责任。评估不客观公正、证据链不足、逻辑错误均会造成评估结果的偏差和错误，因而给前端各个单位或部门的管理者造成困扰，甚至可能给企业带来大面积内部冲突。所以，作为评估者本身也应当承担评估结果成效与失误的责任，本着谁评估谁负责的原则，对自己出具的评估结果和评估报告负责。

17.1.2 预算考评如何发挥预算责任体系的机制保障作用

很多企业不是没有建立预算责任体系，对全面预算管理委员会组织建设、预算编制主体、预算执行主体等都有明确的界定，但在预算管理过程中，责任体系并没有发挥出应有的作用，依然会出现目标不清、责任扯皮、相互指责的情况。这是因为，很多企业只建立起了预算组织却不为组织配套相应的管理机制，其中最重要的组织运行保障机制就是预算考评机制。只有让预算考评体系与预算组织体系充分融合匹配，才能确保预算组织的运行有权有责。各个预算主体在明确预算责任的前提下为自己所做的预算工作结果负责，这种负责不是单纯的自觉行为，而是在评估体系发挥机制保障作用下形成的责任网络整体负责系统。

1. 科学考评依据客观的科学分析

预算考评追求客观公正，不是靠某个人或某些人的感觉甚至是好恶去做主观评价。而客观公正的前提是建立科学的预算分析体系，而且这套体系应贯穿全面预算的全过程。科学考评需要特别注意考评指标的贯通性和预算分析过程的完整性。

（1）考评指标的贯通性。

预算考评很重要的一个要素是考评指标体系的建立，没有考评指标就无法客观判断实际结果是否达到预期。而预算考评依据的考评指标具有非常强的贯通性特点，即预算考评指标的提炼可以追溯到战略目标。预算考评指标是从预算目标中提炼和分解而来的，而预算目标是从战略目标的阶段性目标分解过来的。这就说明预算考评指标的贯通性既存在于预算期的自上而下上，也存在于从战略目标到预算目标的时间贯通上。没有预算考评指标的贯通性，预算考评就无法全面、精细地对标考评，没有考评指标也就无法进行科学考评。如果考评指标在某个管理层次或某个管理岗位缺失了，就不能客观地对该层次该岗位进行有效的考评，那么在组织责任的落实上就会出现漏洞。

（2）预算分析过程的完整性。

预算分析的完整性体现在预算全过程的分析上，即包括预算事前、事中和事后全过程的完整分析。

其中，事前分析是一种预测性分析，它是在确定预算目标、编制预算前进行的可行性分析，包括预算期内外环境分析、预算期预算环境指标的提炼与标准判断。这部分的分析判断如果出现问题，说明管理者对预算期的环境判断出现了偏差和错误，可能造成预算期目标的制定错误。预算考评时一旦发现这类问题就说明这个预算期问题的主要责任来自企业的顶层决策和高层判断。

事中分析是对预算执行过程的控制性分析，也是一种在预算执行过程中的实时分析，能不断将实际经营情况与预算目标进行对标分析，并剖析阶段性预算差异的原因，及时提醒相关单位和部门进行预算执行活动调整和行为优化。有些企业还会开展重大问题的专项控制分析，比如存货周转与存货质量控制分析、费用支出与控制分析等。预算事中分析能实时调动组织相关的预算责任主体开展实质的控制活动，从而发挥出预算考评在预算执行过程中的及时纠偏作用，同时也能有效地促进预算责任主体在预算执行过程中的管理成效。

事后分析是对预算执行最终结果的分析，这是对预算期目标达成情况和预算差异责任归属的最终分析。事后分析的核心目的是对预算执行结果进行成果界定、差异界定和责任界定，是预算责任主体承担预算编制、执行责任的主要依据。

2. 预算分析的科学方法

预算分析最主要的内容是对预算执行结果与预算目标指标之间的差异进行分析。预算执行差异的类型是多样的，按照差异产生的原因可以分为价格差异、数量差异和结构差异；按差异对执行结果的影响性质分为有利差异和不利差异；按差异产生的性质分为主观差异和客观差异。因此，预算分析针对不同的预算差异也会有不同的方法，但大体上可以分为定量分析和定性分析两大类。基本原则是定量为主、定性为辅，因为定量分析更具有客观性，同时定量分析采用大量的数据分析，这些数据来自业务与管理的方方面面，利于在预算考评中构建完整、精细的证据链体系，是预算考评最主要的依据来源。但是，单纯地使用定量分析也可能不能真实、准确、全面地反映现实情况，比如组织设计问题、组织机制问题、企业文化问题、人才培养问题、管理能力问题，这些都不是靠定量分析就能全面挖掘出来的。只有定量与定性分析有机结合，才能构成企业相对完整、系统、科学的预算分析方法体系。

（1）定量分析方法。

定量分析主要依据的是客观数据，采用定量分析的前提是分析所用的基础数据准确、及时和完整，所以在采用定量分析法时必须保证基础数据的高质量，这一点特别依赖于企业强大的信息系统。

定量分析方法主要包括：比较分析法、比率分析法、因素分析法、因果分析法、价值分析法、趋势分析法、敏感性分析法、边际贡献分析法等。我们在这里只就一些比较常用的方法进行分享。

①比较分析法。

比较分析法是最常用的定量分析方法，相对简单易行，大部分企业都在使用这个方法，它无非就是用一个量化指标与另一个量化指标进行对比，从而揭示某种实际情况，以表达某种分析意图。这种方法的使用关键是如何选择确定对比指标，该方法的应用原则是选定的各项指标必须具备可比性，且相互比较的指标必须是相同性质或类别的指标。其中可比性要求，相对比的指标的数据口径、计价基础或时间节点是一致的，只有口径一致才能保证比较结果有比较意义。

可以选择的比较标准包括：公认标准（不分行业，对各类企业均适用的标准，如薪资最低标准）、行业标准（反映行业的基本水平要求）、竞争标准（反映竞争对手水平的标准）、目标标准（企业自定的目标标准）、历史标准（企业历史产生的实际结果）。

实践中，具体选择什么标准作为比较对象要视对比分析的目的而定，有的企业会选择竞争对手的相关标准，目的是对标竞争对手，获取或保持竞争优势；有的企业选择自身的历史标准，旨在分析企业自我发展的成果方向，与历史相比到底是进步了还是后退了。

在预算分析中，最常用的对比分析是用实际执行结果与预算标准进行对比，反映企业实际经营结果与预测标准之间的差异，再通过差异分析挖掘更深层次的经营管理原因，为企业后续的业务调整和管理优化提供方向依据。

②比率分析法。

比率分析法也是对比分析的一种方式，是通过比率这种相对数之间的对比反映实际与预算、企业与竞争对手、现在与历史等的差异。

常用的比率分析指标：结构比率、效率比率、相关比率。

结构比率，是最常用的比率分析指标，是指局部占整体的百分比，可以反映总体中各个组成部分的布局，如果放在预算指标上可以反映出企业对某一个业务领域或经营领域的策略安排，比如新产品占销售收入目标的比例，是企业引导销售部门实现业绩目标的结构导向，不仅要看业务总额还要看业务中的新产品占比是否达到比率目标的要求。当企业将不同时期的比率进行连续对比时，就可以看出某种经营策略的运行趋势。

最常用的效率比率是投入产出比率，即反映经营活动中投入与所得的比率，比如销售费用率就是反映在营销活动中的投入费用与取得收入之间的关系。通过效率比率企业可以进行得失权衡，效率比率是经营活动决策中常用的分析判断指标。

相关比率，是反映企业经营活动中性质不同但相互联系的两个指标之间的比率。在财务分析中经常使用相关比率，以反映企业经济活动的相互关系，并推导出某些方面的能力水平。比如资产负债率、存货周转率、资本金利润率，这些都是相关比率，资产负债率反映企业的偿债能力；存货周转率反映企业资产流动性管理水平；资本金利润率反映企业资本创利能力，指标高低直接关系到企业投资者的权益，这是股东最关心的指标。

比率分析法的适用范围非常广泛，在具体使用的时候要注意对比口径一致性、对标项目的相关性、衡量标准的科学性问题。

③因素分析法。

因素分析法是分析某一指标相关影响因素的主要方法，可以针对不同影响因素的数量或金额的变化分析它们对分析指标的影响方向和影响程度。因素分析法适用于存在多种影响因素的预算指标的分析，比如收入、成本、利润、存货周转等都是存在多种影响因素的分析指标。

使用因素分析法的主要步骤：确定要分析的预算指标、确定影响该预算指标的影响因素、确定各因素之间的关系（比如函数关系、乘方关系、乘除关系、加减关系等）、计算各个因素影响预算指标的程度。

因素分析法具体有连环替代法和差额分析法这两种比较典型的方法。

连环替代法，是将预算指标的影响因素顺次用比较值（实际值）替代基准值（标准值），计算测定替代后对预算分析指标的影响。比如收入指标的影响因素包括单位价格和销售数量两个因素，可以分别对价格和数量进行实际值与标准值的替换，测算替换前后收入指标的变化情况。

差额分析法，是连环替代法的简化方法，差额分析法不需要进行连环替代，只针对各个因素的实际值与标准值之间的差额来计算各因素对预算指标的影响。

差额分析法只适用于因素关系为连乘或连除关系的公式，而连环替代法适用于各种情况，应用范围更广。

④趋势分析法。

趋势分析法也是定量分析中比较常用的方法，一般需要获取多个期间的指标数据进行持续测算，比如可以连续选择 12 个月的数据进行全年的趋势分析，也可以选择多年的相同指标数据进行年度的趋势分析。比如抽取 12 个月的收入实际数据和月度预算收入数据进行对比，就能形成收入指标的全年趋势曲线，将实际曲线与预算曲线进行对比可以更加直观地看到指标在不同时点上实际与预算的差异。

（2）定性分析法。

定性分析是对定量分析的补充，使用的方法主要是归纳、演绎、分析、提炼和综合的抽象概括方法。定性分析是对预算指标差异分析的深化，旨在去伪存真、由表及里地挖掘更加深层次的成因。从某种意义上讲，定性分析是对定量分析的综合应用过程，如果企业单纯地依赖定量分析结果进行决策，很有可能陷入教条和僵化的藩篱中。企业的经营环境非常复杂，定量分析结果是建立在一些特定的假设之上对特定指标的不全面分析，如果要进行实际的经营决策，定量分析结果只是决策的依据之一而不是全部，更不是唯一。定性分析所依赖的技术更加综合和系统，所使用的信息更加多元和全面。在定性分析中，需要进行内外信息组合，对于国家政策、法律法规、经济环境等外部信息，也需要分析者的经验和“直觉”，管理者常年的工作经验对定性分析作用重大。

定性分析法具体包括：观察法、经验判断法、德尔菲法、会议讨论法、类比分析法等。

无论采用什么样的定性分析法，都需要人的参与，人具有相当复杂的动因和认知水平差异，所以定性分析法的质量特别受人为因素的影响和制约。

3. 预算分析结果的科学应用

在全面预算管理中，预算分析常用的分析场景包括对预算执行情况的综合分析、对重要经济指标的差异分析等。

（1）预算执行情况的综合分析。

预算执行情况综合分析要与预算结构相吻合，如果企业的预算编制结构中存在经营业务预算和资本性预算，那在执行情况综合分析时也要划分出经营性预算执行情况分析和资本性预算执行情况分析。经营性预算执行情况的综合分析可以借助财务利润表的逻辑，将收入预算、成本预算、费用预算和利润预算整合在一起，整体分析企业经营成果的表现。资本性预算执行情况综合分析可以结合现金流量表，将资本性投融资预算与经营活动现金流预算整合起来，对资本性投融资进行重点分析，既看到现金流的整体情况，又有针对性地对资本性预算进行重点分析。

（2）重要经济指标的差异分析。

每个企业确定的重要经济指标多少会有所不同，但也会有一些具有普遍通用性的重要经济指标，比如销售收入指标、销售费用指标、产品成本指标、利润指标等。这些重要经济指标的差异分析，是将相关指标的实际结果与预算标准进行对比，计算出差异，然后再详细分析差异的原因。在分析差异原因过程中，可采用的具体分析方法请结合定量与定性方法进行选择。比如对销售收入差异原因分析，定量方法可以采用因素分析法，定性方法可以采用针对价格变化的市场环境分析，针对销量变化的竞争对手策略分析等。

总结：预算考评不仅能对预算执行结果进行及时、准确、全面的呈现，还能对结构的责任主体进行更具针对性的绩效奖惩，从而增强各个预算责任主体在全面预算管理过程中的责任感。

17.2　预算考评制度体系建设

预算考评是非常重要的预算管理控制机制，是全面预算闭环管理的关门环节，是每一次预算管理循环的锁扣，是对每次预算循环的质量水平和实施成果的总结。

17.2.1　预算考评的含义与作用

预算考评是对各个预算指标的执行结果进行分析，且要分解细化到企业的各个管理层次，最好能分解分析到岗位。在我们做的全面预算相关咨询项目中，一般都会带着企业完成三级预算目标指标体系的建设，即企业级、部门级、岗位级的预算目标指标。这些预算目标指标也是预算考评最主要的依据，可以说预算考评就是对这些不同层次的预算目标指标的实际完成情况的评价，并结合目标指标的责任主体进行相应的考核。

1. 预算考评的主要含义

（1）预算考评是对全面预算管理的全过程考核与评价，是对从预算环境分析与预算目标设定、预算编制到预算执行的全过程管理活动的评价，与预算编制、预算执行共同组成了全面预算管理的三个基本环节，且这三个环节相互作用、循环运作。预算考评是每次循环的关门环节，其工作结果也会成为下一次循环开启的重要信息来源。

（2）预算考评是对各级预算执行主体执行预算结果的考核与评价，主要是通过预算执行结果与预算标准的差异分析确定预算执行主体的执行责任，并根据这些责任划分与确定形成对相关预算责任主体的考核奖惩依据。预算考评环节的有效运行能将预算管理落实到各个层次的责任主体，并通过奖惩机制的执行实现全面预算管理的约束与激励功能。

2. 预算考评的作用

预算考评是全面预算管理体系中的关键环节，也是全面预算管理与企业绩效管理相融合的具体体现。如果预算管理缺失了预算考评环节，既违背了全面预算管理全面性的要求，也会使企业预算流于形式，使企业成员对预算失去敬畏之心，预算的权威性将大打折扣。而有效地开展预算考评则可以将预算管理工作落到实处，还可以通过预算执行差异分析，将预算目标的实现结果与战略目标、经营计划有效地融合，满足全面预算的闭环管理要求。

预算考评的主要作用如下。

（1）保障预算管理的顺利实施。

全面预算是体系性管理工具，涉及的相关内容和管理环节非常多，从预算管理本身讲包含编制、执行、控制、调整、核算、分析、考评等一系列环节，任何一个环节出现问题都可能影响其他环节的实施。所以需要通过预算考评对每个环节的实施情况进行考核和评价，及时发现问题并进行相应的调整，以保证全面预算管理所有环节均能顺利实施。

（2）提高预算目标的达成概率。

预算目标从本质上讲都是由人去完成的，如果缺失了预算考评这个环节，预算管理过程中的各个责任主体（人）就很难真正积极地投入到预算管理工作中，还很有可能因为利益之争或意见不合造成内部冲突，因而减弱预算目标的实施效果。客观公正的预算考评机制能够有效地促进各个预算责任主体切实履行相关责任，从而增强预算管理的执行力和约束力，进而提高预算目标的达成概率。

（3）增强预算的“刚性”执行力度。

对于预算执行的管理到底是刚性管理还是柔性管理，不同的企业有不同的经验，不同的管理者也有自己不同的观点。刚性并不是僵化的一分都不能超预算的模式，而是首先要在制度层面明确预算的执行要求，只要预算环境没有发生变化，预算就应当被严格执行，并通过预算考评确定预算执行的结果，作为预算执行考核的依据。但是，预算环境会有波动和变化，有时可能还是很大的变化，这时候就应当进行必要的预算调整。但实际环境是不是真的超出了预算执行可承受范围，依然可以通过预算考评进行客观的评价，主要评价方向就是预算环境指标的实际情况。所以说，预算考评是预算管理发挥刚柔并济功效的保障系统。

（4）预算绩效考核的依据。

预算考评是对预算全过程、全方位、全层次的评价，包括预算编制和预算执行的所有工作内容。所有的预算工作都有相应的责任主体，对于它们工作的绩效考核是保证预算执行效果的重要手段。而绩效考核的依据就是预算考评的结果，无论是对预算编制还是对预算执行的工作成果都可以通过预算考评给出客观的评价结果。根据预算绩效考核的结果进行绩效奖惩，可以将预算结果与责任主体的经济利益相挂钩，从而最大限度地调动企业各个层次人员的工作积极性。

17.2.2　预算考评的基本原则

实施预算考评应当遵循如下基本原则，以有效发挥预算考评的功能，保证预算考评的工作质量。

1. 目标性原则

开展预算考评工作的目的是促进和保证各项预算目标的实现，因此预算考评必然要遵循目标性原则，这一原则包含两个层面的内容。

（1）预算考评指标与预算目标指标保持强关联关系。

这一原则要求预算考评指标在设计阶段就要遵循目标性原则，即预算考评目标的提炼应当与预算目标保持方向一致、口径一致与结构一致。实践中，很多企业会直接将预算目标指标作为预算考评指标，这样的方式最能保证预算考评的目标性。而预算考评的目标性原则的遵循有利于引导企业各个层次的人员都能围绕预算目标开展工作，在遭遇内部冲突时也能够使用预算目标进行化解，尤其是使用企业级的目标能够引导企业内部人员关注企业整体和全局的利益，从而减少因局部利益损害企业全局利益的情况发生。

虽然直接使用预算目标作为预算考评指标最为直接简便，但在实际场景中并不是所有的企业都能这样操作，不同企业对于各个预算主体除了预算目标的考量外可能还有其他管理目标的考核要求，比如对于生产部门除了考核预算目标中有关生产成本的考评指标外，还会要求如产品品质、设备运行、生产效能等方面的管理提升目标，这就会对该岗位增加更多的考评指标，这些增加的考评指标对于企业整体预算目标的达成有着或多或少的影响。如果大家把全面预算当成管理工具则更容易理解，无论是全面预算管理中哪个环节的工作，本质上都是为了支持企业的持续良好发展，预算考评亦是如此。

（2）预算考评方法决定了考评的依据就是预算目标。

从预算考评的方法看，预算考评是以预算目标为考评基础，核心方法是通过实际经营结果与预算目标的对比差异分析，推动预算目标的达成，挖掘预算目标差异原因，并以此作为预算责任主体的考核标准。所以说，预算考评的依据就是预算目标，是围绕预算目标开展的针对性考评工作。

2. 可控性原则

考评类工作有一个共同的基本要求：客观、公正和合理。无论是全面预算考评还是其他考评活动，如绩效考评，都应当遵循可控性原则。因为企业不同的责任主体拥有不同权责，只有权责对等的评价才是公正合理的，否则会遭遇被考评者的抵触和反对。在实际的经营场景中，可控性的情况更为复杂，有的企业会严格按照职能职责对等的原则去赋权并严格执行，但有的企业某些岗位有责无权或有权无责，甚至执行两张皮的情况都存在。所以对于可控性原则每个企业要根据权责规则的实际情况进行不同的考评处理。如果权责一致可以相对简单地按照职能职责进行考评，但如果权责不一致，考评时就需要按照可控性原则将数据拆分，只对可控部分进行考评，不可控的数据应当排除。

但还要注意一个问题，可控性是相对概念，只要责任主体对某项经营结果具有重大影响力或作用力，哪怕没有明确责任也应当担责考评。相对而言，如果没有其他部门或岗位比某责任主体更具控制力，该责任主体也应担责考评。

3. 分级考评原则

我们多次提到预算目标是分层级的，相应的预算执行、控制和考评也应当分层分级进行。分级考评主要体现在以下三个方面。

（1）上级考评下级。

预算考评具有权威性，主要体现方式就是上级考评下级，上级通过对下级的考评实施管理干预，督导和评价下属执行预算的行为和工作成果，再通过绩效考核兑现确认下级的工作成绩。如此反复的考评可以不断提升下级的工作能力，通过下级的工作实效促成预算目标乃至战略目标的实现。

（2）逐级考评。

前面提到建立预算目标体系时，是按照企业的组织架构层层分解至岗位，并且至少要建立三级预算目标：企业级、部门或单位级、岗位级。预算考评是一种自上而下的考评机制，所以也应形成一种直接上级考评直接下级的逐级考评模式。

（3）执行与考评分离。

正因为预算考评是上级对下级的考评，所以严禁自己考评自己的情况发生，即执行与考评责权分离。

4. 客观公正原则

全面预算管理的体系性特征表明其运行有其特有的规则、程序，既然预算考评是整个预算循环的最后一个环节，那么它的工作应当基于其前置的相关工作结果，包括预算目标设定结果、预算编制结果（业务预算 / 财务预算）、预算执行结果。只有按照既定的规则和客观的依据进行考评，才能体现考评的客观公正原则，任何主观的臆断都可能会伤害客观公正性。

客观公正原则主要体现在如下几个方面。

（1）规则公开且言行一致。

考评应当遵守考评规则，包括考评程序、考评方法、考评标准、考评制度、奖惩机制等。如果企业没有设计和制定这些相关的考评规则，预算考评的客观公正性是无法保证的。即便企业制定了这些规则，也必须保证言行一致地执行规则，否则就会出现说一套做一套的两层皮情况，这种情况中最大的破坏力来自企业的管理层，对于某些企业来说就是老板，他们是冲破规则最难抵抗的力量。还有一点需要注意的是，建立了规则，执行了规则，还要将执行规则的考评结果公之于众，避免暗箱操作，不要怕异议和挑战，对存有异议的考评标准和考评结果可以通过分析、研究、沟通、复议和调整等方式予以解决。

（2）定量考评为主。

前面已经说过定量指标是最具客观性的，预算考评坚持以定量考评为主，用数字说话体现考评的客观性。当考评过程和结果少有主观判断时，预算考评的公正性才能最大限度地体现出来。

（3）用可衡量的事实为依据。

数据虽然是最客观的信息，但它无法覆盖所有的业务和问题。很多时候还需要一些事实的印证，这些事实应当是可衡量的，可衡量不是将其数量化，而是找到现实的证据即可。比如当数据反映材料市场价格出现大的波动，但无法完整详细地呈现价格波动的原因时，就可以用一些类似上游供应商大面积转产或国家某一政策发布这样的现实证据证明一些深层原因。如果在分析预算结果的原因时实在找不到依据，那就不要轻易做判断和下结论，宁可标注“暂无证据”“有待调查”这样的考评意见。

（4）考评人员公正性。

不管企业采用多大分量的客观依据进行考评，依然无法完全避免人为的干扰和影响，尤其是当考评人员缺乏责任心、公正心时，这时人为影响的后果会非常严重。所以企业应当配备具有较高职业素养和道德品质的管理者承担考评责任。必要的时候我们甚至还可以聘请更具客观视角的外部第三方参与考评，以增强预算考评的客观公正性。

5. 时效性原则

其实不仅是预算考评需要遵循时效性原则，只要是对人的行为评价，就应当遵循时效性原则，无论结果好坏，无论是要奖励还是惩处，及时评价、及时奖惩都是原则性要求。这是人性的需求，有了结果不及时评价、不及时反馈、不及时兑现，团队会失去耐心和信任，质疑管理层的诚意。如果是需要惩戒的反馈，不及时考评考核则会让考评失去功效，丧失最佳的优化整改时机。因此，预算考评的周期应当与实际经营核算、考核周期相一致，一般分为月度 / 季度 / 年度考评。

6. 利益挂钩原则

预算考评只评不兑，则会大大减弱考评的功效，其实也就丧失了考评的意义。因为对于行为结果的兑现才是人员内心期许或担忧的核心，做好了希望获得奖赏，做坏了恐惧惩罚，这些都是人的自然反应。如果预算不与人的物质利益挂钩，就很难起到考评的激励和约束作用。挂钩的方式要与员工薪酬分配方式结合匹配，如果考评的对象是团队而兑现薪酬的对象是个人，这就是一种失配情况。特别强调利益挂钩的及时兑现，否则即便是挂钩了，激励与约束的功能也会打折扣。

7. 制度化原则

最后一条原则是制度化原则，指预算考评的实施要建立在共识规则下，这些达成共识并经过组织程序确认的规则是预算考评的行动指南与保障依据。这些规则包括预算考评的原则、方法、内容、程序、奖惩机制等，并有明确责权的实施责任主体，能保证预算考评的整个过程均处在制度化、流程化、规范化的规则框架下。

17.2.3　预算考评制度体系内容

为了规范预算考评的实施过程，保障预算考评的效能，真正发挥预算考评对全面预算管理的激励与约束作用，企业应当建立健全预算考评制度体系，主要内容包括以下几个方面。

1. 预算考评组织结构

在全面预算组织体系下，预算考评机构应该归全面预算管理委员会直接领导。如果没有预算管理委员会，也应当归属于企业最高决策层领导。考评机构和预算管理委员会一样也是虚拟组织，具体考评机构的人员组成以专业职能部门的管理人员为主，如财务部门、人力资源部门、企业管理部门，有时也会抽调质量、技术、设计等相关部门的专业人员参与进来，旨在对企业各个层次、各个岗位的预算成果进行系统而专业的考评，且预算考评遵循的是分层考评、自上而下的考评原则。

2. 预算考评制度

预算考评涉及全面预算管理的全过程，不仅是对预算执行结果的考评，还涉及对预算编制、预算执行、预算调整、预算控制及预算考评本身的工作质量的考评。要保证预算考评符合企业制度化、规范化管理要求，应当建立健全包括预算各个环节考评的相关制度，为考评组织实施考评工作提供制度保障和行为依据。

3. 预算考评指标体系

全面预算管理的核心目的是实现符合战略目标方向的预算目标，本书已经详细讲述了预算目标制定和分解的内容，这些体系化的预算目标是企业上下开展预算期工作的目标，且这些目标之间存在千丝万缕、彼此关联的复杂关系，为了充分兼顾这些预算目标的实现过程，预算考评工作需要提炼和设计与预算目标方向一致、口径一致、结构一致的考评指标体系。因为企业的预算目标本身就具有全局与局部的关系问题，所以预算考评指标也同样需要进行各种关系的结合，结合的内容主要体现在以下几个方面。

（1）局部指标与整体指标的结合。

可以直接将各个预算目标作为预算考评指标使用，如果这些预算目标不够全面细致，在设计考评指标的时候就需要进行分解式的考评指标设计与补充。如果预算目标缺乏全局性，缺少企业级、部门级的目标，在设计考评指标的时候则需要提炼和总结一些全局性的指标作为补充。

（2）定量指标与定性指标的结合。

预算考评应当以定量指标为主，结合定性指标挖掘更加深层的原因。

（3）绝对指标与相对指标的结合。

绝对指标的考评是对结果的单一方向的考评，而相对指标可以考评和分析更多的结构性结果和投入产出性结果。现实中，企业预算考评多以绝对指标为主，相对指标为辅。

（4）长期指标与短期指标的结合。

预算考评指标大多对标预算目标指标，考评时应当对预算目标的长短期性质进行判断，在补充整体与局部结合的考评指标时，也应当确定补充的这些考评指标的长短期性质，即这些指标是指向企业的长期发展还是短期经营，并进行必要的平衡设计。

4. 预算考评激励方案

预算考评是针对不同的预算编制、执行、控制主体的工作成果进行的考核与评价，但考评本身不是目的，目的在于应用这些考评结果对相应的主体进行奖惩兑现，提高它们的工作效能。只有将考评结果与预算责任主体的经济利益挂钩，才能提高预算责任主体对预算管理工作的重视，对预算目标的敬畏。为此，很多企业在预算编制完成后都会和主要的预算责任主体签订预算目标责任书，通过预算考评确定预算执行结果，再与人员的绩效考核机制相结合进行奖惩兑现。因为这个过程涉及的体系多、人员广，加之不同企业组织架构的权责体系存在差异，预算考评的奖惩应当在实施前进行详细的方案设计和规划，以作为实际绩效奖惩兑现的执行依据。

5. 预算考评实施要点

预算考评应当覆盖全面预算的各个环节，即预算考评也是全过程考评，应当分阶段组织实施。

（1）预算编制的考评。

预算编制结果是预算执行的主要依据来源，预算编制是全面预算管理的前馈环节的重要组成。预算编制的质量（即是否及时、准确）对预算执行结果至关重要，预算编制是企业有效达成预算目标乃至战略目标的首要环节。对这一阶段的考评主要体现在编制时间的及时性和编制结果的准确性上，预算编制的及时性考评比较容易，只要确定预算编制的完成时间是否符合企业确定的预算编制时效标准要求即可，需要注意的是预算编制的时效标准由每个企业自定，实践中没有通用的标准要求。预算编制的准确性考评相对复杂，因为预算编制的准确性不在于数据本身的计算是否准确，而在于数据背后的分析预判的准确性，包括预算期环境假设的判断准确性、竞争对手策略研判准确性、资源获取渠道与价格波动预判准确性等。

（2）预算执行的考评。

预算执行考评是企业最熟悉的考评内容，大部分企业都会针对预算执行结果进行实际结果与预算目标的差异分析和考评。因为企业的预算执行是在一个预算期内持续执行的过程，大部分企业都会根据预算期的执行节奏进行月度 / 季度 / 年度的预算执行复盘。遇到突发事件或重大环境变化时，企业还会随时开展这些突发情况对预算执行的影响分析。所以预算执行的考评也应当与预算管理的执行复盘同频开展，即呈现出一种动态考评的状态。每个节奏点上的考评结果都能为下一个执行节奏提供优化、调整与纠偏的依据。

（3）预算结果的考评。

预算结果考评是预算的事后考评，一般都安排在预算期结束后的某个时间段内进行。预算结果的考评依据就是预算目标，同时要将目标达成的结果与预算责任主体进行关联，是预算目标责任兑现奖惩的依据。

17.3 预算激励方案的制订

很多专家学者讲到这个环节的时候更愿意用预算奖惩体系的说法，而我采用预算激励方案的说法，这是因为我有我个人的一些理由。虽然很多企业都在说预算管理要激励和约束两手抓，但在实践中大部分的企业更愿意用硬约束的方式对预算管理进行收官控制。我不是说不应该硬约束，但作为承接预算考评的机制，我更提倡机制的激励作用，哪怕是惩戒性的规则也要让它具有激励的含义，也可以把惩罚性机制叫作负激励。

17.3.1 预算激励方案的含义和作用

预算激励方案（也可以叫作预算奖惩方案）是企业对预算执行责任主体进行预算结果奖惩兑现的方案，是全面预算管理激励机制与约束机制的具体体现，是预算考评体系的重要组成部分。

预算激励方案的作用体现在以下两方面。

1. 调动预算责任主体投入预算管理与执行工作的积极性

如果没有预算激励方案或者预算激励方案制订得不合理、不严谨，则会给预算责任主体带来负面的心理影响，从而直接影响预算责任主体投入预算管理与执行工作的积极性。预算实施过程是企业经营管理的过程，其实施结果是所有员工各自开展经营管理工作相互作用的结果。其间不仅需要责任主体积极投入到自身的责任工作中，还包括不同责任主体相互协同的工作投入。所以预算激励方案设计应当充分考虑不同责任主体的目标要求及相互协同的要求，通过完善的激励机制调动各个层次和各个岗位的预算责任主体积极投入到预算管理和预算执行工作中去。

2. 对各个预算责任主体的行为进行有效引导

预算激励方案围绕预算目标实现结果的评价进行奖惩兑现，通过奖励与惩罚的方向引导，可以有效地调整和督促各个预算责任主体的行为方向和行为力度。当各个责任主体的行为都能在企业共同的目标引领下有效实施，企业的经营目标乃至战略目标的实现可能性将会极大程度地提高。

17.3.2　预算激励方案设计与制订的原则

1. 目标性原则

预算考评是以实现预算目标为目的，以预算目标为基准进行的考评，预算激励方案是对预算考评结果进行奖惩兑现的设计，因而同样需要遵循目标性原则。通过激励方案的实施，激励和引导各预算责任主体的行为，引导大家兼顾企业整体目标，积极开展协同呼应。

2. 客观公正性原则

预算激励方案也是企业对经营成果的利益再分配方案，该方案必须遵循客观、公正、合理的原则，实现全员的机制认同。对客观公正原则的实践主要体现在只激励各部门岗位可控的预算考评指标，凡不可控的指标都应当排除在岗位激励之外。实际操作中也要注意可控性原则的相对性问题，有时候一项指标的控制影响因素不是单一的，且不同影响主体的影响程度也不同。当某个指标很难找到完全的控制主体时，建议选择影响力最大的那个责任主体承担指标考评责任。同时还要注意激励方案在各部门之间的分配合理性问题，要结合同一级别不同岗位的工作难度和技术含量差异设计激励差距，既不能搞平均主义也不能差距悬殊。

3. 全面性原则

预算激励方案要覆盖预算管理的全过程，不能简单地以结果论英雄。要对预算环境分析、编制、执行、控制、考评进行全面的评估考核与激励，控制好过程自然会得到好的结果。预算激励方案应当覆盖企业组织体系的全部，既包括研供产销价值链各单位或部门，也包括所有的职能部门（财务、人力、营销、技术、生产、供应管理等）。

4. 正向激励与负向激励并举原则

激励包含了正向的奖励和负向的惩罚，无论正向还是负向都是对预算执行结果的评判，对好结果的正向激励是对预算责任主体行为结果的肯定与倡导；对不好结果的负向激励是对预算责任主体行为结果的警戒与纠正。它们都会对整个预算责任主体的行为产生引导作用，在预算激励方案中相辅相成并具有同等的激励作用。

17.3.3 预算激励方案设计要点

预算激励方案的目的是激励各个预算责任主体积极投入到预算管理与预算执行工作中，令其能够实事求是、追求绩效最优地制定预算目标并高效地执行，最大限度地促进预算目标的实现。为了达到上述目的，在具体设计预算激励方案时应当注意以下几个问题。

1. 将预算目标设定为奖惩的基数

设计预算激励方案时，可以将预算目标作为奖惩的基数，即只要达成了预算目标就可以获得基本激励，当然也就不会有负激励。当实际结果超出或低于预算目标某个区间时，则有超额激励和负激励的相关政策予以配套。设计预算激励方案要特别注意以下两个方面。

（1）激励基数的体现方式。

每个企业的薪酬结构是有差异的，激励基数与薪酬的哪个部分挂钩，基数的标准是多少，都要根据企业的实际情况进行设计。有的企业会把薪酬划分为固定薪资和绩效浮动薪资两个部分，无论预算目标是否达成，固定薪酬部分都不会发生变化。而绩效浮动部分会与预算目标实现的结果息息相关。每个企业在设计具体的绩效浮动薪酬的兑现方式时也有很大的差别，有的企业会设计浮动系数，包括超额奖励系数和未达标惩罚系数的设置。

（2）激励方案需要平衡全局与局部的目标。

企业各个预算责任主体虽然都有各自的预算目标与考评指标，但责任主体间不是割裂地独立运行，它们彼此存在各种各样的需求与支持关系，这些关系大多指向企业的整体预算目标的实现。所以，在设计预算激励方案的时候，不仅要考虑到各个责任主体自身的预算目标，更要兼顾个体局部与企业整体目标的平衡。比如有些企业在个体预算考评指标设计上融入企业级的预算目标指标，在计算奖惩数额时会增加整体预算考评指标的相关系数。

2. 企业、部门与个人绩效激励方案的平衡

除了兼顾整体与局部目标外，在设计预算激励方案时，还要兼顾企业、部门与个人预算结果考评兑现的平衡问题。虽然我们在预算目标制定与分解过程中可能将预算目标分解到了岗位，但在设计预算目标绩效兑现方式时，不能简单地采用个人是个人、部门是部门、企业是企业的逻辑，部门目标由部长承担，企业目标由总经理承担，这种方式虽然简单但隐患很多。比如一个部门中只有部长承担部门预算目标，就会造成某些基层岗位人员只关注自己的预算目标而缺乏协同意识和团队意识。当有些企业的预算目标分解下沉度不够，基层员工采用的是事务性岗位职责绩效目标时，这种隐患更大。

3. 设定明确清晰的预算激励方案的实施路径与程序

预算激励方案应当与企业的绩效考核方案融为一体，方案中应当就激励指标的设定、数据收集、结果计算的方法路径做明确且清晰的设定，包括各个预算考核指标如何分解落实到各个部门、岗位，什么时间进行预算考评指标的计算考核，以及哪些职能部门负责考核、审核与审批等。

4. 设计预算激励方案应注意的其他问题

（1）在设计预算激励方案时，要考虑激励水平的控制，太高太低都有风险。

（2）要注意内部公平性、合理性问题，避免各部门之间差距悬殊而造成不必要的内部攀比与内耗。

（3）激励方案要遵循可控性原则，激励只针对相关部门和岗位可控指标的兑现。

Chapter18

第 18 章

全面预算管理体系的风险管控

全面预算管理是系统性工程，涉及的经营管理面非常广，包含了企业所有的经营管理活动，要求企业上下所有部门和岗位全员投入到预算管理过程中，从预算编制、预算执行到预算评价与考核都能够做到责任到人。而企业则凭借全面预算管理的规划、计划、协调、控制、评价和考核激励等综合管理手段，整合和优化配置企业资源，提高企业运行能力，促进企业发展战略的实现。

正因为全面预算具有系统性和复杂性，企业在管理过程中难免会存在一些误区和盲点，因此可能面临诸多的不确定性风险，对全面预算管理进行必要的风险控制是我国企业内部控制管理体系建设中的重要组成部分。

18.1 全面预算的主要风险和风险控制体系

在全面预算管理过程中，从预算编制、预算执行、预算调整到预算评价和考核的各环节均会面临风险，企业应当有能力识别出这些风险，并针对相关风险制定相应的管控措施，以防范和降低风险，确保全面预算管理目标的实现。

国家颁布的《企业内部控制应用指引第 15 号——全面预算》，专门针对全面预算风险控制做出如下基本风险防范的要求。

- 不编制预算或预算不健全，可能导致企业经营缺乏约束或盲目经营。
- 预算目标不合理、编制不科学，可能导致企业资源浪费或发展战略难以实现。
- 预算缺乏刚性、执行不力、考核不严，可能导致预算管理流于形式。

18.1.1　预算管理风险表现及可能造成的后果

按照内部控制指引要求，企业如果存在不编制预算的情况就属于存在重大内部控制风险，可能导致企业经营缺乏约束或盲目经营，所以凡是不做预算的企业都违背了内部控制管理的要求。

1. 预算体系不健全风险的识别

预算体系不健全风险主要体现在预算目标不合理、预算编制不科学、预算执行不到位、预算监控不完善、预算考评不合理等多个方面。为此，企业应当建立和完善预算编制工作制度，明确编制依据、编制程序、编制方法等内容，确保预算编制依据合理、程序适当、方法科学，避免预算指标过高或过低。

2. 预算风险的后果

预算体系不健全会给企业造成一系列经营管理风险，包括因企业预算目标不合理造成的盲目经营、经营方向错误风险；预算编制不科学造成企业资源浪费或资源支持不够，难以实现预算目标的风险；预算执行不力、缺乏有效监控导致经营计划实施受阻，预算目标无法实现的风险；预算考核不严格、预算激励措施不当导致预算管理流于形式的风险。

18.1.2　全面预算管理风险控制体系

全面预算内容多样，包括经营性预算和资本性预算，还需要整合汇编成财务预算，这些预算内容之间相互影响、相互钩稽，致使全面预算管理系统非常复杂，在预算管理的全过程中面临各种各样的风险。从预算责任主体的管理认知和管理经验上看，也存在诸多的误区和盲点。因此企业应当从预算风险识别、评价、管控、流程制度保障等方面进行全面的风险控制，增强企业全面预算内部控制能力。

如图 18-1 所示，全面预算风险控制属于企业风险控制体系的组成部分，从风险控制的方法论上讲与企业风险管理体系的结构是一致的，即均经历风险识别、风险测量与评估、风险控制策略选择、风险控制活动安排、风险控制评估、风险缺陷报告，再到风险识别的闭环控制过程。

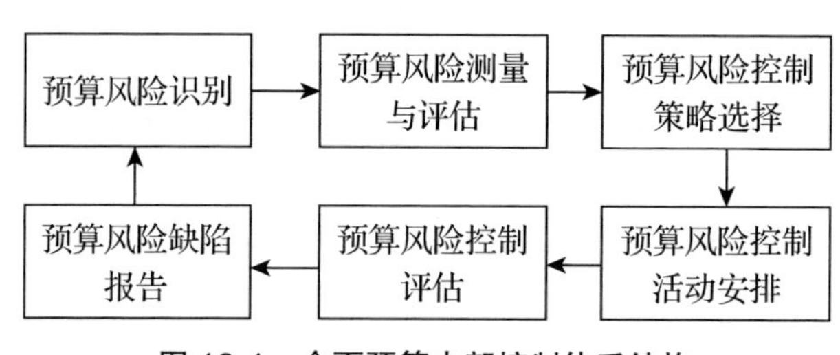

图 18-1 全面预算内部控制体系结构

18.2 预算编制内部控制体系

企业应当建立和完善预算编制工作制度，明确编制依据、编制程序、编制方法等内容，确保预算编制依据合理、程序适当、方法科学，并在预算年度开始前完成全面预算草案的编制工作。

18.2.1 预算编制的分析控制

预算编制的科学性是建立在科学完善的预算环境分析基础上的，预算正式编制前应当进行充分的预算期内外环境的分析预判，外部包括经济、政治、技术和市场环境的分析等，内部包括经营管理能力、人财物资源水平的分析等。同时还要注意结合企业的发展战略和年度经营计划的安排。预算编制的分析控制主要表现在以下两个方面。

①进行预算编制前内外环境分析的全面性控制。

②保证预算编制前的战略导向性，并以年度经营计划为编制依据，确保预算编制结果与企业的战略发展方向一致，并符合企业客观实际。

18.2.2　预算编制的方法控制

预算编制方法应当是多样性和综合性的，单一的预算编制方法会因单一方法的缺陷而造成预算编制结果的偏差与漏洞。

①企业可以选择多样的预算编制方法组合，如综合运用固定预算、弹性预算、滚动预算等方法编制预算。

②预算编制应当按照上下结合、分级编制、逐级汇总的程序，编制年度全面预算。

18.2.3　预算编制的组织控制

预算编制过程中应当设置明确的编制责任主体，分别就编制主体、审核主体、审批主体进行责任划分，以提高预算编制结果的严谨性和权威性。

①预算编制的主体是企业各个经营与管理主体，本着“谁执行谁编制”的原则，要求编制的全员参与。注意是“全员参与”，不是“全员编制”，全员参与体现在预算编制内容对岗位全面覆盖。

②预算编制的结果应当经过预算管理委员会的评审论证，经过一定的修正形成全面预算草案，并提交董事会。

③企业董事会审核全面预算草案，应当重点关注预算的科学性和可行性，确保全面预算与企业发展战略、年度生产经营计划相协调。

④企业全面预算应当按照相关法律法规及企业章程的规定报经董事会审议批准。批准后，应当以文件形式下达执行。

18.3　预算执行内部控制体系

预算的有效执行是企业年度经营计划落地的保障，预算执行过程中的风险控制是全面预算内部控制体系中的重要组成部分。

18.3.1　预算执行的指标控制

预算指标体系是预算执行的核心要素。企业应当加强对预算执行的管理，明确预算指标分解方式、预算执行审批权限和要求、预算执行情况报告等，落实预算执行责任制，确保预算刚性，严格预算执行。

①预算执行指标与预算目标应当存在明确的逻辑关联性，保证预算执行指标的达成对预算目标的实现具有直接的推动作用。

②预算指标应当层层分解，从横向和纵向落实到内部各部门、各环节和各岗位，形成全方位的预算执行责任体系。

③企业应当以年度预算作为组织、协调各项生产经营活动的基本依据，将年度预算细分为季度、月度预算，通过实施分期预算控制，实现年度预算目标。

18.3.2　预算执行的业务控制

预算执行是通过各个业务行为和管理行为实现执行结果的，企业应当结合自身的业务计划和管理计划进行动态的全过程控制。

①企业应当根据全面预算管理要求，组织各项生产经营活动和投融资活动，进行严格的预算执行和控制。

②企业应当加强资金收付业务的预算控制，及时组织资金收入，严格控制资金支付，调节资金收付平衡，防范支付风险。对于超预算或预算外的资金支付，应当实行严格的审批制度。

③企业办理采购与付款、销售与收款、成本费用、工程项目、对外投融资、研究与开发、信息系统、人力资源、安全环保、资产购置与维护等业务和事项，均应符合预算要求。涉及生产过程和成本费用的，还应执行相关计划、定额、定率标准。

④对于工程项目、对外投融资等重大预算项目，企业应当密切跟踪其实施进度和完成情况，实行严格监控。

18.3.3　预算执行的组织控制

经审批通过的预算方案应当以正式文件的形式进行发布和下达执行，并通过预算目标责任书等形式明确各预算执行部门的预算责任。

①企业预算管理工作机构应当加强与各预算执行单位的沟通，运用财务信息和其他相关资料监控预算执行情况，采用恰当方式及时向决策机构和各预算执行

单位报告、反馈预算执行进度、执行差异及其对预算目标的影响，促进企业全面预算目标的实现。

②企业预算管理工作机构和各预算执行单位应当建立预算执行情况分析制度，定期召开预算执行分析会议，通报预算执行情况，研究、解决预算执行中存在的问题，提出改进措施。

③企业分析预算执行情况，应当充分收集有关财务、业务、市场、技术、政策、法律等方面的信息资料，根据不同情况分别采用比率分析、比较分析、因素分析等方法，从定量与定性两个层面充分反映预算执行单位的现状、发展趋势及其存在的潜力。

④企业批准下达的预算应当保持稳定，不得随意调整。由于市场环境、国家政策或不可抗力等客观因素，导致预算执行发生重大差异确需调整预算的，应当履行严格的审批程序。

18.4　预算考核内部控制体系

预算考核是全面预算管理的后评估阶段，也是预算闭环管理的关闭环节。考核周期应当与年度预算细分周期一致，可以分为月度、季度和年度进行考核，年度考核为总考核。预算考核内控体系的重要抓手是要建立科学合理的预算考核制度体系，同时需特别注意预算考核主体与考核对象的划分问题。

18.4.1　预算考核主体与考核对象的划分

①本着预算执行与考核相分离的内部控制原则，合理界定预算考核主体和考核对象。

②应根据不同的预算考核对象科学设计考核指标体系。

18.4.2　预算考核制度体系的建立

①企业应当建立严格的预算执行考核制度，对各预算执行单位和个人进行考核，切实做到有奖有惩、奖惩分明。

②企业预算管理委员会应当定期组织预算执行情况考核，将各预算执行单位负责人签字上报的预算执行报告和已掌握的动态监控信息进行核对，确认各执行单位预算完成情况。必要时，实行预算执行情况内部审计制度。

③企业预算执行情况考核工作，应当坚持“公开、公平、公正”的原则，考核过程及结果应有完整的记录。

④考核程序、标准和结果公开、公正，奖惩措施公平合理并及时落实。

References 参考文献

[1] 林颖，胡维娜，袁媛 . 零基预算：实践、理论与创新 [M]. 北京：中国财政经济出版社，2022：5-6.

[2] 龚巧莉 . 全面预算管理：案例与实务指引 [M].2 版 . 北京：机械工业出版社，2020：185-228.

[3] 张长胜 . 全面预算管理 [M]. 北京：北京大学出版社，2012：42-48，287-292.

[4] 张长胜 . 企业全面预算管理 [M].2 版 . 北京：北京大学出版社，2013：213-226.

[5] 郭小静，等 . 企业内部控制规范化操作全案 [M]. 北京：机械工业出版社，2014：365-388.

[6] 财政部 . 中国企业内部控制应用指引第 15 号：全面预算 [Z].（2010-04-26）[2023-10-13].

[7] 陈国庆，黄志 . 全面预算管理 [M]. 上海：上海财经大学出版社，2021：284-325.

[8] 罗鸿 .ERP 原理 · 设计 · 实施 [M].5 版 . 北京：电子工业出版社，2020：316-319.

[9] 唐政 . 企业年度经营计划与全面预算管理 [M]. 北京：人民邮电出版社，2016：18-27，104-126.

[10] 希特，爱尔兰，霍斯基森 . 战略管理：概念与案例 [M]. 刘刚，梁晗，耿天成，等译 . 北京：中国人民大学出版社，2017.

财务知识轻松学

书号	定价	书名	作者	特点
71576	79	IPO 财务透视：注册制下的方法、重点和案例	叶金福	大华会计师事务所合伙人作品，基于辅导 IPO 公司的实务经验，针对 IPO 中最常问询的财务主题，给出明确可操作的财务解决思路
58925	49	从报表看舞弊：财务报表分析与风险识别	叶金福	从财务舞弊和盈余管理的角度，融合工作实务中的体会、总结和思考，提供全新的报表分析思维和方法，黄世忠、夏草、梁春、苗润生、徐珊推荐阅读
62368	79	一本书看透股权架构	李利威	126 张股权结构图，9 种可套用架构模型；挖出 38 个节税的点，避开 95 个法律的坑；蚂蚁金服、小米、华谊兄弟等 30 个真实案例
70557	89	一本书看透股权节税	李利威	零基础 50 个案例搞定股权税收
62606	79	财务诡计（原书第 4 版）	（美）施利特 等	畅销 25 年，告诉你如何通过财务报告发现会计造假和欺诈
58202	35	上市公司财务报表解读：从入门到精通（第 3 版）	景小勇	以万科公司财报为例，详细介绍分析财报必须了解的各项基本财务知识
67215	89	财务报表分析与股票估值（第 2 版）	郭永清	源自上海国家会计学院内部讲义，估值方法经过资本市场验证
58302	49	财务报表解读：教你快速学会分析一家公司	续芹	26 家国内外上市公司财报分析案例，17 家相关竞争对手、同行业分析，遍及教育、房地产等 20 个行业；通俗易懂，有趣有用
67559	79	500 强企业财务分析实务（第 2 版）	李燕翔	作者将其在外企工作期间积攒下的财务分析方法倾囊而授，被业界称为最实用的管理会计书
67063	89	财务报表阅读与信贷分析实务（第 2 版）	崔宏	重点介绍商业银行授信风险管理工作中如何使用和分析财务信息
71348	79	财务报表分析：看透财务数字的逻辑与真相	谢士杰	立足报表间的关系和影响，系统描述财务分析思路以及虚假财报识别的技巧
58308	69	一本书看透信贷：信贷业务全流程深度剖析	何华平	作者长期从事信贷管理与风险模型开发，大量一手从业经验，结合法规、理论和实操融会贯通讲解
55845	68	内部审计工作法	谭丽丽 等	8 家知名企业内部审计部长联手分享，从思维到方法，一手经验，全面展现
62193	49	财务分析：挖掘数字背后的商业价值	吴坚	著名外企财务总监的工作日志和思考笔记；财务分析视角侧重于为管理决策提供支持；提供财务管理和分析决策工具
66825	69	利润的 12 个定律	史永翔	15 个行业冠军企业，亲身分享利润创造过程；带你重新理解客户、产品和销售方式
60011	79	一本书看透 IPO	沈春晖	全面解析 A 股上市的操作和流程；大量方法、步骤和案例
65858	79	投行十讲	沈春晖	20 年的投行老兵，带你透彻了解“投行是什么”和“怎么干投行”；权威讲解注册制、新证券法对投行的影响
68421	59	商学院学不到的 66 个财务真相	田茂永	萃取 100 多位财务总监经验
68080	79	中小企业融资：案例与实务指引	吴瑕	畅销 10 年，帮助了众多企业；有效融资的思路、方略和技巧；从实务层面，帮助中小企业解决融资难、融资贵问题
68640	79	规则：用规则的确定性应对结果的不确定性	龙波	华为 21 位前高管一手经验首次集中分享；从文化到组织，从流程到战略；让不确定变得可确定
69051	79	华为财经密码	杨爱国 等	揭示华为财经管理的核心思想和商业逻辑
68916	99	企业内部控制从懂到用	冯萌 等	完备的理论框架及丰富的现实案例，展示企业实操经验教训，提出切实解决方案
70094	129	李若山谈独立董事：对外懂事，对内独立	李若山	作者获评 2010 年度上市公司优秀独立董事；9 个案例深度复盘独董工作要领；既有怎样发挥独董价值的系统思考，还有独董如何自我保护的实践经验
70738	79	财务智慧：如何理解数字的真正含义（原书第 2 版）	（美）伯曼 等	畅销 15 年，经典名著；4 个维度，带你学会用财务术语交流，对财务数据提问，将财务信息用于工作